CRÓNICA DE LA ESPAÑA NEGRA

FRANCISCO PÉREZ ABELLÁN

CRÓNICA DE LA ESPAÑA NEGRA

ESPASA BOLSILLO

ESPASA ⓔ BOLSILLO

Director Editorial: Juan González Álvaro
Editora: Nuria Esteban
Diseño de colección: Álvaro Reyero
Maqueta de cubierta: Ángel Sanz

Primera edición de bolsillo: junio, 1998

Depósito legal: M. 16.839-1998
I.S.B.N.: 84-239-9666-2

Impreso en España/Printed in Spain
Impresión: Huertas, S. A.

Editorial Espasa Calpe, S. A.
Carretera de Irún, km 12,200. 28049 Madrid

«Sólo hay un poder más poderoso que el de matar:
devolver la vida a los muertos.»
Elías Canetti

«Este libro es una forma práctica de reconocer
y agradecer el enorme y beneficioso
trabajo policial bien hecho.»

F. P. A

Índice

Prólogo

El crimen ejerce una poderosa fascinación sobre la gente en general, que no se debe, como pudiera pensarse, a un interés morboso sino simplemente a la sorpresa espectacular que produce el ejercicio del poder de matar, el más terrible que existe. Todo el mundo quiere saber las razones de un hecho criminal así como conocer la psicología del asesino. No es extraño porque en nuestra inteligencia está que bajo determinadas circunstancias cualquiera puede convertirse en criminal. Es, por tanto, algo que afecta a todas las clases sociales. De hecho, las noticias policiales nos sorprenden con frecuencia informando de la muerte cometida por tal o cual persona hasta entonces intachable, lo que no es extraño porque el crimen es con frecuencia cosa de personas que creíamos excelentes. Eso aumenta el interés a la vez que preocupa y asusta. Mediante el conocimiento de las causas y detalles de los hechos criminales unos encuentran explicación a oscuros comportamientos y otros se vacunan frente a conductas peligrosas. Los crímenes intrigan, enseñan, apasionan. Si normalmente la lectura de una novela policiaca quita el sueño hasta que se llega a la última página, ese interés se duplica cuando se trata de relatos de asesinatos de la vida real.

En este volumen se encuentran agrupados los cincuenta crímenes más nombrados divididos en cinco apartados: Misteriosos, Políticos, Múltiples, De Intriga y Pasionales. Son, sin ninguna duda, los casos criminales que han hecho correr más ríos de tinta, que han provocado más comentarios en la radio o informes en la televisión. Todos se han aupado a los primeros puestos en los dos últimos siglos, es decir, cuando el empuje creciente de los medios de comunicación ha propulsado su fama. En algunos casos el poder de la televisión ha pulverizado marcas como en la sustitución en el pináculo de la triste popularidad de Pilar Pradas, la envenenadora de Valencia, última mujer ejecutada en España (1959), por la no menos terrible Margarita Sánchez, la «Viuda Negra», que en Barcelona envenenaba a sus víctimas para robarles sus cartillas de ahorro. Abundan las mujeres tremebundas en esta antología: Higinia Balaguer, que construyó su fama en un piso de la madrileña calle Fuencarral; Luisa Sánchez, la atormentada hija del capitán que descuartizó al viudo Rodrigo García Jalón; la inspirada Aurora Rodríguez que, como un moderno «Frankenstein», trató de modelar el cerebro de su hija y no tuvo otro remedio que destruir al monstruo que había creado; o la Ramona de Tardáguila, que fraguó el asesinato de su marido enamorada del mozo Lino Herrero. Hay mujeres impresionantes capaces de matar con gran frialdad como la descuartizadora de León, Covadonga Sobrino, que propinó siete hachazos a su amante o Nieves Soldevilla, la «Dulce Neus», que mereció ese sobrenombre por su sugerente voz, pero que es capaz de implicar a sus hijos en el asesinato de su marido. Aunque por desgracia en estos cincuenta crímenes de la fama, seguramente como fiel reflejo de la realidad, abundan mucho más las mujeres víctimas inocentes: la descuartizada María Teresa Mestre, que para su desgracia se convirtió en la fijación del enajenado Mayayo; las torturadas niñas de Alcásser, que pagaron muy caro subirse en un coche extraño; la secuestrada Anabel Segura, que fue martirizada por dos de esas personas llamadas normales; la joven militante Yolanda González, asesinada por sus ideas políticas; la dominicana Lucrecia Pérez, muerta a tiros por el color de su piel; la novia de «el Arropiero», a la que no dejó en paz ni siquiera después de muerta sometiendo su cadáver a inacabables sesiones de necrofilia; la larga lista de ancianas del asesino de Santander, que las violaba antes de darles muerte; la encajera, víctima de dos miserables que la degollaron para robarle; Inés Calderón y su madre, Catalina Barragán, asesinadas en Don Benito por resistirse a los abusos de un señorito tronera y su cómplice; Pilar Cano, mandada asesinar por su marido en el Puerto de Velate; y hasta la parricida de Ondara, Ascensión Martínez, que se vio obligada a terminar con la vida de su esposo tras una larga pesadilla de humillaciones, amenazas y malos tratos.

Prueba del enorme interés que levantan los más terribles procesos criminales son las multitudinarias colas que se forman ante las salas de juicio cuando se ofrece la vista oral de alguna de estas causas. La mayoría de la enorme cantidad de personas que son capaces de resistir horas y horas para conseguir un puesto en el escaso aforo de los tribunales de Justicia quiere conocer con la mayor exactitud lo que pasó y por qué. Por eso se ofrece aquí el relato pormenorizado de lo que sucedió en los cincuenta crímenes que conmovieron al público de distintas épocas, para todos aquellos que no pudieron lograr una visión de primera mano de los mismos, pero que disponen ahora de un minucioso trabajo que los recoge y reconstruye. Se muestran agrupados en razón del aspecto que en ellos destaca. Los hay misteriosos como el «crimen de la plancha», el de «don Nilo» o el de «la tinaja»; políticos como los magnicidios de Prim, Cánovas, Canalejas, Dato y Carrero, la matanza de Atocha o la desaparición de «el Nani», en la que la política se mezcla de forma vergonzante. Tal vez los que causen mayor impresión sean los crímenes múltiples como los de «el Sacamantecas» o los de «Cintas Verdes», las muertes del «Huerto del Francés» o las interminables listas de asesinatos de «el Arropiero», el asesino de ancianas y «el Matamendigos». También se incluye la furia desatada del «asesino de Burgos», pues el ránking de los «50 más» está actualizado hasta finales del año 1996. En los asuntos de intriga destaca el «crimen del expreso de Andalucía», el «crimen del Monchito», el de «las quinielas», el de «Los Galindos», el «crimen de los Urquijo», el «de los novilleros» o cuando el rol se convierte en un juego mortal. Todos los crímenes difieren en sus detalles, sin embargo quizá es en los pasionales donde se muestran más indomables los impulsos, donde el alma humana se conmueve de forma espasmódica y se deben hacer mayores esfuerzos para comprender lo ocurrido. En este apartado se distinguen por su crudeza el «crimen de Ricardito», los «crímenes de Jarabo» y los del «Lobo Feroz», que aunque suenen a cuento son de una realidad lacerante.

En resumen, en las páginas siguientes el lector podrá asombrarse ante los más sensacionales asesinatos, los crímenes más osados y los misterios más desconcertantes vividos «desde dentro», buscando la historia detrás de la historia, resaltando todos los hechos salientes aunados con el conflicto de las emociones humanas que se encuentra siempre en el trasfondo de cualquier crimen. También podrá maravillarse ante las más agudas investigaciones de la policía resolviendo casos de forma rápida y eficaz, interviniendo la mayoría de las veces de forma acertada y fulminante o resolviendo en un vuelco impensable asuntos que parecía que habrían de quedar impunes. Será una forma práctica de reconocer y agradecer el enorme y beneficioso trabajo policial bien hecho. Descubrirá igualmente la extraña forma de ser de los criminales y su capacidad camaleónica para confundirse con el paisaje. Y no siempre podrá resistir la tentación de bucear en la psicología del asunto asomándose a la mente abismal del asesino para saber con certeza cuál es el mecanismo que les hace actuar.

En mi vida periodística he conocido a numerosos criminales y en más de una ocasión les he visitado en sus celdas sin que jamás haya encontrado algo que pueda valer para todos ellos. Cada uno es un caso distinto sólo comprensible dentro del momento exacto en el que ejerció el poder de matar. A lo largo de mis investigaciones he ido formando un pequeño «Museo Negro» en el que figura la tarjeta de visita con la que Jarabo se presentaba con nombre falso, las fotos reflejo del «mundo negro» de la chica de la tinaja, la copia de los sumarios de «el Nani» y la «Dulce Neus», la colección de imágenes del asalto al tren Expreso de Andalucía, las macabras fotos de la calavera descarnada de la víctima de la descuartizadora de León, los enternecedores mensajes de la madre de José González, uno de los asesinados en «Los Galindos» y las cartas de Rafi Escobedo desde la cárcel. A la vista de todo ello este veterano reportero de sucesos se pregunta una y otra vez qué es lo que hace que cada vez se produzcan crímenes más espeluznantes.

Francisco Pérez Abellán

CRÍMENES MISTERIOSOS

El crimen de la calle Fuencarral

Higinia, la pobre criada, y Luciana, la rica ama. «El pollo Varela» y el director de la Modelo. Un crimen con escándalo político. El ¿fallo? del tribunal. La última ejecución que tuvo lugar en Madrid. Las terribles palabras de la ajusticiada antes de expirar.

Pasadas las dos y media de la madrugada del 2 de julio de 1888 se oyeron gritos desgarrados de mujer provenientes del piso 2.º izda. del número 109 de la calle Fuencarral. De la vivienda salía también abundante humo. En un Madrid de coches de caballos, pobres bombillas eléctricas y escasos teléfonos, un incendio en una calle céntrica era un acontecimiento que estremecía a toda la ciudad. Además, aunque todavía no se sabía, aquel era el descubrimiento de un episodio histórico que andaría en coplas y leyendas, con un fuerte trasfondo político en el que participaron de una u otra forma relevantes personajes de la época: Sagasta, Canalejas, Silvela, Montero Robledo, Ruiz Giménez, Montero Ríos y Nicolás Salmerón. Aquellos gritos que sonaban en la madrugada eran el descubrimiento de un crimen que dejaría en el lenguaje madrileño la frase de «más famoso que el crimen de la calle Fuencarral».

La casa del suceso tenía cinco balcones. Cuando el juez Felipe Peña llegó, todavía salía humo, y cuando pudo entrar descubrió el cuerpo de una mujer de más de cincuenta años muerta en la alcoba principal de la casa. Estaba tendida en el suelo al pie de la cama, boca arriba y en gran parte quemada. A pesar del daño producido por el fuego se distinguían claramente, junto al pecho izquierdo, manchas de sangre, quizá señales de apuñalamiento. También había rastros de haber trasladado el cuerpo. En el aire había un pesado olor. El cadáver no tenía zapatos y sobre él habían arrojado grasas, aceites y trapos. Desperdigados por el suelo, cristales rotos, restos de una lámpara y una liga de color rojo. Frente al desorden del cuerpo quemado, la alcoba observaba un fuerte contraste de limpieza y orden. Inspeccionada la casa, se encontró a otra mujer, esta viva, también caída en el suelo, desmayada, que estaba descalza y en camisa con la ropa remangada hasta las nalgas. A su lado, casi oculto, se hallaba también inanimado un perro de raza bull-dog. Los guardias que acompañaban al juez trataron de reanimar a la desvanecida levantándola del suelo y sentándola con la cabeza baja.

Con la ayuda de los porteros de la finca se procedió a la identificación de la muerta, que resultó ser Luciana Borcino, viuda de Vázquez-Varela, rica y acomodada, a la que se le calculaba una renta de cinco mil duros al año, que tenía un carácter fuerte e irascible y fama de durarle poco las criadas. Mientras, había vuelto en sí la mujer encontrada en la cocina que dijo llamarse Higinia y ser la sirvienta. Era esta Higinia mujer alta, de rasgos duros pero que no carecía de cierto atractivo salvaje. En seguida, preguntó: «¿Qué ha pasado?» Llámenlo inspiración o táctica policial, pero el juez en vez de responderle prefirió llevarla junto al cadáver de la señora para que los hechos se explicaran por sí mismos. La mujer rompió a llorar a lágrima viva, a restregarse las manos y finalmente se arrojó al suelo transida de dolor.

¿Era la criada autora de la muerte de la señora y del posterior incendio para borrar las huellas del hecho? El caso es que mientras el juez encontraba indicios racionales de culpabilidad para decretar la prisión preventiva de Higinia Balaguer Ostolé, hija de Mariano y Petra, nacida en Ainzón, partido judicial de Borja, Zaragoza, soltera, sirvienta, de veintiocho años, en la calle nacía un clamor popular que gritaba la culpabilidad del hijo de la difunta José Vázquez-Varela, de veintitrés años, mozo rubio, de boca grande y labios gruesos, también conocido como «Varelita» y «el pollo Varela», que mantenía relaciones con Dolores Gutiérrez, conocida como Lola «la Billetera». El citado le pedía dinero a su madre a diario dado lo mucho que gastaba y si no se lo daba la amenazaba con quemarla viva. Tenía antecedentes por hurto y lesiones —un bastonazo a «la Billetera»—, y lesiones y amenazas a su madre, incluso con apuñalamiento en un glúteo. Pero contaba con una buena coartada: en el momento del crimen estaba cumpliendo condena en la Modelo, cárcel situada en Moncloa, en el solar donde se establecería el Ministerio del Aire, por el robo de una capa. ¿Cómo si estaba en la cárcel pudo matar a su madre? Muy sencillo, respondían algunos, el «pollo Varela» entra y sale de la cárcel cuando quiere.

La encausada Higinia llevaba sólo seis días al servicio del ama muerta y había vivido ocho años con un hombre, Evaristo Abad Mayoral, al que llamaban «el Cojo Mayoral», que tuvo una cantina frente a la Modelo. En esta cárcel confluían las pistas del crimen. El director de la Modelo era José Millán Astray —padre del fundador de la Legión—, por entonces en la cuarentena, con amplias entradas y bigote, que gozaba de la protección del reconocido político gallego Eugenio Montero Ríos y bajo su tutela estaba encarcelado «Varelita», el hijo de la difunta.

En el pasado de Millán Astray pesaba un expediente por supuestas irregularidades cometidas al frente de su anterior destino, el penal de Valencia. Y precisamente en su casa había servido Higinia Balaguer antes de emplearse con la fallecida. Al poco de la detención, Millán Astray pidió al juez que rompiera el régimen de incomunicación de Higinia y le permitiera visitarla con el supuesto de convencerla de que dijese toda la verdad. ¿Era posible un plan criminal en el que fueran actores Higinia, el hijo de la difunta y el director de la prisión?

Esta sospecha estaba detrás de la mayoría de las informaciones de los periódicos. La fuerza del enigma contenido en el crimen hizo que se multiplicaran las ventas. En este caso se ejerció por primera vez «la acción popular» en un juicio encabezado por un grupo de directores de periódicos *(El Liberal, El Resumen,* y *El País).*

La autopsia determinó que la muerte de Luciana Borcino había resultado de una cuchillada que le atravesaba el corazón. Presentaba otras dos heridas, ocasionadas con un mismo instrumento: un cuchillo o navaja de canto poco grueso. Las quemaduras observadas se habían producido después de la muerte.

Examinada Higinia por los forenses se le descubrieron contusiones y erosiones que podrían deberse a una posible defensa de la difunta en los estertores de la muerte. La criada hizo más de veinte declaraciones contradictorias. En una de ellas confesó haberle dado muerte a su «señorita» con un cuchillo de mesa porque la había insultado, en otra inculpó al hijo de la difunta y al director de la Modelo, exculpándolos después; y en otra declaración afirmaba que la asesina era su amiga Dolores Ávila. Al final volvió a declararse única autora de los hechos. En el torrente de declaraciones se filtró que había entrado a servir en casa de la difunta porque Millán Astray le había contado que el hijo de Luciana quería robarla y ella debía abrirle la puerta. En esta maraña de afirmaciones contradictorias era imposible saber la verdad.

Al tiempo que la asesinada fue enterrada en la sacramental de San Justo, el juez procesó a Dolores Ávila, amiga de Higinia, mujer de vida airada, y a su hermana María. Ante los abrumadores indicios que señalaban al director de la Modelo, este fue interrogado. El momento álgido llegó cuando el juez preguntó: «¿Es cierto que deja usted salir a los presos y en especial a Vázquez-Varela?» «Eso es mentira», dijo. Pero el juez le procesó como inculpado.

Llegado el juicio, que se celebró con enorme expectación, y pese a la versión de la «acción popular» que señalaba como culpable del crimen a José Vázquez-Varela, y como inductor del delito a Millán Astray, la sentencia estableció que sobre las diez de la mañana del 1 de julio, Luciana Borcino salió a misa, aprovechando esto Higinia —de quien durante la vista oral hizo un acertado dibujo Benito Pérez Galdós— para narcotizar al perro. A la vuelta del ama, «sola o con la ayuda de alguna otra persona», se abalanzó sobre ella y le infirió tres heridas. Según el fiscal, después del crimen abandonó la casa con «más de noventa y dos mil reales en un pañuelo que entregó a Dolores Ávila» y luego regresó a la vivienda y montó la comedia del incendio. La sentencia condenó a Higinia por el delito de robo con homicidio a la pena de muerte y a Dolores Ávila, como cómplice, a dieciocho años de reclusión, absolviendo a Vázquez-Varela, a Millán Astray y a María Ávila. El juicio tuvo otra víctima, esta política, Eugenio Montero Ríos, presidente del Tribunal Supremo, protector de Millán Astray, por lo que éste se había atrevido a asegurarle a un periodista: «Si a mí se me tocara un pelo, bajaría el presidente del Supremo de su silla.» Por la responsabilidad política derivada del proceso, Montero Ríos se vio obligado a dimitir. También años más tarde, «Varelita» se vio envuelto en otra muerte, esta de una prostituta que cayó desde un piso alto de la calle Montera. Por esto sí fue culpado y condenado. Pasó catorce años en el penal de Ceuta.

Pero por el crimen de Fuencarral, que descubrió tantas miserias, quien pagó y fue «al palo», al garrote vil, fue Higinia. La reina no hizo uso de su prerrogativa de indulto. Subió al patíbulo el sábado 19 de julio de 1890, bien a la vista, ya que estaba montado sobre los muros de la Modelo. Fue la última ejecución pública que tuvo lugar en Madrid. Entre los notables que la presenciaron estaba la condesa de Pardo Bazán. El cadáver de la ajusticiada, que permaneció expuesto como espectáculo de «ejemplaridad social» durante nueve horas, fue contemplado sin perderse detalle por el joven Pío Baroja. Las últimas palabras de la ejecutada antes de expirar fueron un terrorífico grito: «¡Dolores! ¡Catorce mil duros!», dijo.

El crimen de la plancha

Un mechón de cabellos de «cierto sitio». El comportamiento extraño de un solterón. Una joven viuda se lanza a la vida. La versión de la asesina afirma que hubo lucha, la autopsia indica que murió mientras dormía. La víctima presentía que sería asesinado.

Manuel Pastor Pastor, soltero, de cuarenta y dos años, inquilino del piso 2.º dcha. del número 45 de la calle Fuencarral hasta el domingo 22 de junio de 1902, vivía de una sólida renta de *quince mil* pesetas anuales y tenía un comportamiento bastante excéntrico. Los crímenes que tienen por víctimas a los solterones suelen ser también muy extraños. A pesar de su buena posición económica presentaba un tipo extremadamente delgado y con signos evidentes de desnutrición. Esto se debía a una dieta escasa: a mediodía almorzaba un poco de pan y chocolate y por la noche algo de fiambre o unos dulces. Eso a pesar de que tenía una cocinera contratada en casa que la mayor parte del tiempo cocinaba sólo para sí misma. Pastor hacía compatible su mala alimentación con una intensa vida sexual. Y estas no eran sus únicas rarezas: dormía completamente vestido y pasaba los días encerrado en casa, aunque solía hacer algunos viajes. Eso sí, siempre al atardecer salía de paseo. El piso que ocupaba podía considerarse de potentado y sin embargo los muebles eran pocos y de escaso valor. Aunque ahorraba en cosas como la comida propia, no paraba en gastos para el alquiler de un coche de lujo con el que realizaba su paseo diario hasta Moncloa y otros lugares de recreo de Madrid, y a la vuelta solía comer fiambres en el restaurante Tournié con su «criada para todo», Cecilia Aznar Celamendi, una joven viuda de veintidós años, nacida en Cervera (Lérida) que se había casado en Gandía, donde nació su hijo, Luis Gomar Aznar, que por el tiempo tiene diecisiete meses, a quien Pastor presentaba como la muchacha que había traído para que lo cuidara. También era parada obligada la confitería de Vizcaíno de la calle Montera, donde era parroquiano antiguo. Allí Pastor llamaba la atención por su indumentaria, porque en sus salidas cubría su cabeza con un aparatoso gorro y llevaba los pantalones muy cortos.

A Cecilia la había conocido en La Gare, un hotel de Irún en el que había entrado a servir de camarera en los últimos días del mes de marzo y él cumplía un viaje realizado aquel mes de 1902. Enseguida le impresiona aquella mujerona alta, cejijunta, de pómulos salientes y aspecto varonil que poseía un innegable atractivo. Por el contrario, algunas crónicas la pintan como mujer de escasa belleza, de ojos pequeños e insignificantes, de nariz singular, con una fisonomía dura y nada simpática. Lo cierto es que era de cuerpo robusto y fornido, de brazos fuertes y manos grandes. Pero tal vez era su vena canalla la que la dotaba de un poderoso gancho sexual, porque Manuel Pastor la quiso a su servicio nada más verla y se la llevó para Madrid los primeros días de abril.

Cecilia, casada y con un hijo, a primeros de año había abandonado a su marido enfermo para ganarse la vida siempre que podía sirviendo y, muy a menudo, con el oficio más viejo del mundo. El solterón Pastor le propone venirse con él a Madrid para servirle en su casa, cosa que consigue. Y trae con ellos a la cocinera Rosario para dar apariencia de honorabilidad al hogar.

Los gustos extraños del señor o como más cierto el hecho de haber percibido recientemente once mil pesetas y cuatro mil francos franceses desataron virulentas pasiones en aquel extraño hogar. El sábado 21 fue despedida la cocinera Rosario, que abandonó la vivienda con tanta precipitación que tuvo que alojarse en el domicilio de la portera para pasar la noche. Esta Rosario es a la que Cecilia había confiado que si su novio, que vivía en Pasajes, supiera la clase de vida que llevaba en Madrid, la mataba. A Rosario la despidió el señor pretextando que las rentas le fallaban. Y en la madrugada del sábado al domingo se desencadenó la tragedia. Según la versión de Cecilia, ella se acostó en su cuarto como cada noche y durmió hasta las seis de la mañana del domingo 22, hora en que sonó la campanilla de llamada. Pastor dormía en su alcoba, que es la inmediata al gabinete que tiene un balcón, el primero de la casa, sobre la calle Fuencarral. Fue a ver qué quería y este, que dormía vestido como todas las noches, le pidió agua caliente. Se disponía a calentar el agua cuando el hombre intentó forzarla y, al resistirse, la golpeó con uno de sus botines y la agredió con un estoque. Entonces ella le arrojó una de las dos planchas de la casa, no la que estaba en la cocina colgada de una alcayata, sino la que se hallaba en la mesa que había en el gabinete contiguo a la alcoba, que le dio en la sien dejándolo en el sitio.

Sin embargo, la verdad debió ser otra muy distinta. No hubo lucha ni forcejeo. El cadáver presentaba señales de estrangulación y fractura del hueso hioides. Seguramente, mientras la víctima estaba entregada al sueño, de una forma premeditada y fría, la criada Cecilia descargó con la plancha varios golpes en la cabeza de Manuel Pastor hasta dejar el cadáver con la cabeza totalmente ensangrentada en la alcoba principal de la vivienda. La plancha, con el mango vencido y doblado hacia atrás, quedó abandonada bajo una cama con piel y cabellos adheridos. Luego, con trapos y un cubo de cinc trató de limpiar un poco la enorme cantidad de sangre vertida. El delantal que llevaba puesto quedó completamente manchado así como la falda. Una vez que se cambió de ropas y se hizo con el dinero del muerto, se fue a su cuarto donde comió unas galletas y según ella misma confiesa: «Escribí una carta a mi novio en la que le incluía un billete de cien pesetas de los que contenía la petaca del señor Pastor y un mechón de cabellos de "cierto sitio", sin decirle nada de lo que había hecho.» Si como las pruebas de la autopsia indican el crimen se cometió de esta segunda manera, no hay por qué dudar que Cecilia es una criminal de sentimientos duros que no pestañea cuando le presentan el arma del crimen y permanece inalterable sin un solo momento de miedo o de ternura. Según una definición de la época esto corresponde «a un ser bajo y vulgar, agitado por la codicia e impulsado por el ansia del dinero».

Después del crimen, sumida en una intensa confusión, Cecilia realizó varias salidas y entradas de la casa. En la primera, a las diez de la mañana, llevaba en la mano dos cartas: una del señor Pastor a su futura esposa, precisamente la sobrina de la dueña de la pensión de Irún, y otra la dirigida por Cecilia a su novio en la que le dedicaba «frases de amor violento y prendas de ese amor más allá de todo lo referible». Una de las salidas fue para comprarse ropas y en esta advirtió que se había dejado dentro el llavín, lo que precipitó su fuga. Tomó un carruaje que la condujo a la estación de Mediodía (Atocha) donde pensaba hacer tiempo hasta la salida del Expreso para Barcelona. Una vez sentada en la cantina recordó de repente la amenaza que era para ella el hecho de que todos los días iba a la casa el repartidor de agua de seltz, por lo que decidió dejar allí las dos cajas de cartón que llevaba —una grande y otra mediana— y dirigirse a la fábrica para decir que no sirvieran más agua hasta nuevo aviso porque el señor Pastor había marchado de viaje al Norte. Tomó un carruaje hacia la fábrica que despidió allí y después del recado intentó volver a pie a la estación, pero al extraviarse no tuvo otro remedio que tomar otro carruaje de alquiler. Cecilia llevaba poco tiempo en Madrid y apenas conocía la capital. De todas formas llegó a tiempo para coger el tren a Barcelona. Retiró las cajas del restaurante de la estación y vestida como una dama con las ropas de estreno que había comprado ocupó un vagón de primera, en el que había dos señoras y un caballero que se quedaron en Zaragoza. Al llegar a Barcelona, la escapada de Cecilia se publicaba profusamente en los periódicos; y allí, con el encuentro con dos «ganchos de fonda», Garreta e Iglesias, se complicaría su fuga, convirtiéndose primero en una juerga llena de diversión y derroche, con compra de alhajas y fiestas y, por otro lado, en una escapada de pesadilla en la que los dos estafadores que habían descubierto quién era la dama, le sacaron los cuartos, convenciendo a la ignorante de que Puigcerdá es puerto de mar y la mandaron allí para que tomara un barco. En Puigcerdá había de detenerla la policía mientras que los dos aprovechados eran localizados en El Havre cuando trataban de embarcarse para Nueva York.

Cuando la policía entró en el piso una vez huida Cecilia, encontró además del cuerpo del asesinado que presentaba el cráneo con doce heridas, una exquisita colección de pipas y nueve o diez libras de chocolate partido en pedazos de dos onzas y cada uno de estos pedazos envueltos en un papelito. Todo esto formaba parte de las extravagancias y rarezas del fallecido, que obligaron a la familia a separarse de él dieciocho años antes. La autopsia descubrió que en la parte superior del cerebro, en la cisura de Rolando, tenía una placa de degeneración de un centímetro, por lo que podría diagnosticarse que era un perturbado mental.

Cecilia le robó a su víctima once mil seiscientas pesetas y cuatro mil francos franceses. Juzgada el 9 de febrero de 1903, resultó condenada a muerte en el garrote, pero fue indultada. Tuvo un extraño final: se fugó de la prisión de Alcalá de Henares y fue capturada de nuevo al día siguiente permaneciendo allí como una reclusa ejemplar hasta 1937, año en el que en la zona republicana se abrieron las cárceles a los presos. La cocinera Rosario declaró durante el proceso que Cecilia se pasaba todo el día y toda la noche en el gabinete del señor. Pero lo más terrorífico fue cuando Rosario afirmó que la víctima le había dicho varias veces que tenía el presentimiento de que habría de morir asesinado, y que para evitarlo prefería sirvientas de provincias a las que pudiera encontrar en Madrid.

EL CRIMEN DEL CAPITÁN SÁNCHEZ

El rico desaparecido. La hermosa de la ficha de juego. El periodista casado con la noticia. Los restos humanos encontrados en la alcantarilla. El cadáver emparedado. La confusa confesión de la hija del capitán. El culpable murió proclamando su supuesta inocencia.

De repente, Rodrigo García Jalón, viudo rico, con una fortuna de noventa mil pesetas en títulos, mujeriego, pasada la cincuentena pero todavía de buen ver, presumido y alhajado, jugador de los de tralla, se hizo humo en los ambientes que frecuentaba. En su casa le echaron en seguida de menos porque aunque acostumbraba a pasar alguna noche fuera, o a improvisar un viaje, esta vez se había dejado en el cajón de su gabinete la cédula de identificación, el kilométrico del ferrocarril y el revólver que solía acompañarle en sus desplazamientos fuera de Madrid.

Era el 25 de abril de 1913, sólo unas fechas después de que Sancho Alegre disparara su pistola contra Alfonso XIII, atentado del que su majestad resultó ileso. La capital del reino era un hervidero de funcionarios cesantes, caballeros desocupados, proletarios hacendosos, coches de punto, simones y berlinas de alquiler, tranvías y unos centenares de vehículos automóviles. Un Madrid de cabezas cubiertas con bombín, hongo, chistera, jipi o gorra menestral. En total una colmena de 750.000 almas en la que el hueco repentino de un desaparecido había creado una corriente de desasosiego. De pronto empezaron a pasar cosas llamativamente extrañas. La tarde de aquel mismo día, una joven de curvas ampulosas, embutida en un traje de levita, se atrevió, después de un leve titubeo, a entrar en el Círculo de Bellas Artes, catedral del juego, situado en el Palacio de la Equitativa, a sabiendas de que las mujeres tenían el acceso prohibido, con la intención de cambiar por dinero una ficha de juego de cinco mil pesetas, cantidad muy elevada para la época, por lo que la llevaba nerviosamente apretada en la mano. Acompañada por Antoñito, el botones, cruzó los salones del Círculo recreando las miradas de los socios agradablemente sorprendidos por una rotunda hembra. No obstante su indudable atractivo no hubo manera de que el cajero accediera a sus deseos. Tenía este la orden de cambiar fichas sólo a los socios y en especial aquella de tanto valor, que imaginó a quién pertenecía —al fin y al cabo no circulaban tantas de cinco mil—, hacerlo exclusivamente si al canje venía el propietario en persona.

Al seguirla hasta la calle, Antoñito pudo ver a la salida cómo la joven iba a reunirse con un cuarentón alto, de mostacho con puntas retorcidas en arco, mirada desafiante y porte lleno de arrogancia que vestía una americana larga y unos pantalones oscuros, ambas prendas muy desgastadas por el uso. Remataba su cabeza con un sombrero hongo. La pareja se perdió entre la abigarrada fauna humana de la calle Sevilla.

El último día que vieron en el Círculo al desaparecido Rodrigo García Jalón iba vestido como para una cita galante: terno gris, camisa verde con rayas rojas, corbata de seda, flexible de alas anchas e impermeable. Se despidió cambiando cinco billetes de mil por una ficha de juego roja con la cifra en dorado, con la justificación de que al sitio al que iba no quería llevar dinero. La ficha representaba la protección de sus caudales. Intentar cambiarla no fue el único error del capitán Sánchez.

La desaparición de un viudo adinerado llegó pronto a oídos de un avispado reportero de sucesos predestinado para la noticia sensacional. Era este de la plantilla de *El Imparcial,* uno de los rotativos más populares del momento. Se llamaba Francisco Serrano Anguita. Era sevillano, de veinticinco años, y era tal su predestinación para la noticia que años después, cuando decidió casarse, tomó para su viaje nupcial el tren 92 con salida de Madrid a las 20,20 con destino Málaga-Sevilla donde viajaba la exclusiva. Al llegar a la estación de Córdoba se descubrió que habían robado el furgón correo y asesinado brutalmente a dos ambulantes, componiendo lo que el periodista titularía para la historia como «El crimen del Expreso de Andalucía». Así hizo compatible su luna de miel con una espléndida crónica. Puede decirse que Serrano Anguita estaba verdaderamente casado con la noticia. Con ese privilegio adelantó la información sobre el misterio del hombre desaparecido el 2 de mayo, ocho días después de producirse, con referencias a la misteriosa joven que había intentado cambiar la ficha en el Círculo y por la que al parecer bebía los vientos el desaparecido, que no era otra que la conocida como «la hija del capitán». La policía ya estaba tras su pista y la había identificado como María Luisa Sánchez Noguerol, de veinte años, nacida en La Coruña, planchadora, hija primogénita de Manuel Sánchez López, capitán de la reserva destinado en la Escuela Superior de Guerra, a la sazón en la plaza Conde de Miranda. La policía dispuso en seguida de informes sobre la conducta sospechosa del padre, de quien conocía que era jugador y que estaba sin blanca, y hasta que entre padre e hija había una relación incestuosa. La joven había empezado a los catorce años a tener trato con los hombres y se rumoreaba que había dado a luz dos hijos, ahora muertos, de su propio padre. Pese a los minuciosos informes, el asunto no se presentaba nada fácil. La hipótesis con la que trabajaban los investigadores era que Jalón, dada su desmedida afición por las mujeres y su predilección por la moza de rotundas carnes llamada la «hija del capitán», pudo ser atraído por esta tal vez al propio domicilio familiar con un propósito criminal. Allí, el enorme edificio de la Escuela de Guerra se prestaba con sus cuadras, sótanos y cuartos olvidados a la ocultación de un delito de la mayor gravedad. Pero no fue hasta el 20 de mayo, gracias a una sacrificada investigación por el alcantarillado de Madrid, cuando avanzó la investigación, encontrándose justo en el lugar del desagüe del domicilio del capitán Sánchez López restos que podrían pertenecer a un cuerpo humano. Por este hallazgo se corrió la especie de que el cadáver del desaparecido, menos los desperdicios rescatados, había ido a parar a los peroles del rancho de la tropa. De la creencia popular lo recoge Ramón del Valle-Inclán en sus esperpentos: «Lo nacional es dárselo (el cadáver) a la tropa en un rancho extraordinario, como hizo mi antiguo compañero el capitán Sánchez.» Pero no fue hasta la madrugada del 22 de mayo cuando se encontraron en la vivienda hábilmente emparedados los objetos del crimen: ropa —entre esta una camisa verde con rayas rojas—, un martillo, un hacha, un machete y restos humanos que nadie dudó que pertenecían a Jalón. Con esto en su poder, el juez volvió a interrogar al capitán y a su hija que hasta entonces lo habían negado todo. Volvieron a negar, pero de lo dicho en una confusa declaración por María Luisa y de otros indicios hallados pudo recomponerse lo sucedido.

Jalón y la hija del capitán se habían conocido meses antes en el café de San Sebastián y se encontraron de nuevo a principios de abril en la calle de la Montera, aprovechando Jalón, conocedor de la mala situación en la que estaba la familia y lleno de pasión, para ofrecerse como protector a María Luisa así como brindarle alojamiento en su casa a ella y a sus cinco hermanos. El 24 de abril de 1913, con el fin de obtener la conformidad del padre, quedaron en el domicilio familiar donde no había nadie porque los niños salieron al campo con el tío abuelo que los cuidaba.

Se sentó Jalón en el asiento que le ofreció María Luisa de espaldas a la puerta, y ella frente a él. Comenzó entonces el seductor una larga charla galante. Embebido en el efecto que creía causar con sus palabras no se apercibió de que a sus espaldas se entreabría sigilosamente la puerta por la que apareció la figura amenazante del capitán con los ojos enfebrecidos y el ánimo resuelto. En la mano empuñaba un martillo que brilló un instante por encima de su cabeza y sin transición descargó el golpe brutal en el cráneo del desprevenido visitante. El segundo golpe, quizá más fuerte que el primero, acabó de asegurar la muerte provocando el estallido craneal. Sin perder un momento, Sánchez registró el cadáver; pero sólo encontró veinte duros, algo de calderilla y la ficha de juego.

Arrastró el cuerpo hasta una artesa donde cortó la ropa todavía esperanzado por si encontraba entre los pliegues algo de más valor, y cuando se persuadió de la inutilidad de su esfuerzo, con un hacha comenzó a despiezarlo. Luego ordenó que la hija pusiera a hervir una sartén llena de aceite para disimular los olores. Al rato se alzó en una terrible figura sosteniendo la cabeza del descuartizado cogida por el cabello para arrojarla al fuego del hogar. Siguió la separación de las manos y el cuarteamiento en despojos. Las partes blandas fueron arrojadas por el sumidero del retrete, y la osamenta, con pingajos adheridos, por el hueco entre dos muros del piso superior. Padre e hija se dedicaron a la tarea de limpiar los rastros.

Aún cometió otro error el capitán. Necesitado de dinero para el juego, Manuel Sánchez pignoró en el 41 de la calle Barquillo un reloj de oro con leontina, un dije y dos anillos fácilmente identificables. Con tal cúmulo de pruebas, el farruco y fanfarrón Manuel Sánchez López, nacido en la provincia de La Coruña el 1 de noviembre de 1870, héroe de Peralejo, episodio de la guerra de Cuba, con antecedentes familiares de locura, sospechoso de las desapariciones de la jaquetona rubia Luz Carbonell, viuda de Brieva, y del cándido Juan María Pérez Sánchez, «tío Luis», además de la de Jalón, fue condenado a muerte por un consejo de guerra por robo con homicidio, y su hija a veinte años de prisión. El capitán, que siempre se declaró inocente, fue fusilado al amanecer el 3 de noviembre de 1913 y enterrado en Carabanchel Bajo. Su hija, después de mucho tiempo perdida en la locura, en la que rememoraba la muerte a martillazos de su maduro pretendiente, murió doce años después.

El crimen de don Nilo Aurelio

Sin rastro de Manuel Ferrero. La denuncia del administrador. El detective vestido de mecánico. En busca de un hombre barbudo y cojo. El «hotelito» de la calle Lanuza. Allanamiento de morada o el fin justifica los medios. El gran éxito del policía García Gómez.

En la solución de un crimen lo que cuenta es el investigador interesado en resolverlo. Puede ser un juez, un director general de Seguridad, un ministro de la Gobernación, un periodista o un simple policía de a pie. En el famoso «crimen de don Nilo Aurelio» lo principal fue el empecinamiento en resolverlo por parte de un joven policía, Federico García Gómez, que no cejó hasta dar con la clave del enigma.

En la primavera de 1916, Manuel Ferrero Gallego, un maduro terrateniente de la localidad zamorana de Pozuelo de Tábara, bien situado y con posibles, vino a la villa de Madrid a tratar la compra de un molino. Para ello traía una fuerte cantidad de dinero en metálico. Era el 3 de junio cuando se hospedó en una pensión de la Cava Baja llamada El León de Oro. El día 6 salió de la misma dejando en orden y cerrado su cuarto sin que volviera a saberse nada de él. Los familiares madrileños de Manuel Ferrero, que vivían en la calle Mira el Sol, 13, le echaron en falta al no ir a visitarlos ni recoger la correspondencia. Puesto en antecedentes de la extraña ausencia se desplazó desde Pozuelo de Tábara un cuñado del desaparecido que inició sus pesquisas en la pensión donde Ferrero se había alojado. Allí le informaron de que se le había visto en compañía de un caballero de barba poblada que sufría una ostensible cojera.

Paralelamente se presentó una denuncia por parte de quien dijo llamarse don Nilo Aurelio Sáinz de Miguel, caballero de poblada barba y ostensible cojera, residente en Preciados, 52, que desempeñaba las funciones de administrador en Madrid del desaparecido y que recurría a la autoridad judicial por encontrarse preocupado por su cliente y amigo con quien afirmó haber perdido contacto. Había dado el paso de alertar a la autoridad después de una conferencia telefónica que le había puesto la mujer del citado Ferrero que tampoco había tenido noticia de él. Ante el secretario judicial calculó que el mencionado había traído a Madrid más de diez mil duros porque este era el precio del molino que había venido a comprar. Nilo Aurelio precisó que la última vez que había visto a Ferrero había sido a las tres de la tarde del pasado martes, siendo ese día de la denuncia viernes, en el Café Oriental de la Puerta del Sol donde quedaron en volver a reunirse a la mañana siguiente.

Tras hacer su declaración, don Nilo Aurelio pidió autorización para marcharse como tenía previsto al balneario de Arnedillo. Pasaron muchos días sin saberse nada hasta el 18 de agosto en que un guardia encontró en el suelo de la Plaza Mayor un pequeño paquete que resultó contener una llave identificada como perteneciente a la pensión El León de Oro y que correspondía a la habitación que había alquilado el terrateniente zamorano en paradero desconocido. Con este detalle el apasionamiento de los madrileños por el caso se redobló. Uno de ellos, precisamente un joven policía del Servicio de Vigilancia, ansioso de ganarse un puesto entre los investigadores de la «secreta», Federico García Gómez, llevaba mucho tiempo realizando indagaciones. Se daba la circunstancia de que el joven era asiduo del Café de Oriente y de unos locales de la Sociedad Gimnástica, cuya sede de la calle Barbieri frecuentaba también Federico Sáinz a quien recogía a la salida su padre, don Nilo. El hecho de que conociera a parte de los personajes del drama, hizo que García Gómez tomara mayor interés en el misterio, convirtiéndose para él en una cuestión obsesiva.

La primera información que llegó a sus manos fue la aparecida en el periódico donde supo que según afirmaba el citado Nilo Aurelio vio a Ferrero por última vez el día que desapareció a las tres de la tarde en el café. Y en este punto, la casualidad jugó un papel importantísimo porque el joven policía recordaba haber coincidido aquella jornada en un tranvía con su joven compañero de gimnasio, su padre, Nilo Aurelio, y el que por la foto del periódico pudo identificar como el desaparecido. Pero había un punto discordante: mientras el denunciante afirmaba que se había despedido de Ferrero a las tres, él recordaba con claridad que había cogido el tranvía, exactamente el número cuatro, Puerta del Sol-Ventas, a las cuatro y media. Si la memoria no le hacía una jugarreta, el hombre del periódico iba sentado entre don Nilo y su hijo mayor. Lo recordó con precisión porque esa tarde tenía asignado el relevo en la mesa petitoria de la Fiesta de la Flor instalada en Atocha y llegaba tarde. Antes de subir al tranvía que le dejaría en Cibeles, donde tenía que tomar otro hacia la estación de Mediodía (Atocha), había consultado el reloj de Gobernación. Y sin duda aquel servicio fue el martes 6. ¿Por qué entonces había mentido don Nilo en su declaración?

García Gómez, que llegaría con los años a comisario jefe, decidió audazmente investigar por su cuenta. Y empezó sus deducciones: dado que el tranvía llevaba a Ventas, entonces un suburbio poco poblado, se decidió a una paciente búsqueda que llevó a cabo de la forma más teatral, puesto que decidió disfrazarse, eligiendo para ello un mono azul, y se presentaba como mecánico que buscaba a un hombre cojo que le había prometido trabajo. Le llevó más de un mes dar con una persona que recordaba vagamente que un hombre como el señalado se había interesado por el alquiler de una casita, lo que por entonces se llamaba un «hotelito». Ese indicio le condujo hacia la zona de la plaza Manuel Becerra y finalmente llegó a una tienda de la calle Lanuza, donde el propietario recordaba con precisión que un hombre con las características señaladas había preguntado allí hacía algún tiempo por una casa de alquiler, por lo que le encaminaron al número 18 de la misma calle. García Gómez tuvo por primera vez la gran prueba de que la constancia tiene su recompensa. Con el dueño fue fácil comprobar que, efectivamente, alguien que dijo llamarse Miguel Sáinz (los apellidos invertidos de don Nilo) había alquilado la casa del 18 de la calle Lanuza. Todo era de lo más sospechoso: el caballero cojo y barbudo no había vuelto desde que arrendó la vivienda.

Por la noche, armado de valor, una linterna y su pistola, García Gómez enfundado en su mono azul decide que el fin justifica los medios y, consciente de lo que hace, se arriesga a cometer el delito de allanamiento de morada para descubrir el mucho mayor de robo con homicidio. Es una noche de agosto clara y con ruido de bullicio por las verbenas. García Gómez salta la tapia de la casa de dos plantas por la parte trasera y entra en la vivienda forzando una puerta. A la luz de la literna, la planta aparece vacía, sin más muebles que unas sillas desvencijadas y en un rincón unas botellas de cerveza. En una de las habitaciones descubre que el suelo ha sido removido y solado tan recientemente que las juntas de las baldosas presentan rastros de humedad. Además, encuentra manchas en la pared que podrían ser de sangre, y entre las cenizas de la chimenea trapos con más manchas siniestras y un hacha sospechosamente sucia. A toda prisa informa a sus jefes de que tiene fundadas sospechas del paradero de Manuel Ferrero o de lo que quede de él. Efectivamente, personado el juzgado en la calle Lanuza, a golpe de pico se desentierra del suelo de la habitación de las sillas el cadáver del desaparecido. Es detenido don Nilo en Logroño y tras largos interrogatorios confiesa que ha dado muerte a Ferrero en el transcurso de una discusión por una supuesta deuda.

Esta historia es el único crimen que se recuerda en el que el asesino nunca pierde el tratamiento de don. El criminal fue un caballero de buena apariencia, que usaba toda la barba, de color castaño oscuro, algo canosa y larga. Era de pómulos salientes, color moreno muy quebrado con una pequeña calvicie. De estatura regular, complexión mediana, alguna cojera que disimulaba apoyándose en un elegante bastón y maneras pulidas como las de un estafador. Pero que daba el pego, representando siempre un individuo de vida desahogada que se dedicaba a negocios en los que nunca se trabaja con las manos. Irrumpió en el caso con los atributos de la respetabilidad y se ganó el tratamiento de «don» que, a pesar de descubrirse autor del tremebundo asesinato, no le abandonaría.

En el misterio que nos ocupa fue ayudado por su hijo, Federico Sáinz Andrés, de diecisiete años, de escaso bigote negro, cejas pobladas y muy juntas, cara alargada, estatura algo mayor que su padre y pelo negro. Federico era un muchacho fantasioso que por lo que se descubriría en la investigación contó a sus amigos un sueño en el que se había sentido el célebre asesino «capitán Sánchez» matando a un hombre y arrojando sus pedazos por la atarjea de su casa. También según sus confidencias admiraba a los ladrones y asesinos que lograban mantener impunes sus crímenes.

La muerte del anciano Ferrero y la posterior manipulación de su cadáver necesitó la participación de al menos dos asesinos. Así, en su cráneo, la autopsia detectó diez hachazos con una herramienta de las llamadas «marineras» que son de mango corto y de filo cortante por un lado y pico por el otro. La cabeza presentaba un hachazo profundo que deshacía el rostro y hasta nueve golpes con la parte del pico, lo que da idea de la ferocidad y del duro trabajo de los criminales. El cadáver fue enterrado en la habitación en una fosa estrecha y poco profunda en la que se introdujo el cuerpo cabeza abajo. Juzgado don Nilo, fue condenado a la pena capital y aunque durante la vista oral trató de exculpar a su hijo, este fue condenado como cómplice. Don Nilo no llegó a ser ejecutado porque enloqueció y murió de un ataque de locura en la cárcel.

LA ASESINA DE HILDEGART

El proyecto de Aurora. El suceso extraordinario del niño pianista. La elección de un hombre que colabore en el plan. Concebida sin amor, sin pasión y sin placer. La asombrosa niña prodigio. La cruel decisión de una madre que se siente traicionada por sus sueños.

¿Puede matarse por soberbia intelectual? Desde luego, ese es tan buen motivo como cualquier otro. Una joven que había sufrido grandes traumas en la infancia y que vivió una adolescencia y juventud apartada voluntariamente de los hombres, concibió un proyecto mesiánico: redimir a la mujer mediante el nacimiento de una hija que dedicaría cada minuto de su vida a la lucha por la liberación del, por entonces, todavía llamado «sexo débil». Así nació Carmen Rodríguez, llamada «Hildegart» —Jardín de sabiduría—, una niña que alcanzaría muchos y profundos saberes desde muy pequeña, sorprendiendo al mundo con quince años, que alcanzaría notoriedad internacional por sus estudios sobre sexología y sus actividades políticas, y que tendría una vida corta, asesinada a los dieciocho años por su propia madre.

La madrugada del 9 de junio de 1933, al clarear el día, Aurora Rodríguez Carballeira empuñaba un revólver en la habitación donde yacía dormida su hija. Aurora pasó un buen rato en el dormitorio sumida en sus cavilaciones, y cuando finalmente irrumpió el día y la habitación empezó a llenarse de ruidos, comprendió que había llegado el momento de cumplir su propósito. Con la frialdad y determinación de un cirujano, Aurora comprobó el funcionamiento del arma. Acto seguido la acercó a la sien izquierda de su hija, que estaba dormida en la cama sobre el lado derecho, dándole la espalda, y a bocajarro le disparó un primer balazo mortal. En seguida volvió a apretar el gatillo produciendo un nuevo impacto en la cabeza muy cerca del anterior. Luego le buscó el corazón y disparó de nuevo. El cuarto impacto lo hizo casi a bulto, en el pecho. Sólo entonces consideró cumplida su misión: había engendrado a «Hildegart» como instrumento para una revolución, pero al considerar que se apartaba de su objetivo, había decidido eliminarla. Descubierto su crimen, Aurora fue tachada de loca, pero ella se defendió de esa acusación afirmando que actuó plenamente consciente de sus actos. Única testigo de lo que pasó en la habitación en la que murió su hija, dio en afirmar que la muerte se produjo de común acuerdo. Esta posibilidad tan increíble dota a toda la historia de leyenda. En cualquier caso, era el colofón de una existencia singular.

Aurora nació en El Ferrol, en 1890, tercera hija de un matrimonio acomodado. El padre era abogado y de él guarda buenos recuerdos. La madre, ama de casa, es acusada por ella de frivolidad y egoísmo, aunque apenas sabe de su existencia real porque murió muy joven. Sin embargo, la percepción de la infancia que se le quedará grabada con mayor fuerza es la infelicidad de sus padres, de lo que ella culpaba a la madre. La relación con sus hermanos no fue nunca buena. Su juicio es despiadado: a su hermana, Pepina, la consideraba perversa, y a su hermano, cobarde y abúlico. Aquel ambiente convierte a Aurora niña en una persona introvertida y reflexiva que disfrazó su carácter con una máscara de violencia y rebeldía, llegando a alardear de no haber sido nunca doblegada por nadie ni con halagos ni con castigos.

En el colegio, Aurora tuvo una educación básica e incompleta: aprendió a leer, un poco de aritmética, algo de geografía e historia y la parte inevitable de toda jovencita de aquel tiempo: coser, bordar y tocar el piano. Pero a los catorce años, sola en su casa por la muerte de su madre y la ausencia de sus hermanos, pudo disfrutar a sus anchas de la biblioteca de su padre, accediendo a las ideas políticas y filosóficas como el que sacia un hambre atroz. Se dedicó con avidez a la lectura y en sus manos cayeron las obras del socialismo utópico que devoró sin preparación previa alguna: Saint Simon, Owen, Fourier. Uno de sus sueños de infancia fue crear un «falansterio» como proponía Fourier.

Aquella niña sensible que cultivaba sus ansias intelectuales por su cuenta fue marcada para siempre por uno de los múltiples casos de los que como abogado se ocupaba su padre. Se trataba de la disputa entre una pareja mal avenida que tenía una hija. Querían separarse y ambos pretendían tener a la niña consigo. La ley favorecía al marido y, una vez conocido esto, la mujer, para no perder a la niña, decidió quedarse al lado del hombre, aunque sufría una irremediable repulsión hacia él. Aquello influyó en Aurora de tal forma que decidió no casarse nunca. Pero más importante para su futuro si cabe fue un suceso extraordinario del que fue protagonista. Su hermana, Pepina, tuvo un hijo de soltera que dejó en la casa familiar antes de marcharse a Madrid a rehacer su vida. Aurora se ocupó del niño con fervor y entre otras muchas cosas que hacía para divertirlo y enseñarle, le sentaba a su lado a tocar el piano. A los pocos meses, el sobrino tocaba con soltura, superando a quien había sido su maestra. Aquel sería el «Mozart español», el célebre Pepito Arriola, niño prodigio que entusiasmó al mundo a principios de siglo.

El nacimiento con su ayuda de aquel genio hizo concebir en Aurora la idea de un hijo propio a quien preparar para una gran tarea preconcebida. A los diecisiete años, fallecido su padre, apartaron a su sobrino Pepito de su lado, y entonces aquella idea de disponer de alguien que no le podrían quitar y que ella forjaría según su propósito, se concretó en el anhelo de una niña que ella haría nacer para cambiar el papel de la mujer en el mundo y su propia idea sobre las mujeres en general, que no era nada buena: «Odio la mentira con todas mis fuerzas —decía Aurora—. La considero como una de las grandes causas de los males de la humanidad. Dudo que el mundo se redima mientras las gentes no se decidan a decir lo que sienten, aunque la confesión ponga en peligro su vida. Acaso por ello, tenga tan mal concepto de las mujeres en general. Es difícil descubrir en muchas un solo pensamiento noble, porque no discurren con la cabeza, sino con el sexo.»

Aurora se prometió que tendría una hija que lo sería no sólo de su carne sino de su espiritualidad, y para ello pensó en tenerla sin amor, sin pasión ni placer, con la colaboración necesaria de un hombre que se aviniera a sus reglas. De esta forma pasó varios años en busca del candidato que se ajustara a sus exigencias: sano, inteligente, sin prejuicios y que comprendiera la importancia de su proyecto. Aurora creyó encontrarlo en un supuesto marino de treinta y cinco años, alto y fuerte, que había regresado de un largo periplo por Sudamérica. Aparentemente reunía las características exigidas y gozaba de un verbo envolvente que la convenció. El elegido se hacía pasar por sacerdote y se mostró abierto, simpático y culto. Aparentaba estar seducido por la «gran idea» de dar vida a un ser superior. Años después, Aurora descubriría que aquel hombre era sólo un embaucador al que haría responsable de su tragedia.

Pero por entonces, hermosa y seductora, Aurora y el hombre que había seleccionado tuvieron una serie de encuentros en una casita a las afueras de El Ferrol, que ella relataría exentos del menor romanticismo y presididos por su frialdad de hielo. No obstante, la experiencia hubo de repetirse durante más de veinte tardes hasta que estuvo segura de haber quedado embarazada. Una vez conseguido su deseo se separó del marino y de sus parientes y viajó sola a Madrid.

En la primavera de 1914 se estableció en la capital, en el barrio de la Guindalera, en la calle del Pilar, y mientras el 3 de agosto estallaba la Primera Guerra Mundial, Aurora sentía que el más profundo de sus sueños se hacía realidad.

Dio a luz sin complicaciones y tuvo la suerte de que fue, como deseaba, una niña. Desde el primer momento se dedicó a fondo a su desarrollo físico y mental. A los dos años «Hildegart» —la llamó así desde el día en que nació— estaba más alta y desarrollada que todos los niños de su edad. En esas condiciones, el cultivo de su mente se convierte para la madre en una obsesión: mediante juguetes especiales la enseña rápidamente. A los tres años saber leer, a los diez habla alemán, inglés y francés. Nacida como una experiencia científica, la niña carece de infancia. Se dedica al estudio constante, con dos temas prioritarios: la filosofía racionalista y todo lo relacionado con el sexo. Su madre piensa que es la única forma de que no caiga en la trampa que esteriliza el talento de muchas mujeres. A los trece años acaba el bachiller, a los diecisiete se licencia en Derecho y comienza la carrera de Medicina. Lee las obras de Carlos Marx y se siente atraída por el movimiento socialista del que finalmente se desengañaría y sería expulsada del partido. Alcanza prestigio internacional en el campo de la sexología y siente ansias de independencia y libertad, por lo que se enfrenta a su madre en demanda de mayor autonomía a la vez que prepara un viaje a Londres alentada por Havelock Ellis, máximo exponente de la sexología del momento, y por el escritor H. G. Wells, admirador de su inteligencia, lo que la alejaría al menos temporalmente de la agobiante influencia materna. Es entonces cuando Aurora Rodríguez cree que su proyecto está en peligro, por lo que sin importarle los sentimientos de su hija, ni sus éxitos —su prestigio internacional, su brillante carrera política que prosigue en el partido federal...— decide matarla por haber traicionado su sueño redentor. ¿Logró convencer a Hildegart de que estaría mejor muerta y la ejecutó con su aquiescencia? Es difícil de creer, pero en esta disparatada historia todo es posible.

Aurora Rodríguez fue condenada a veintiséis años, ocho meses y un día de prisión, pero no cumplió su castigo: en 1936, la mañana del 18 de julio, desapareció de la cárcel, se ignora si liberada o fugada, y no volvió a saberse nada más de ella.

El asesinato de Carmen Broto

La joven sirvienta que se convirtió en prostituta de lujo fue asesinada con un mazo de madera. Sus relaciones y amistades alcanzaban a importantes personalidades del régimen. La versión oficial fue de robo con homicidio, pero nadie le concedió crédito.

En 1949 la posguerra se alarga. A las grandes ciudades acuden emigrados de todas partes en busca de una nueva vida. Barcelona tiene fama de industrializada. En ella el futuro alienta la esperanza de un enriquecimiento rápido. Hay muchos que se lo creen. Por ejemplo Jesús Navarro, un joven de veinticuatro años, que trata de hacerse un hueco entre la aristocracia y la alta burguesía barcelonesa a costa de lo que sea. Entre otras cosas se dedica al tráfico de cocaína. Los personajes del régimen hacen y disfrutan sus fortunas. Navarro quiere participar de esa vida de lujo que se filtra por los resquicios de una sociedad dolorida y esquilmada no importándole convertirse en un joven mantenido. Uno de sus sueños es casarse, no como la culminación de un gran amor, sino para fraguar un cambio de posición social. Pero mientras conserva una novia tímida, decente y embarazada, frecuenta a una de las más afamadas prostitutas de lujo, Carmen Broto —Carmen Brotons, en su DNI—, la número uno de Barcelona en su época.

Carmen es una mujer hermosa que va de rubia desgarrada. Posee un cuerpo atractivo y sensual. Tiene treinta años. Nació en Bolaña

(Huesca). Llegó a Barcelona como muchas otras muchachas y se colocó como chica de servir hasta que descubrió que de esa forma jamás dejaría suficientemente atrás un pasado de estrecheces. Su historia no es una historia más, porque Carmen sabía lo que quería. Aprendió que le bastaba sacarse un poco de partido para hacer estragos entre los hombres de la alta sociedad. Algunos de los más importantes pasaron a ser sus protectores y al final de su vida estaba muy bien relacionada. A ello le ayudó declararse partidaria de Franco en una sociedad donde la lealtad al régimen era un valor seguro. Se estableció en la calle del Padre Claret, 6, donde vivía sola.

Los largos años dedicada a los hombres que ejercían con ella de «pigmaliones» no habían transcurrido en vano. Poco a poco se había hecho con una pequeña fortuna y una hermosa colección de joyas. Carmen era una mujer confiada, por lo que no se recataba en lucir sus alhajas cuando salía a divertirse con los hombres que eran la base de su negocio o con sus amigos. Entre estos últimos estaba Jesús Navarro, el chico apuesto y bien plantado por el que Carmen sentía debilidad. No lo sabía con certeza pero se imaginaba, por sus expresiones y sus conversaciones a medias, que él se dedicaba también a algo parecido a lo suyo, debatiéndose entre el firme impulso que le llevaba a querer casarse y la debilidad por la vida regalada que le tentaba con la posibilidad de disponer igualmente de protectores que le llevaran a ese lado del paraíso donde los dos querían estar. Jesús era el maestro de la ambigüedad y en ella seducía a Carmen que disfrutaba en su compañía. Por su parte, él sentía verdadero cariño por Carmen. A él nunca se le hubiera ocurrido hacerle daño. Pero estaba bajo la influencia de un padre delincuente profesional. Era este un hombre fichado como «espadista», esto es, especialista en abrir puertas y cajas fuertes con llaves falsas, y otros actos delictivos nunca bien investigados. El padre pasaba también por una racha de necesidad. Así que empezó a hablarle de Carmen Broto. De su afición a las juergas. De sus joyas. Lo mejor para sus planes es que acude siempre que Jesús la llama. «Ahí tienes una gran oportunidad. Es la solución para tus problemas», intenta convencerle. El padre le traza un plan en apariencia muy fácil: se trata de ponerle un anzuelo a Carmen invitándola a una de esas noches interminables de risas y alcohol. El objeto debe ser que beba hasta quedar indefensa, luego habrá que matarla y deshacerse de su cadáver. Aunque el plan resulta convincente sólo pensar en ello saca de quicio a Jesús. Le dice a su padre que se olvide, que no piensa hacerlo. Pero su progenitor no es hombre que se dé por vencido y sigue trabajándolo finamente «por el bien de todos», tal vez con la ventaja de que conoce a su muchacho mejor que nadie. A su favor está que Carmen es una mujer que tiene fama de alocada, de tomar decisiones rápidas e imprevisibles, por lo que si desaparece tras una aventura amorosa, nadie se extrañará. Le recuerda a Jesús que no la echarán de menos porque apenas tiene familia: sólo una hermana con la que hace tiempo que no se trata. Para hacer más fuerza en su argumentación le confía un gran secreto: hace unos años él mismo hizo desaparecer de la forma que le propone a un chófer del que nadie ha vuelto a acordarse. Pero Jesús piensa en Carmen y se horroriza. En su intento de escapar de tanta presión se confía a un amigo íntimo, Jaime Viñas, de veintinueve años, con el que comparte amistad y ambigüedad. A Viñas le parece un plan perfecto, por lo que cogido entre dos fuegos, Jesús se deja arrastrar por el sueño que le pintan: un futuro de lujo gracias a las joyas de la Broto.

Los tres dan los últimos toques a la trampa que piensan tenderle a la mujer que, ajena a todo, sigue dedicada a sus protectores. El día 10 de enero consideran llegado el momento de actuar. Alquilan un coche para la ocasión. Por la tarde Jesús llama a Carmen y le ofrece una de esas noches desenfrenadas que ambos han vivido ya más de una vez. Carmen acepta encantada, pero la cita debe producirse después del trabajo. Antes tiene que salir con uno de los hombres que la mantienen. Asiste a la sesión de noche del cine Metropol donde como una premonición ponen la película *Almas en suplicio,* una historia desatada de pasiones y crímenes. Luego vuelve con su acompañante a su domicilio, en la calle Padre Claret, donde le espera en el vehículo alquilado Jesús Navarro. Para que no haya duda le avisa con los faros en una señal convenida. Nada más marcharse el cliente de aquella noche Carmen vuelve a salir alborozada. Fresca y sonriente se dirige al coche de Jesús donde se lleva una desagradable sorpresa: en vez de encontrar solo a su amigo lo halla en compañía de Viñas, cosa que le molesta, aunque dispuesta a divertirse, decide seguir adelante. Los dos hombres ponen en práctica lo que tienen pensando e inician una larga peregrinación por varios bares. Visitan diferentes locales en el paseo de San Juan donde toman varias consumiciones en cada uno de ellos. Se desplazan a lugares de alterne de las calles Rosellón y Casanova. Aunque Carmen bebe mucho tiene gran resistencia al alcohol, por lo que todavía deben tomar la última copa. Una vez que da muestras de estar suficientemente bebida, la llevan al coche. Y se ponen en marcha en busca del mejor lugar para cumplir su propósito. Cuando pasan delante del Hospital Clínico, Viñas decide que ha llegado el momento de actuar, y mientras Carmen está distraída la golpea fuertemente en la cabeza con un pesado mazo de madera que lleva para la ocasión. Pero la mujer se revuelve y pelea con su agresor. Jesús detiene el automóvil para ayudar a Viñas y en ese momento Carmen aprovecha para escapar. Sale del vehículo y da varios pasos antes de desmayarse. Un vigilante del Clínico ha presenciado la escena, parece que la mujer está salvada. Pero los dos compinches consiguen engañarlo. Le convencen de que son médicos y de que llevan a la mujer a una clínica para despertarla de su coma etílico. Representan tan bien la comedia que consiguen que el vigilante les ayude.

Con la mujer agonizando se desplazan al huerto de la calle Legalidad donde han convenido encontrarse con el padre de Jesús. El viejo delincuente queda espantado al verlos llegar llenos de sangre. Comprueba que Carmen ha muerto. Se da cuenta en seguida de que todo aquello es una chapuza en la que han dejado demasiadas huellas que serán fácil pista para la policía. Rápidamente le quita todas las joyas a la mujer muerta y se las entrega a su hijo. Viñas y él se ocuparán de enterrar el cadáver mientras Jesús se desprende del coche. En casa de los Navarro, los tres se asean y se cambian de ropa. Hacen balance del botín: algo de dinero y joyas. El viejo Navarro les dice que lo han hecho todo mal y les prepara para lo peor. Les aconseja que abandonen Barcelona. Por su parte les explica que si le cogen tiene preparada una dosis de cianuro. Viñas le responde que él tampoco dirá nada porque también tiene preparado su cianuro. Poco después la policía detiene a Jesús y no tardan mucho en hacerle hablar. Cuando van en busca de su padre lo encuentran muerto en el número 246 de la calle de la Industria. A Viñas tampoco le cogen vivo: cumple su parte del pacto de silencio tomando su cianuro en un hotel de la calle Mendizábal. Pero esta es la versión oficial a la que nadie concede crédito. Sexo, poder y dinero se mezclan tras la enigmática existencia de Broto y sus asesinos, lo que da pie a sospechar que Carmen fue eliminada porque molestaba a alguien muy poderoso, inmerso en peligrosos negocios ilegales. Tal vez era uno de los hombres a los que se rumoreaba que trató de hacer chantaje con fotografías tomadas mientras mantenían relaciones sexuales con menores de edad. Debía de ser alguien con el poder suficiente para ordenar la muerte de los asesinos y ser obedecido de inmediato. Sin embargo, hasta donde llegan los datos comprobados, Carmen fue asesinada para robarle. Su cuerpo apareció despojado de cuanto llevaba de valor. Y pudo comprobarse que mientras se divertía con sus asesinos, alguien entró en su casa a robar, probablemente el padre de Navarro que había recibido de su hijo una copia en masilla de la llave del domicilio. Otra de las pintorescas versiones del drama fue dada por el mismo criminal Navarro, que condenado a muerte fue indultado en octubre de 1952 y puesto en libertad en 1960. Llegó a afirmar que Broto fue «eliminada» por ser confidente de la policía y delatora de enemigos del régimen franquista, por lo que se la consideraba culpable del fusilamiento de varias personas, arrogándose él así, de paso, un papel más airoso que el de simple asesino.

El crimen de la tinaja

Estrangulada con una sola mano. Una identificación errónea. El «mundo negro» de Natividad Romero. Vivía con desahogo gracias a cheques de EE.UU. Ofrecía dinero para que conocidas suyas la acompañaran en su casa. «El Goyo», un culpado que resultó absuelto.

El «crimen de la tinaja» fue muy nombrado al final de la década de los sesenta. Ocurrió en los alrededores de Madrid, en el término del pueblo de Hortaleza, muy cerca de Barajas y en la finca denominada La Hinojosa. Una mujer fue encontrada desnuda y estrangulada en posición fetal sobre la boca de una tinaja semienterrada. No dentro, como señalan algunas crónicas, sino encima de la vasija que afloraba del subsuelo y estaba rellena de tierra. El cuerpo apareció con la ropa de la parte de arriba en torno a la cabeza y la de la parte de abajo en los tobillos. En el cuello se observaban claramente huellas de estrangulamiento que la inspección forense determinaría que habían sido producidas por una sola mano, la derecha. Eso indicaba que el asesino la atacó estando tumbada y la inmovilizó con el otro brazo y el resto de su cuerpo para cometer el crimen. Presentaba numerosas erosiones por haber sido arrastrada. Probablemente fue asesinada lejos del lugar en el que fue encontrado su cuerpo intencionadamente enroscado sobre la tinaja. La primera descripción que se facilitó fue la de una joven de veinte años, un metro sesenta de estatura, delgada, con el pelo teñido de rubio. Era el 13 de agosto de 1969.

Fue descubierta por Adolfo Carrascosa Blázquez, de veintinueve años, vecino de Hortaleza, conductor del cuerpo de bomberos, que utilizaba el lugar para hacer ejercicio físico. Parecía una muñequita galáctica con el bolso y los zapatos plateados. Llevaba las uñas pintadas del mismo color: plata metálico. Tenía quitados un pantalón azul y un suéter negro. La casa abandonada era de grandes proporciones y servía de refugio a pastores que apacentaban por la zona y a parejas que la utilizaban para sus escarceos. Se accedía por un camino vecinal desde la colonia de Iberia.

Cuando llegó el forense se encontró entre los dientes del cadáver una medalla de oro con la inscripción: «Luci, 13-12-1962.» Tras el examen determinó que debía de llevar muerta por lo menos veinticuatro horas. Había huellas de neumáticos de un coche incluso dentro de la casa. La policía determinó que pertenecían a un Renault 4-L.

La identificación de la muerta fue difícil. La mujer tenía ficha policial a nombre de Kerr Payne, nacida en Venecia el 25 de diciembre de 1944, hija de Ricard y de Nuria, casada, de profesión sus labores, y nacionalizada norteamericana. La policía estuvo creyendo durante demasiado tiempo este error. El gabinete de identificación no estaba satisfecho porque los datos no encajaban. Volvieron a revisar todas las fichas y encontraron otra que coincidía con las necrodactilares: era la de Natividad Romero Rodríguez, nacida en Siles (Jaén), el 15 de julio de 1941, hija de Valentín y Eusebia. Puestos al habla con sus padres se desplazaron a Madrid para identificar el cuerpo, llegando el día de la virgen de agosto en que el juzgado estaba cerrado. Marcharon al Instituto Anatómico Forense y allí se encontraron con que no les dejaban entrar.

—La única joven muerta que hay aquí es una norteamericana y usted no puede ser su madre.

—¡Ay, que me da que puede ser la Nati! Déjeme bajar.

Tanto insistió la señora, acompañada de su marido y su hijo, que le descubrieron la cara desfigurada de una mujer que ella identificó como la Nati. Pero el empleado le enseñó documentos a nombre de Kerr Payne y su propio hijo la convenció de que aquella no podía ser su hermana. A la mañana siguiente, sábado, en la DGS (Dirección General de Seguridad) le mostraron fotos en las que reconoció a su hija. Y, ya en el juzgado, le vino a la mente comentar que la Nati tenía una cicatriz en mitad de uno de los brazos. Lo comprobaron con el cadáver y se convencieron todos.

Nati-Luci-Kerr, que cuando ejercía la prostitución se hacía llamar Tania, vivió en Siles, a 168 kilómetros de Jaén, en una desviación de la carretera que une la capital jienense con Albacete, y de allí fue internada durante siete años en Los Prados, el psiquiátrico de Jaén. Había intentado suicidarse dos veces: una lanzándose desde un cuarto piso y otra haciéndose cortes en un brazo. En Madrid, y desde hacía tiempo, era una mujer significada por sus rarezas. Para empezar solía cambiar a menudo el color de su pelo. Tan pronto era morena como rubia o pelirroja. En una semana se teñía tres veces el cabello de distintos colores. Sentía debilidad por cambiar su aspecto personal. También era por lo común demasiado afectuosa con chicas de su edad o más jóvenes. Pero lo definitivo es que Natividad Romero tenía un «mundo negro», habitado por hombres de color, soldados norteamericanos de la base de Torrejón. Su presencia era constante en bares americanos y *night clubs.* Tenía siempre el mismo gesto ausente como si estuviera drogada. Vivió en un apartamento de Padre Xifré y estuvo en otro de Narciso Serra, 8, entre agosto y septiembre de 1964. Vivió con un hombre de color llamado Juan que tenía una cicatriz en la cara que le cruzaba la mejilla. Juan desapareció a finales de 1965: fue destinado a Rota.

A medida que se avanzaba en la investigación, se supo que Nati daba signos de evidente desequilibrio mental: cleptomanía y manía de grandeza. La medalla de oro con la inscripción de «Luci» se la había quitado a su compañera de piso. Vivía en la calle Ardemans, 50, 1.° izda., con otra joven, Lucía (Luci) López Hernández, novia del sereno de esa calle, David Rodríguez Álvarez. A raíz del asesinato, los dos fueron detenidos y luego puestos en libertad sin cargos.

Otro episodio sorprendente es el viaje que hizo Nati con un taxista, de Madrid a Siles, prometiendo pagarle a la llegada y diciéndole que era una mujer muy rica, que en cuanto llegaran haría que su abogado le abonase el transporte. Al llegar al pueblo dejó al taxista chasqueado y estafado. La Brigada Criminal (B.I.C.), estaba empeñada en reconstruir todo lo que hizo durante el día de su muerte hasta las tres de la madrugada, hora muy próxima a la que fue estrangulada. ¿Entre el 11 y el 12 de agosto? ¿En la noche del lunes al martes? En la piscina de Arturo Soria, a la que solía ir, dejó una bolsa con ropas y no volvería por ellas. Quienes la conocían la notaron nerviosa, como si de algún modo temiera su final. Con anterioridad había sido agredida en el mes de febrero. Un coche de vigilancia la encontró inconsciente en el Retiro. Alguien la había pegado hasta que perdió el sentido. ¿Fue un desconocido? Ella no reveló su nombre.

Vivía con desahogo gracias a los cheques que recibía de Norteamérica. Asunto que tampoco estaba muy claro dado que ingresaba grandes cantidades y llegó a recibir giros de dos mil dólares (ciento cuarenta mil pesetas de la época), lo que estaba muy por encima de la paga de un soldado. En su constante relación con los hombres de la base se fue a vivir a La Piovera, entonces una urbanización de lujo, y al parecer había contraído matrimonio con Leonard Payne, de raza negra, cabo primero de las Fuerzas Aéreas norteamericanas, quizá el que mandaba los giros, especialista en electrónica aeronáutica que posteriormente fue destinado a Vietnam. Con él vivió en pisos alquilados de hasta veinte mil pesetas de entonces. Cuando Leonard se fue, Nati llegó a ofrecer hasta cinco mil pesetas a conocidas suyas para que le hicieran compañía en su casa.

Al filo de las cuatro de la madrugada debió de encaminarse al lugar en el que fue encontrada. Un sitio habitual para algunos que disputaban un juego aparentemente muy divertido que consistía en detener los vehículos a un centenar de metros del caserón abandonado y designar a uno del grupo que debía recorrer la distancia hasta la casa a la luz de una vela. Otros no iban a jugar. Como el asesino de Nati.

Había estado presa en la cárcel de Ventas alrededor de ocho meses. Salió el 12 de enero anterior a su muerte. Allí dentro, según recuerda una de sus compañeras, decía que estaba casada con un americano negro y que tenía dos hijos con él. Todos en la cárcel sabían que era «rubia de frasco». Según recordaban hablaba muy mal, con muchos tacos. La compañera afirma que «estaba medio loca».

«Siempre estaba buscando pelea, provocando. Además era una pervertida y los oficiales de la prisión la tuvieron que castigar por eso. Estaba allí por asuntos de drogas, "por haber drogado a una menor o algo así".» Estaba calificada como violenta y hacía alarde de que le gustaba beber y que en cuanto saliera de allí se iba a coger «una buena castaña». A las seis menos cuarto de la tarde del 18 de agosto de 1969, Nati, «la chica de la tinaja», fue enterrada en el cementerio de la Almudena. «Mi hija tenía que acabar así: quien mal vive, mal acaba», dijo su madre mirando al suelo con los brazos cruzados.

Casi dieciocho meses más tarde, el 30 de enero de 1971, fue detenido un violento proxeneta, Gregorio Ávila Sotoca, «Goyo», de veintisiete años, bajo la acusación de ser el asesino de la tinaja. Su captura se produjo después de una denuncia de una de sus chicas a la que había amenazado con hacerle «lo mismo que a la chica de la tinaja». Tras un férreo interrogatorio, «Goyo» confesó ser el autor e incluso se llevó a cabo una reconstrucción del crimen que convenció a los investigadores en primera instancia. Más tarde, «el Goyo», un rufián fanfarrón y farolero, se volvió atrás («Yo no la maté»), por lo que junto con la versión disonante que dio de los hechos fue absuelto del delito de homicidio por falta de pruebas, aunque condenado por rufianismo en el juicio que se celebró a finales de mayo de 1972. El crimen quedó sin resolver y la policía siguió manejando la hipótesis de que Nati fue víctima de un hombre fuerte capaz de estrangular con una mano, probablemente un soldado negro de la base de Torrejón.

El asesinato de María Teresa Mestre

Las sospechas de un secuestro. Al fondo, el fraude del aceite de colza. La aparición del cadáver seccionado. La carta que exigía un rescate de veinticinco millones. La máquina de escribir y la confesión incompleta. El crimen de un enajenado. El misterio del móvil.

La mujer entró en el apartamento, dejó los paquetes que llevaba encima de una butaca, se quitó la chaqueta y el cuello de piel que la abrigaba y tomó asiento en una de las sillas que rodeaban la mesa. El hombre cerró le puerta. La mujer abrió una carta que el hombre le había dado y se entretuvo en leerla. El hombre permaneció de pie a su lado. Cuando terminó de leer hizo un comentario que el hombre pidió que precisara. Conversaron durante unos minutos acerca del papel que él le mostraba. Todo parecía normal. Cuando la mujer acabó de hablar se dio cuenta de que algo terrible y amenazador flotaba en el ambiente. El hombre no había prestado atención a sus palabras a pesar de que su mirada miope se posaba en su rostro. Estaba muy serio y parecía mentalmente ido. La mujer sintió miedo y trató de ponerse de pie para marcharse. El hombre la detuvo con su mano, que se cerró en el hombro como una garra. Ella inició un suave movimiento hacia la puerta y mostró su intención de salir. El hombre entonces abandonó su expresión bobalicona y la miró fijamente sin decir nada. Ella expresó su deseo de abandonar el apartamento midiendo mucho sus palabras. El hombre le pidió algo y ella dijo que no brevemente, como disculpándose. El hombre guardó silencio pero se acercó más interponiéndose ante la puerta. Ella no podía saber lo que pretendía pero intuyó que era su última oportunidad. Volvió a decir que tenía que marcharse, esta vez con más fuerza que antes, pidiéndole que le dejara salir. En el rostro de la mujer había una fuerte crispación que revelaba su miedo. Fue entonces cuando el hombre, sin previo aviso, la abofeteó por primera vez. Acto seguido descargó sobre ella una lluvia de golpes. La mujer trastabilló y fue retrocediendo hacia atrás hasta que tropezó con el sofá y cayó sobre él. El hombre agarró con fuerza una llave tubular de neumáticos, que descansaba sobre un mueble, y no dejó que ella se recuperase. Acercándose violentamente la golpeó varias veces en el cráneo. La mujer, un segundo después, se desplomó sin vida. El hombre cesó en su ataque. El cuerpo quedó en el suelo, inerme y desmadejado.

Fue entonces cuando el hombre pareció despertar de una especie de trance. No había tomado drogas ni alcohol, pero se sentía aturdido. Se concedió unos momentos para aclarar sus ideas. Después lo primero que hizo fue poner en orden las ropas de la mujer que habían quedado en una posición en la que daban a la muerte un tinte obsceno. A la vez sintió un estremecimiento y se preguntó cómo había sido capaz de golpearla. En su mente se apiñaban pensamientos confusos que la recorrían vertiginosamente. Pasó por un fuerte estado de excitación en el que por un momento se dejó arrastrar por el pánico. Pensó que no había querido hacer aquello, que nunca quiso hacerle daño. Pensó que si lo confesaba en seguida, el juez podría apreciarle el beneficio de arrepentimiento espontáneo. Pero decidió que no quería aparecer como culpable. Tuvo que sobreponerse y tranquilizarse. Durante varios minutos no supo qué hacer. Luego reaccionó y fue trazando su plan. Primero llevó el cuerpo hasta el cuarto de baño y lo metió en la bañera. Después trató de borrar todas las huellas de la presencia de la mujer. Recogió las bolsas de la compra que llevaba, el bolso, la chaqueta y el cuello de piel. Del bolso sacó el monedero con la documentación y lo guardó. El resto lo disimuló en el interior de una maleta plegable y bajó con ella a la calle donde encontró en seguida el coche de la víctima. Abrió con las llaves, que también había sacado del bolso, y lo puso en marcha conduciendo hasta las proximidades de un hotel. Allí vació la maleta y se la llevó junto a las llaves de contacto. Dejó el coche bien aparcado, sabiendo que era la mejor manera de que tardaran en encontrarlo.

Regresó al apartamento a pie, dando un paseo por la playa. Al llegar a la altura de un cámping situado junto a una zona rocosa, tiró las llaves del vehículo al mar. Cuando llegó al apartamento se dirigió sin perder un momento a la bañera donde con una sierra procedió a trocear el cuerpo. Comenzó cortando los pantalones y el jersey con unas tijeras. Luego seccionó las piernas a la altura de las ingles y después dividió el tronco en dos, partiéndolo por la cintura. Antes había lavado con la alcachofa de la ducha la parte superior del cadáver. El cuerpo quedó en cuatro grandes pedazos: el tórax con la cabeza y los miembros superiores, el tronco pelviano seccionado a la altura del ombligo y los dos miembros inferiores separados. A medida que cortaba los trozos los fue introduciendo en grandes bolsas de plástico que a su vez ocultó en el interior de otras destinadas a guardar ropa. Tuvo que atar las manos del cadáver al cuello para que le fuera más fácil manejarlo. El cadáver troceado entró completamente en tres bolsas.

Una vez puso fin a su macabra tarea se apresuró a limpiar el baño y el resto de la casa. Recogió los restos que habían quedado en el fondo de la bañera e intentó deshacerse de ellos por el lavabo, para lo que tuvo que utilizar el desatascador. En el salón no pudo borrar por completo una mancha de sangre que cubrió con cera y ocultó poniendo encima la pata de un sillón. Cuando estimó que todo estaba limpio y en orden, transportó las bolsas al maletero de su coche.

La asesinada era María Teresa Mestre Guitó, de cuarenta y cuatro años, esposa del industrial aceitero Enrique Salomó, que se encontraba procesado y en prisión por su supuesta responsabilidad en el famoso fraude del aceite de colza desnaturalizado que tuvo lugar en España en la primavera de 1981. Según la policía, el crimen se produjo el 9 de enero de 1984, el mismo día que se había dado por desaparecida a María Teresa, en un apartamento de la urbanización Reus Mediterrani, en Cambrils (Tarragona), situado en la primera planta del edificio donde en el tercer piso pasaba el verano la fallecida con su familia. El presunto autor de la muerte era Ángel Emilio

Mayayo Pérez, de veintidós años, íntimo amigo de los hijos de la víctima. Pero hasta que la policía llegó a esta conclusión y Mayayo fue detenido pasaron dos meses y medio.

Catorce días después de la desaparición de María Teresa, el lunes 23, su cadáver troceado fue hallado por tres trabajadores de recogida de basuras, a las dos menos diez de la madrugada, en un vertedero cercano a su domicilio, en Cambrils. El cuerpo conservaba los pendientes, un anillo, el collar, guantes y calcetines. En el guante de la izquierda, dentro del espacio del dedo pulgar, se encontraron siete monedas, y aunque en un principio parecía un número cabalístico no era más que las vueltas de una compra que sumaban ochenta y ocho pesetas. Por el contrario, un dato verdaderamente misterioso es que el cuerpo fue hallado completamente sin sangre y con un escaso grado de putrefacción. Los forenses estimaron, de forma errónea, que la muerte había ocurrido entre cuarenta y ocho y setenta y dos horas antes, y que el cadáver había sido congelado o al menos conservado en un frigorífico, extremos que todavía hoy resultan incoherentes con el relato policial que afirma que fue asesinada el mismo 9 de enero en el que desapareció, es decir, catorce días antes.

Durante la desaparición de María Teresa, sus familiares recibieron una carta firmada con las siglas GADAC en la que eran informados de que había sido víctima de un secuestro por el que se pedía un rescate de veinticinco millones de pesetas. Algunos detalles de esta carta dieron la clave a la policía. Los agentes encargados de la investigación realizaron una labor de descarte partiendo de una lista de sospechosos del círculo íntimo de la familia. El último de esa lista era Ángel Emilio Mayayo. El jefe del operativo policial, Víctor Cuñado, por entonces destinado en Barcelona, a fuerza de releer la carta, una y otra vez, tuvo la sensación de que había encontrado una pista. Llegó a la conclusión de que el autor era una persona joven, del entorno de la familia Salomó-Mestre, que no sabía escribir bien a máquina. A Víctor Cuñado le tocó comprobar si Mayayo tenía máquina de escribir. Cuando llegó a la casa del joven, en Reus, este no estaba, encontrándose en el domicilio sólo su madre. Le explicó que investigaba a jóvenes relacionados con la familia Salomó y la madre sacó la agenda de su hijo ofreciéndole que apuntara los nombres que quisiera. El inspector utilizó la argucia de preguntarle si disponía de máquina de escribir para que sus anotaciones fueran más claras. La señora sacó una «Hispano Olivetti» y unos folios que ya al pronto le parecieron muy semejantes al papel con el que estaba escrita la supuesta carta de los secuestradores. El policía sintió un nudo en el estómago. Cuando empezó a teclear no tuvo dudas: era la máquina que buscaba. Fue en ese momento cuando se presentó «Angelito». Con el fin de que todo fuera más fácil, el inspector le invitó a tomar un café en el cercano hotel Gaudí. Cuando sacó el tema del crimen, la preocupación y el nerviosismo de Ángel Mayayo hizo que lo llevara a comisaría. Allí confesó. Contó cómo con su coche llevó los restos de María Teresa al lavadero de su casa de Reus donde los ocultó hasta que decidió trasladarlos al vertedero en el que fueron encontrados. Lo único que no quiso explicar fue el móvil del crimen. Afirmó que no lo declaraba porque «le daba vergüenza». Todo lo que se supo es que sufrió un impulso repentino, quizá debido al «pequeño monstruo» que llevaba dentro como había dicho en alguna ocasión. Fue juzgado a principios de julio de 1985 y el día 6 de ese mes se dictó la sentencia que le condenó por asesinato con alevosía, con la circunstancia atenuante de enajenación mental incompleta, a la pena de veintiún años de reclusión.

El crimen de las niñas de Alcásser

Una desaparición que parecía una simple aventura de fin de semana. Las niñas fueron vistas haciendo auto-stop. Los cadáveres fueron descubiertos porque la mano de una de ellas emergió de la tierra. El detenido Miguel Ricart responsabilizó de todo a Antonio Anglés.

La desaparición de tres niñas de entre catorce y quince años, Miriam García, Desirée Hernández y Antonia Gómez, acabó conmoviendo y preocupando a España entera. Pero eso no sucedió al principio cuando se pensaba que, como en casos por entonces recientes, las pequeñas habían decidido correr una aventura. Apenas unos quince días antes, otras dos chicas se habían marchado de un pueblo de Valladolid a Madrid con la intención de conocer a dos jóvenes muy simpáticos con los que habían trabado amistad a través de las líneas telefónicas del 903, un servicio de multiconferencia, y eso frivolizó un poco el tema. Sin embargo, a medida que pasaba el tiempo, la preocupación fue creciendo. Cada vez era más difícil de creer que se hubieran marchado por su voluntad y sin dinero, y que pasaran los días sin dar señales de vida. Las niñas eran de Alcásser, un pueblo valenciano cercano a Picassent. De allí desaparecieron la noche del viernes 13 de noviembre de 1992.

Igual que las compañeras de su misma edad, Miriam, Desirée y Toñi estaban pasando un verano muy loco en el que iban a todas partes en auto-stop, sin que sus padres lo hubieran autorizado ni pudieran saberlo. Las tres niñas no eran especialmente amigas, por lo que las compañeras que las conocían dudaron desde el primer momento que hubieran decidido marcharse a correr una aventura juntas. No obstante, no cabe ninguna duda de que antes de desaparecer fueron a visitar a una compañera, Esther, que estaba enferma. Desde allí decidieron ir a una discoteca, por entonces de moda, situada a la salida de Picassent, llamada Color's. Miriam llamó a su casa para que su padre las acercara a la discoteca, pero el padre, aquejado de una fuerte gripe, no pudo hacerlo. Las niñas decidieron ir por sus propios medios. Un joven del mismo pueblo las acercó hasta la gasolinera de Picassent. Allí una señora dijo haberlas visto haciendo auto-stop y después subir a un coche blanco matrícula de Valencia, y aunque como estaba tan oscuro no pudo apreciar el modelo sí pudo precisar que no tenía puertas detrás. A partir de ese momento se pierde el rastro de las tres niñas de Alcásser.

La alarma por la desaparición empezó en los hogares de Miriam, Desirée y Toñi y fue creciendo hasta invadir todo el pueblo. Al cabo de unos días se había apoderado de todos una actividad frenética. Se desataron los nervios produciéndose algunos desgraciados incidentes. En plena búsqueda, un sábado por la noche, un vehículo todo terreno arrolló a dos motoristas causando la muerte de uno de ellos y graves heridas al otro. No fue lo único lamentable de aquellas jornadas de angustia. La participación de videntes indicando que las niñas estaban retenidas contra su voluntad en alguno de los chalets próximos al pueblo hicieron que los grupos de búsqueda, especialmente exaltados, violentaran las puertas de algunas casas penetrando brutalmente en su interior. Todo el rastreo se desenvolvía en un radio de 20 kilómetros a la redonda. La intensa búsqueda en la que participaba todo el pueblo no dio ningún resultado. Inmediatamente después fueron impresos miles de carteles que se distribuyeron por comercios y gasolineras cruzando las carreteras pegados en las cabinas de los camiones. A medida que se extendía el interés y la preocupación por las niñas fueron interviniendo en la búsqueda los programas de televisión, con lo que el asunto se convirtió en prioritario en todo el territorio nacional. La televisión había popularizado la desaparición y la tragedia que vivían los padres de las chicas.

Eran niñas de diferente procedencia social a las que sólo la casualidad había unido. La casa de Desirée está en un primer piso en el centro del pueblo, muy cerca del Ayuntamiento. En ella disponía de un cuarto para ella sola. En su habitación destacan los patines que eran su principal afición hasta el punto de haber expresado que deseaba dedicarse profesionalmente al patinaje. Desirée era una chica deportista de carácter fuerte, muy lanzada y decidida. Más retirada del centro, junto a los naranjales, en una vivienda modesta vive la familia de Toñi. Sus padres son emigrantes andaluces. Toñi compartía la habitación con su hermana Luisa. Era una niña dispuesta que se comunicaba con facilidad con las demás sin llegar a ser tan desenvuelta como Desirée. Miriam, que tenía la mejor situación familiar, era quizá la más tímida de las tres. Vivía con sus padres en un confortable ático situado en una sexta planta. Su cuarto era amplio como corresponde al resto de la casa. Está decorado con alegres muebles de pino y en él domina su afición al ballet con pósters y fotografías de figuras de la danza, así como unas zapatillas de baile colgadas sobre la cama. Como se ve por su carácter y aficiones no eran unas niñas especialmente traviesas ni conflictivas. Pero aquel viernes de su desaparición habían decidido arriesgarse con cierta inconsciencia. Habrían de pagarlo muy caro.

Los padres tomaron conciencia de la gravedad del asunto desde el primer momento. Se movilizaron y empeñaron en la búsqueda a vecinos y autoridades. La televisión les dedicó largos espacios y les recibió el presidente del Gobierno. La búsqueda de las niñas se extendió fuera de las fronteras del país. De entre los familiares de las niñas hay que destacar la figura de Fernando García, padre de Miriam, quien abandonó su negocio —un almacén de colchones— y desde entonces se ha dedicado, incansable, a la tarea de encontrar alguna pista del paradero de las desaparecidas. Fernando pensó desde el primer momento que su hija y las amigas habían sido raptadas y retenidas contra su voluntad. Por desgracia no le faltaría razón.

Pasaron dos meses y medio largos de angustia y expectación. El rastro de las niñas de Alcásser parecía haberse borrado de la tierra.

No obstante las lluvias torrenciales y el viento se habían encargado de ablandar el terreno recientemente removido en un lugar sierra arriba, relativamente cercano al pueblo, donde la mano descarnada de un cadáver, al ablandarse la tierra, había emergido de su improvisada tumba. El miércoles 27 de enero de 1993 un apicultor que se ocupaba de sus panales en la partida de la Romana, a 420 metros sobre el nivel del mar, en Tous, cerca de la presa, a unos 30 kilómetros de Alcásser, tropezó con el macabro hallazgo. Pudo fijarse en que aquel amasijo de huesos conservaba en la muñeca un reloj blanco. Personado el juzgado fueron desenterrados los restos descubriéndose que correspondían a tres cuerpos diferentes. Muy poco después eran identificados como los cadáveres de Miriam, Desirée y Toñi. A partir de ese momento, contrariamente a lo que pudiera esperarse, el misterio sobre lo que les había ocurrido a las chicas, lejos de aclararse, se ensombreció todavía más.

Las autopsias realizadas sobre los cadáveres revelan que las niñas habían sido atadas, golpeadas, violadas, salvajemente torturadas y finalmente asesinadas a tiros. La descripción de las heridas y mutilaciones transmite un escalofriante relato del calvario al que fueron sometidas. Curiosamente, en el mismo lugar en el que aparecieron sus cuerpos había numerosos objetos desperdigados entre los que fue encontrada la pista más firme para la localización de los sospechosos. En los alrededores de la zanja que sirvió como improvisada tumba fue hallado por la Guardia Civil un volante de la Seguridad Social que había sido hecho pedazos. Su reconstrucción permitió la lectura de un nombre, Anglés, que llevó a los investigadores hasta el domicilio de Neusa Martins, madre de una numerosa familia con varios varones conflictivos. La vigilancia de aquella casa permitió a los agentes la detención de un delincuente habitual, Miguel Ricart Tárrega, quien interrogado para que dijera si Enrique Anglés, uno de los hijos de Neusa, era capaz de transportar a tres niñas en contra de su voluntad, respondió inopinadamente que Enrique no, pero que otro de los hermanos, Antonio, era perfectamente capaz. Así comienza la increíble leyenda de Antonio Anglés. Ricart, en una confesión muy extraña, llena de mentiras y contradicciones, afirmó que Antonio ya había sido condenado con anterioridad por atar a Nuria, una mujer con la que había tenido relaciones, a un poste y golpearla con una cadena, hecho por el que el mismo Ricart había sido detenido por denegación de auxilio puesto que habiendo presenciado la brutal paliza no hizo nada por evitarla.

Ricart responsabiliza de todo lo ocurrido a Antonio Anglés, aunque declara que le acompañó durante el secuestro, proporcionando toda clase de detalles de las torturas sufridas por las niñas. Anglés, pese al cerco policial organizado para su captura, logra escapar suponiéndose que sigue un itinerario que le lleva primero a Lisboa y luego a Irlanda. Oficialmente los investigadores le pierden la pista a bordo de un barco, el *City of Plymouth,* donde dicen que embarcó como polizón el 18 de marzo de 1993. Según testimonios de la tripulación un hombre que podría ser Anglés se lanzó al Atlántico sin que se haya vuelto a saber nada de él. Pero esto no es más que la versión oficial.

El juicio a Miguel Ricart, único de los imputados en prisión, ha sufrido peligrosos retrasos aproximándose a la fecha en la que tendría que ser puesto en libertad por cumplir el máximo período permitido como preso preventivo. Mientras tanto, poco se ha aclarado lo ocurrido. Se sabe que las niñas fueron torturadas, pero se ignora quiénes lo hicieron. Igualmente se ignora si Antonio Anglés está vivo o muerto. Fernando García, el padre de Miriam, buscador incansable de la verdad en el misterioso asunto de Alcásser, sostiene que hay más implicados en el crimen y que este no sucedió como cuenta Ricart. Es muy probable que tenga toda la razón.

El crimen de Anabel

El secuestro más largo se convirtió en el crimen más corto. La colaboración ciudadana impulsa la investigación. El asesinato de unas personas normales. Conmovedoras manifestaciones de solidaridad. Dedican a la asesinada tres calles en tres municipios distintos.

Poco antes de las tres de la tarde del lunes 12 de abril de 1993, Anabel Segura, una joven estudiante de veintidós años, rubia, de mediana estatura, aficionada al deporte, sale corriendo de la exclusiva organización Intergolf de La Moraleja, en Madrid. Viste un chándal y lleva puesto un *walkman* con música mientras hace un poco de *footing* antes de ponerse a preparar un examen de sus estudios de cuarto de Empresariales en la selecta Universidad Icade. La urbanización La Moraleja compuesta de chalets vive volcada hacia el interior de las viviendas y sus calles son estrechas, aisladas y poco adecuadas a los peatones. En la zona en la que corre Anabel Segura apenas hay construcciones. Destaca el colegio escandinavo frente al que pasa cuando una furgoneta de color blanco marca *Ford Courier* la adelanta, se detiene unos pasos delante de ella y baja un individuo corpulento. Se dirige hacia la joven como si fuera a preguntarle una dirección, pero apenas le da tiempo a reaccionar cuando la empuja a la trasera del vehículo forcejeando con la muchacha —Anabel es una chica de complexión atlética— y consigue introducirla violentamente. En el forcejeo la chica pierde la parte superior del chándal y su aparato portátil de música.

Emilio Muñoz Wuadix, transportista de veintiocho años, casado, con cuatro hijos, es el hombre que ha secuestrado a Anabel. Son las tres menos diez de la tarde. Al volante de la furgoneta blanca por la que ruedan hacia la carretera de Burgos va Cándido Ortiz Aón, «el Candi», fontanero de treinta y cinco años, casado y con dos hijos. Si no hubieran participado en este delito innoble, se diría que son dos personas completamente normales. Emilio es el «cerebro» del «golpe», y «el Candi», un hombre con escasa voluntad y ademanes educados que se deja arrastrar en calidad de compinche. En la parte de atrás de la furgoneta, Emilio mantiene sujeta a Anabel y la hace objeto de violencia para obtener de ella información sobre los bienes de su familia. Le ha prometido al «Candi» que aquello será coser y cantar. Antes de que se den cuenta habrán cobrado un suculento rescate con el que podrán olvidarse de sus problemas económicos para el resto de la vida. Incluso piensa que pueden cobrar el rescate el mismo día.

Mientras Emilio sonsaca a la chica, «el Candi» inicia un periplo que durará seis horas por las carreteras de las provincias de Madrid, Ávila, Segovia y Toledo. Ella trata de averiguar sus intenciones mientras les suministra sólo la parte de información que le conviene. Les dice que sus padres tienen dinero, pero que no están en Madrid, y que además su padre acaba de pagar el chalet en el que viven por lo que a lo peor no puede reunir la cantidad que piensan pedir por ella. Anabel consigue confundir a los dos secuestradores. Es una mujer inteligente y valiente. Pero sus palabras no bastan para evitar un desenlace trágico. Ella intentará zafarse dos veces de los criminales que la tienen retenida, sin resultado. Una vez tirándose de la furgoneta y otra tratando de huir del lugar en el que deciden matarla.

Tras pasar por San Agustín de Guadalix, se dirigen a Ávila y allí giran varias veces recorriendo arriba y abajo la ciudad. Realmente no saben qué hacer. Su sueño de obtener dinero rápido se esfuma, la tarde se acaba y no tienen dónde esconder a Anabel. Finalmente se dirigen hacia la zona en la que viven, en el norte de la provincia de

Toledo. Por el camino de San Martín de Valdeiglesias desembocan en Numancia de la Sagra donde había una antigua fábrica de cerámica ahora abandonada. Allí los acontecimientos se precipitan. Los secuestradores bajan de la furgoneta a su víctima que lleva la chaqueta de Emilio porque hace rato que tiene frío. En la parte de arriba de su cuerpo sólo viste un *top.* Ella intenta escapar por segunda vez, por lo que la atan de pies y manos y la meten en una de las dependencias abandonadas. Discuten qué hacer, y Emilio, exasperado, toma como siempre la iniciativa. Según contarían a la policía, en «un arrebato» estrangulan a la muchacha. «El Candi» afirma que fue Emilio quien lo hizo cogiéndola por detrás y asfixiándola con el brazo, y éste declara que lo hicieron entre los dos con una cuerda. Es una escena criminal rápida que ambos ejecutan exasperados y exhaustos. Por primera vez, «el Candi» está decididamente en contra de lo que han hecho, pero sin que ello le impida ayudar a Emilio hasta deshacerse del cadáver que arrojan a una fosa entre el transformador y el viejo depósito de fuel de la fábrica.

Luego, como si regresaran de una jornada normal, Emilio llevó a «el Candi» a Escalona, un pueblo no muy alejado del lugar, y luego regresó a su hogar, un chalé adosado, en Pantoja, a dos kilómetros de donde habían abandonado el cuerpo de Anabel. Se sentó a cenar con su mujer y sus cuatro hijos como si tal cosa. La mujer, Felisa García Campuzano, de treinta y cinco años, que atendía una churrería instalada en el garaje de la vivienda, notó algo raro porque su marido llegó con las botas manchadas de barro y cabellos rubios en sus ropas. No obstante de momento no logró saber nada, pero con su insistencia consiguió que al final le confesase el crimen y la convenciese para intentar sacarle dinero.

Fue entonces, dos días más tarde, a la misma vez que el secuestro se difundía en la prensa, cuando empezaron las llamadas a la familia pidiendo ciento cincuenta millones de pesetas por el rescate. Andando el tiempo, como se exigiera una prueba de que Anabel estaba viva, Felisa se prestó a grabar una cinta que hicieron pasar como perteneciente a la voz de Anabel. Los padres y la hermana menor, Sandra, quisieron ver en aquella voz deformada la esperanza de que Anabel seguía viva.

El padre, José Segura, natural de El Centenillo, pueblo de Sierra Morena, que emigró a Alemania donde se casó con Sigrid Folles y regresó a España como presidente y director general de Lurgi, S.A., una empresa petroquímica, desde el primer momento quiso facilitar el rescate. Él y su mujer dieron muestras de una entereza fuera de lo común durante los novecientos días que duró lo que todos quieren creer que es el secuestro más largo de la historia de España hasta que se revela como un crimen cobarde cometido el mismo día de la desaparición de la muchacha.

La policía «pincha» los teléfonos de la residencia de los Segura y registra todas las llamadas. La familia nombra portavoz al ex presidente de la Junta de Andalucía y abogado Rafael Escuredo. A finales de abril, después de múltiples pesquisas, y pese a que tienen un testigo del secuestro, Antonio, el jardinero del colegio frente al que se llevó a cabo el delito, los policías reconocen que están dando palos de ciego. Poco más tarde trasciende que el padre tiene preparado el dinero exigido por el rescate. A esas alturas hay dos grupos diferentes de delincuentes que se adjudican el secuestro, unos son los auténticos criminales, y los otros unos aprovechados que quieren sacar tajada. El 6 de agosto, Escuredo ha hablado ya diez veces con los secuestradores y establecido tres citas para la entrega del rescate a las que los delincuentes no se presentan. En la segunda de estas ocasiones, unos empleados del servicio de limpieza de carreteras encontraron la bolsa con los ciento cincuenta millones dejada por Escuredo a unos kilómetros de la localidad de Tarancón (Cuenca). A los pocos minutos de recoger del suelo la bolsa con el dinero se vieron rodeados de coches de policía.

Al cumplirse el quinto mes de secuestro la policía baraja abiertamente la posibilidad de que Anabel haya sido asesinada. El angustioso trance de la familia se alarga en el tiempo sin que parezca que vaya a tener solución. Se recurre a la colaboración ciudadana y el 20 de enero de 1994 es difundida una cinta con la supuesta voz de la secuestrada, se ofrecen quince millones de recompensa a quien disponga de algún dato fiable. En abril, una impresionante manifestación recorre los siete kilómetros entre Alcobendas y la zona residencial de La Moraleja para pedir la liberación de Anabel. El 17 de agosto de aquel año, la agonía del secuestro se convierte en la más larga superando en un día al de la farmacéutica de Olot, María Ángeles Feliú.

La delegación del Gobierno de Madrid difunde la voz de los secuestradores y, en sucesivos intentos, eleva hasta sesenta millones el precio por una pista para encontrar a la chica. La mitad de ellos son ofrecidos por la familia. Pero no será hasta la difusión por televisión, en el programa de TVE *¿Quién sabe dónde...?,* cuando esta estrategia policial dará resultado. Entre el aluvión de llamadas, hay una que reconoce a uno de los criminales y da suficientes pistas para que sea localizado. A partir de ahí la policía inicia un cerco telefónico y graba las conversaciones de los implicados. Quiere asegurarse de que cuando se decida a cogerlos tendrá suficientes pruebas para inculparlos. Por fin, el 28 de septiembre de 1995, detiene a los dos hombres y la mujer que confiesan en seguida y colaboran para localizar el cuerpo en la vieja fábrica de Numancia de la Sagra. El cadáver de Anabel es extraído de entre las ruinas con una pala excavadora. El tiempo transcurrido y el estado de los restos impide establecer mediante la autopsia si Anabel fue violada antes de su asesinato. En una insólita muestra de solidaridad tres municipios que involuntariamente fueron escenario del crimen, Numancia de la Sagra, Pantoja y Alcobendas, tras multitudinarias manifestaciones de dolor, prometen dedicar una calle a la secuestrada.

Mucho tiempo después, Rafael Escuredo, con el recuerdo de la tristeza del largo secuestro, repite una conclusión extraída de tan amarga experiencia: «Si tuviera que dar algún consejo a las personas que sufren un secuestro, les diría que vayan siempre de la mano de la policía y lo más lejos posible de videntes y adivinos.»

CRÍMENES POLÍTICOS

El asesinato de Prim

El héroe de Castillejos fue víctima de una amplia conjura. Era el hombre más poderoso de la nación. Desde el primer momento supo que los trabucazos que recibió no tenían remedio. Murió obsesionado por la idea de que no podría respaldar la llegada del rey Amadeo I.

Todo estaba preparado en España para la inminente llegada del nuevo rey, Amadeo I. En el Parlamento, el general Juan Prim y Prats, de cincuenta y seis años, presidente del Consejo de Ministros, y ministro de la Guerra, capitán general de los Ejércitos, marqués de los Castillejos y conde de Reus, acababa de conseguir la aprobación de las últimas propuestas relacionadas con la Casa Real. Nada más le quedaba por hacer en el palacio de las Cortes y tenía que preparar el viaje para ir a Cartagena, al día siguiente, a recibir al rey. Eran las siete y media de la noche del 27 de diciembre de 1870. En Madrid caía una espesa y menuda capa de nieve. El general se despidió con cortesía de diputados y ministros, cruzó unas tensas palabras con el líder de los republicanos y se dirigió a su coche, una berlina verde de cuatro ruedas tirada por dos caballos, que le aguardaba en la puerta del Congreso con los cristales cerrados para resguardarla del frío y la tormenta de nieve. El cochero puso en marcha el vehículo en cuanto subieron el general y sus acompañantes: el coronel Moya, que se sentó en la delantera, y su ayudante personal, Nandín, que se acomodó a su lado en el asiento trasero.

La berlina emprendió la ruta habitual por la calle Marqués de Cubas hacia el Ministerio de la Guerra, donde estaba la residencia presidencial, situado en el palacio de Buenavista. El general iba tranquilo, intercambiando algunos comentarios con sus hombres de confianza, sin dar muestras de la urgencia que tenía porque quería retirarse pronto a descansar, y estaba tan sumido en sus pensamientos sobre la gran responsabilidad de dotar a España de una nueva monarquía, que no pudo darse cuenta de que hombres apostados en las esquinas avisaban disimuladamente de su paso haciendo señales con fósforos encendidos. Tampoco sus ayudantes apreciaron nada anormal aunque estaban siendo observados desde el momento mismo en el que habían abandonado el Congreso. Al llegar a la calle del Turco, que habría de convertirse en la calle de Prim por lo que allí estaba a punto de suceder, el cochero observó que había dos carruajes de caballos atravesados en el angosto camino, por lo que tuvo que detener la berlina en medio de una densa capa de nieve que caía mansa y espesa, dificultando la visión. Un segundo después, el coronel Moya se asomó a la portezuela para tratar de arreglar la situación y contempló con alarma cómo tres individuos vestidos con blusas, sin duda alertados de la llegada de Prim, se dirigían hacia el coche armados con lo que le parecieron carabinas o retacos, aunque uno de ellos llevaba con seguridad una pistola. No tuvo tiempo nada más que para decir: «Bájese usted, mi general, que nos hacen fuego.» Pero sus palabras quedaron interrumpidas por el ruido de las detonaciones, al menos tres por el lado izquierdo, y otras dos por el derecho, tras romper los cristales y meter el cañón del arma dentro, tan cerca, que el general Prim quedó tatuado en la cara por los granos de pólvora. Su ayudante, Nandín, en un movimiento desesperado, trató de protegerlo interponiendo su brazo. Las balas le destrozaron la mano esparciendo esquirlas y pedazos de carne abrasada. La agresión duró sólo unos segundos, apenas los mismos que el cochero tardó en reaccionar golpeando con su látigo casi por igual a los agresores y a los caballos, hasta romper el cerco y huir hacia la calle Alcalá, llevándose por delante los carruajes que impedían la salida de aquella ratonera. Mientras se dirigían a toda prisa hacia el Ministerio de la Guerra, Moya le preguntó al general si estaba herido, a lo que Prim contestó que se sentía tocado. Al llegar a palacio los dos heridos descendieron de la berlina ayudados por Moya y el cochero. El general subió por su pie la escalerilla del ministerio apoyándose en la barandilla con la mano afectada y dejando en el suelo un reguero de sangre. Al encontrarse con su esposa forzó un gesto tranquilizador para decirle que sus heridas no revestían gravedad. Cuando llegaron los médicos apreciaron rápidamente los destrozos en los dedos de la mano derecha que precisó de la amputación inmediata de la primera falange del anular, quedando en peligro de amputación el índice, aunque lo más preocupante era el «trabucazo» que el general presentaba en el hombro izquierdo. Le había sepultado al menos ocho balas en la carne. Aunque Prim mantenía la entereza había perdido mucha sangre. Los cuidados médicos se prolongaron hasta la madrugada. A las dos de la mañana se le habían extraído siete balas.

Nandín, el ayudante, fue trasladado a la casa de socorro más cercana donde se le diagnosticó que perdería el movimiento de la mano, que le quedaría seca e inservible, pero que quizá, le dijeron, no tendrían que amputársela. En tanto las noticias difundidas mentían sobre la gravedad de las lesiones: querían ser tranquilizadoras en un momento en el que era preciso mantener la calma en el Estado.

Prim mantuvo su proverbial valor durante el largo sufrimiento que habría de durar tres días. Estuvo siempre a la altura de las circunstancias aunque contrariado, incluso en sus delirios, por el momento del atentado, para él tan inoportuno, aunque por lo mismo buscado por sus asesinos. El hombre más poderoso de España se apagaba lentamente en la gloria de su impresionante biografía. Desde su juventud había acumulado honores y distinciones. Tras comenzar muy joven en el cuerpo de Migueletes, a los veintiséis años ya había sido condecorado con dos laureadas de San Fernando y ascendido a coronel por sus acciones heroicas en la primera guerra carlista. Fue gobernador militar de Madrid y Barcelona, capitán general de Puerto Rico y temible diputado en Cortes para sus adversarios. Siempre hombre de acción, el episodio que le procuró mayor fama de valiente sucedió en la guerra de Marruecos, durante la batalla de Castillejos, en 1860. Allí Prim recogió del suelo la bandera que portaba un alférez muerto y enarbolándola condujo a sus tropas contra el enemigo peleando por la conquista de un cerro que sería definitivo en el curso de la contienda. A su regreso fue recompensado con el título de marqués de Castillejos con grandeza de España. Político liberal y progresista, en septiembre de 1868 encabeza la revolución que destrona a Isabel II. Convencido de que la forma del estado debe seguir siendo la monarquía, pero contrario a que continúen los borbones en el trono, se ocupa afanosamente de buscar un rey que comience una nueva dinastía en España. Y desde el principio se muestra partidario de Amadeo de Saboya, hijo de Víctor Manuel, rey de Italia. Este empeño del general levantó chispas a su alrededor. Numerosos grupos de poder muestran su descontento. Le proponen otros candidatos y le crecen enemigos encarnizados, incluso entre sus compañeros revolucionarios que consideran que ha traicionado la revolución proponiendo la restauración de la monarquía. Pero Prim permanece firme en su determinación y no teme enfrentarse a las derechas ni a la Iglesia presentando a la corona de España al hijo de un rey que se ha enfrentado al Papa. Tampoco teme decepcionar a los que pensaban en el mantenimiento de la legitimidad monárquica proponiendo a Alfonso, el hijo de Isabel II, a quien aristócratas y servidores isabelinos llamaban ya Alfonso XII. Tenía una solución original para el Estado que pensaba imponer a pesar del disgusto de los exaltados de uno y otro bando. Por eso eran muchos los que por distintas razones estaban de acuerdo con el periodista revolucionario Paul y Angulo que escribió por aquellos días «que a Prim hay que matarle en la calle como a un perro». Se sospecha que el héroe de Castillejos fue víctima de una amplia conjura con varios atentados alternativos que habrían sido activados en caso de que hubiera fallado el primero. Detrás estarían gentes de distinto e incluso enfrentado signo político pero que coincidían en lo fundamental: querían que la muerte de Prim obligara a Amadeo a renunciar al trono.

Después de recibir los disparos en la calle del Turco, el general comprendió desde el primer momento que su vida estaba en grave riesgo. Así lo había manifestado a los que le rodeaban afirmando que aunque le sobraba espíritu, le faltaba la resistencia material, adivinando que su situación era desesperada y su muerte inevitable. «El rey viene, y yo me voy», dijo lamentando el hecho que le obsesionaba. Tras una larga agonía, murió a las 8,45 del día 30 de diciembre provocando gran consternación entre las buenas gentes de todo el país. En Albacete, al paso del rey recién llegado, entristecidos por la muerte, lanzaron este grito coreado por miles de gargantas: «¡Viva el rey Amadeo, que es el hijo del general Prim!» Apenas se conoció el óbito se sucedieron los pésames y honores. El cadáver fue embalsamado por el doctor Simons «por el sistema de inyección» para ser expuesto durante tres días en la basílica de Atocha de Madrid. Se le preparó un entierro suntuoso en el que el ataúd corrió por cuenta de los miembros de la «Tertulia progresista», siendo éste el de mayor lujo conocido hasta entonces, superando ampliamente al que sirvió para el duque de Valencia. El primer carruaje que siguió al cortejo fúnebre fue el mismo en que recibió las heridas que le llevaron al sepulcro. La viuda recibió un anónimo que podría ser de los asesinos. Decía así: «Nos hallamos muy satisfechos del éxito de nuestra obra, y la continuaremos sin descanso.» En tanto, la investigación se perdió por vericuetos impenetrables entre los que eran instrumentos de un fanatismo insensato y los mercenarios de intereses muy concretos. Los tentáculos de la conjura se revelaron agobiantes. Los criminales no fueron hallados: ni los que ordenaron la muerte ni los que la ejecutaron.

El asesinato de Cánovas

Las aguas del balneario de Santa Águeda le daban la vida; en sus pasillos encontró la muerte. Cánovas recibió tres disparos. Angiolillo, el asesino, logró pasar desapercibido. La viuda protagonizó una dolorosa despedida del cadáver que emocionó a todos.

En el balneario guipuzcoano de Santa Águeda, cercano a San Sebastián, se respiraba paz. Sus aguas termales eran un magnífico tratamiento para los achaques del presidente del Consejo de Ministros, Antonio Cánovas del Castillo, de sesenta y nueve años. Aquel verano de 1897, inmerso en las preocupaciones de la insurrección de Cuba, que era un peligro constante de guerra con los Estados Unidos, necesitaba las aguas más que nunca. Acompañado de su esposa, Joaquina de Osma, el líder del partido conservador se había detenido en el viaje a despachar con la Reina Regente en San Sebastián puesto que las tensiones políticas internas no permitían demora. Pero el 8 de agosto ya estaba instalado a su comodidad en el amplio edificio en el que solía hospedarse. Allí también residía desde hacía varios días un italiano que se había registrado bajo el nombre de Emilio Rinaldini, según su tarjeta, corresponsal del periódico *Il Popolo*. Era un individuo que no tenía trato con ningún otro bañista, siendo el único huésped desconocido. Usaba melena. Tenía una barba larga, sedosa. Su vestimenta era correcta aunque le faltaba poco para ser pobre. Había solicitado una habitación de segunda, pero la dueña, al tomarle por periodista, mirando por el prestigio del local, le dio alojamiento de primera. Parecía seguir un tratamiento de baños para curarse una faringitis, pero su comportamiento levantaba suspicacias. Al marqués de Lema, director general de Comunicaciones, que acompañaba en su expedición veraniega al presidente del Consejo, le chocó su facha, cosa que comentó con otros miembros de su círculo de amistades. Pero aunque aquel italiano, de extraño comportamiento, era como se ha dicho la única persona desconocida de todo el establecimiento en el que se hospedaba el hombre más importante del reino, seis veces presidente del Consejo de Ministros, alma de la Restauración, eso no pareció levantar sospechas entre los nueve miembros de la policía encargados de su protección.

Aquella mañana del 8 de agosto, Cánovas, en compañía de su esposa, había asistido a misa, después de lo cual se retiró a sus habitaciones. Allí dispuso un telegrama al ministro de la Gobernación contestándole a una consulta que le había cursado. Tras cambiarse de ropa, pasadas las doce de la mañana, acompañado siempre por su esposa, salió de sus habitaciones, en el piso principal, dirigiéndose al comedor situado en la planta baja. En la escalera, la pareja se cruzó con una señora a la que conocían, con la que se entretuvo la mujer de Cánovas mientras este se adelantaba. Inmediata a la escalera había una gran galería que daba al jardín. Por ella era obligado el paso para ir al comedor. Se accedía a la galería por unas puertas de cristalera. En ella se encontraban dispuestos varios bancos. En el primero de ellos, el más próximo a las escaleras, tomó asiento Cánovas que desplegó el periódico *La Época* poniéndose a leer. Aprovechando esta circunstancia, el asesino, que le estaba espiando, se le acercó. Sujetándose fuertemente con la mano izquierda al marco de la puerta, acercó al presidente un viejo revólver haciendo fuego. La primera bala le entró por el lado derecho del pecho saliendo por la parte posterior, junto a la columna vertebral. Fue esta la que atravesó el periódico que estaba leyendo que quedó agujereado y ensangrentado en el suelo y, según los médicos, la herida, aunque era mortal de necesidad, le permitió ponerse en pie con un movimiento inconsciente, girando la cabeza hacia el lado derecho, ofreciendo la región mastoidea izquierda al arma del agresor, que hizo otros dos disparos: el primero, «que penetró por la región auricular», atravesando la masa encefálica, saliendo por la frente; el segundo, que entró «por la región supraclavicular, junto a la horquilla». Rompió vasos de tal importancia que se desangró en unos momentos. El criminal todavía haría otro disparo que quedaría incrustado en el techo, por lo que se cree que lo hizo al aire para intimidar a quienes trataban de detenerle. El revólver que utilizó era uno de culata negra, muy usado. El cañón del mismo parecía medio oxidado. En el tambor no quedaba nada más que una cápsula sin disparar de las cinco que cargaba.

El presidente no debió de darse cuenta de lo que pasaba. Al oír los tiros, su esposa bajó rápidamente las escaleras encontrándoselo tirado en el suelo, boca abajo, en medio de un gran charco de sangre. Cerca estaba el asesino que todavía empuñaba el revólver. Joaquina de Osma se inclinó sobre su marido llamándole sin obtener respuesta. Al encontrar su cuerpo inmóvil, se volvió furiosa al criminal, increpándole: «¡Canalla! ¡Asesino!» A lo que el italiano le contestó con gran entereza: «Señora, yo no soy un asesino. Por respeto a una señora tan digna como usted no le he matado antes. Para evitarle a usted el espectáculo, busqué la ocasión de encontrarle solo. Yo he venido a cumplir con mi deber. He venido a vengar a mis hermanos de Montjuich.» En tanto, el jefe de la ronda encargada de la seguridad del presidente, acompañado por un teniente de la Guardia Civil, se había encargado de capturar al criminal que no opuso resistencia. De su crimen habría de mantener como explicación «la venganza por los tormentos aplicados a los anarquistas presos en el castillo de Montjuich».

La agresión sufrida por el presidente del Consejo se difundió rápidamente. El duque de Tetuán lo puso en conocimiento de Su Majestad, mostrándose la reina muy conmovida. La noticia corrió por San Sebastián y Madrid, dándose aviso a todos los ministros de la Corona. Pasadas las tres de la tarde se certificaba oficialmente la muerte de Cánovas. Como recogía en su editorial el *Heraldo de Madrid,* «por misteriosas analogías, que los hombres no sabrán explicar, muere el señor Cánovas, en quien estaba personificada la Restauración, como murió el general Prim, representante de la Revolución de Septiembre». Se había cumplido así la profecía que le hizo una gitana que le leyó la mano siendo muy joven en su Málaga natal: le aventuró que sería señor de mucho poder, pero que moriría de muerte violenta, según el mismo Cánovas había contado en 1876 durante una sobremesa.

El asesino, en la refriega de la detención, dejó caer al suelo el cuello postizo de su camisa que llevaba impresa la siguiente marca: «La elegante. Plaza D'Ouro. Lisboa.» Aunque en principio insistió en mantener el nombre falso que había dado, pronto confesó el suyo verdadero: Miguel Angiolillo Gollí, nacido veintisiete años antes en Foggia, un pueblo inmediato a Nápoles. Quienes le vieron en el piso bajo de la casita de Santa Águeda destinada a servicio de telégrafos, esposado, con grilletes, descubrieron que tenía una herida en la frente por la que sangraba. Llevaba puesta una chaqueta color ceniza que combinaba con un pantalón oscuro. En la cabeza tenía un flexible negro. Su rostro era de una enorme palidez.

Joaquina de Osma, la inconsolable viuda, se mostró desde el primer momento muy afectada. Incluso se temió que el atentado hubiera deteriorado su salud mental. Una vez trasladado el cuerpo de Cánovas a las habitaciones que ocupaba en el balneario permaneció junto a él constantemente, sorprendiendo con su presencia de ánimo, sin derramar una lágrima, aparentando un temple de hielo. Hasta altas horas de la noche permaneció vistiendo el mismo traje de color claro que llevaba en el momento del atentado. Se negó a que nadie más que su doncella personal, acompañada por el ayuda de cámara de su marido, estuviera en el velatorio. Pasadas las once de la noche, dando pruebas de cierto desequilibrio, pidió que le sirvieran estos alimentos: lechuga, garbanzos y jerez. A la vez que reiteraba como idea fija que su único deseo era que el culpable de la muerte de su marido expiara su delito. Cuando llegó el momento de embalsamar el cadáver permaneció presenciando el largo proceso acometido por los médicos. La mayor parte del tiempo la pasó recostada sobre el ataúd, con la cabeza del difunto entre los brazos, acariciando, mimando aquel cuerpo frío. Castelar, el gran orador, amigo de la familia, que facilitó el paso a unos periodistas a la cámara mortuoria, les hizo reparar en la dramática belleza de aquella escena. Ya de vuelta en Madrid, después de la jornada de obligada exposición del cadáver en su magnífica finca La Huerta que tenía la entrada principal por la calle de Serrano, cuando iba a salir el cortejo, levantada de las muchas horas que pasó arrodillada orando, en el acto mismo de elevar el féretro para conducirlo al cementerio, en presencia de los señores Romero Robledo, duque de Sotomayor, García Alix, marqués de Mochales, marqués de Lema, marqués de Vadillo, del Pazo de la Merced, que lucía el toisón de oro, como el marqués de Alcañices; del conde de Coello, senadores, diputados, generales, diplomáticos, representantes de la grandeza, ministros de la Corona... la viuda realizó un acto de extraordinaria grandeza: llamó al duque de Sotomayor, representante de la reina, para decirle: «El mayor sacrificio que puedo hacer ante la tumba de mi marido es perdonar al asesino. Dios me oye: yo le perdono.» Fue un momento tan emocionante que hasta los hombres de alta dignidad que allí estaban, lloraron. El defensor de Angiolillo ante el Consejo de Guerra que le condenó a muerte le comunicó el perdón de la señora todavía emocionado, pero el anarquista italiano permaneció impasible. El día 20 de agosto de 1897 fue ejecutado en Vergara por el garrote vil. Expió su crimen a las once de la mañana siendo la impresionante escena registrada fotográficamente.

El asesinato de Canalejas

A las 11,25, en la Puerta del Sol, José Canalejas intentó defenderse pero no pudo ni pronunciar una palabra. El hijo del librero San Martín fue testigo privilegiado de los hechos. El criminal intentó escapar y, al no lograrlo, optó por dispararse en la sien derecha.

José Canalejas Méndez, de cincuenta y ocho años, hombre asequible y dialogante, político liberal, defensor de la democracia, a la sazón presidente del Consejo de Ministros, adornado con las virtudes de orador, escritor y jurisconsulto, se dirigía en la mañana del 12 de noviembre de 1912 desde su casa, en la calle Huertas, hasta el Ministerio de la Gobernación, dando un agradable paseo, cuando fue asesinado. Eran las once y veinticinco de la mañana. Los policías que le acompañaban, un grupo de tres, se habían despegado bastante del presidente, tal vez por exceso de confianza. Uno de ellos le había rebasado abriendo camino para comprobar que todo estuviera despejado hasta el ministerio, y los otros dos se habían quedado algo retrasados. En la Puerta del Sol no había demasiado movimiento ni se apreciaba nada anormal. Canalejas, gran amante de los libros no sólo por su pasado de profesor y catedrático, sino principalmente por su vocación literaria, se detuvo un momento a mirar las portadas de las novedades expuestas en el escaparate de la puerta de la librería San Martín, semiesquina a Carretas. Fue sólo un instante y ya se marchaba tras haber satisfecho su curiosidad cuando vio que se le echaba encima un individuo alto, de cara barbilampiña, con un bigote escaso, vestido con un traje oscuro y una pelliza, también oscura, que llevaba en la mano un revólver. Antes de que pudiera hacer nada por evitarlo, el individuo aquel le disparó dos veces en la cabeza, a menos de treinta centímetros. Una de las balas le penetró por debajo del oído derecho, quedando la zona rodeada de granos de pólvora incrustados en la carne, le atravesó el bulbo raquídeo y le salió por el oído izquierdo. Canalejas se echó las manos a la cara y cayó al suelo agonizante. Un testigo privilegiado de aquel momento fue Roberto San Martín, hijo del librero y dueño de la tienda, que estaba dentro de la librería mirando hacia la calle.

Para San Martín eran pasadas las once de la mañana cuando observó que el presidente del Consejo de Ministros se paraba ante el escaparate. Casi inmediatamente se le acercó un sujeto, que él vio vestido con traje azul y un gabán oscuro —aunque los periódicos dirían que su indumentaria era de traje de paño color chocolate oscuro y pelliza muy oscura, con sombrero blando de fieltro color aceituna, calcetines chocolate claro, y botas amarillas—, y justo en el momento en el que Canalejas se volvía para reanudar la marcha, le disparó un tiro de revólver. El presidente se tambaleó pero con un esfuerzo sobrehumano consiguió avanzar un paso hacia su agresor antes de derrumbarse inconsciente. Una de las balas atravesó la luna del escaparate para ir a incrustarse en una estantería. Tras oír el segundo disparo, el hijo del librero salió de la tienda y se acercó al cuerpo caído a la vez que lo hacían otros dos individuos: uno vestido de levita y otro que le pareció un sirviente.

Varias de las personas más cercanas al lugar de los hechos se abalanzaron sobre el asesino. El ordenanza de la Sociedad Filarmónica, Víctor Galán, intentó sujetarle por los hombros después de haber sufrido una herida leve en la cara a consecuencia del rebote de una bala. No fue el único herido leve del atentado: también resultó afectada Carmen Sanz del Moral, una joven de veinte años que acababa de descender de un tranvía y se dirigía a la calle Carretas cuando un abejorro de plomo le golpeó en la mejilla que empezó a sangrar. Pero el agresor no se detuvo: dio un salto rodeando la caja de un carruaje aparcado al borde de la acera y, sin que nadie pudiera impedirlo, cuando se podía esperar cualquier cosa menos eso, se descerrajó un tiro en la sien derecha. A raíz del impacto hizo una extraña pirueta, dio unos pasos y se derrumbó a unos cuatro metros de la acera. En este punto difiere la versión ofrecida por los policías encargados de darle escolta: inspectores Borrego, Martínez y Benavides. Según la declaración del inspector Borrego ante el juzgado especial, iba paseando junto a Martínez, a cierta distancia del presidente, cuando este se paró delante de la librería. Para mantener el espacio entre ellos, lo que le permitía a Canalejas gozar de cierta sensación de libertad, y a los agentes, según propia afirmación, no descuidar el servicio conservando la discreción del mismo, los policías hicieron igualmente un alto. En ese momento, «un individuo que estaba junto a un grupo de tres personas con las que indudablemente no tenía nada que ver, se dirigió hacia el señor Canalejas, y rápido como el pensamiento, sacó un arma y disparó». Inmediatamente, afirma el inspector Borrego, él mismo se fue contra el asesino enarbolando su bastón con el que le descargó un palo en la cabeza. El agredido hizo fuego contra el policía sin conseguir herirle y salió huyendo a la carrera interrumpiendo la misma para suicidarse. Por su parte, el agente Benavides manifestó que se había adelantado a sus compañeros para esperar la llegada del presidente en la puerta del Ministerio de Gobernación. El hijo del librero San Martín contradice esta versión en el punto en el que el agente señor Borrego afirma que dio al agresor un bastonazo. Según San Martín, el asesino no recibió golpe alguno.

Los que recogieron a Canalejas del suelo apreciaron que estaba inconsciente y que sangraba abundantemente por dos agujeros en la cabeza. Envuelto en una manta fue llevado al cercano Ministerio de la Gobernación. Ya en su interior falleció a los pocos minutos. De hacer caso a las crónicas periodísticas eran exactamente las 11,35. El ayuda de cámara del conde de Villagonzalo, un joven de muy claro entendimiento, José Matías Arizmendi, de veintitrés años, que había salido a comprar medicinas y comestibles, presenció el atentado y fue uno de los que ayudaron a trasladar el cuerpo. Cuando Arizmendi se dirigía a cumplir sus recados tropezó con el señor Canalejas, quien vestido con gabán oscuro y sombrero de copa se volvió a mirar los libros. En el instante en el que Arizmendi se decidía a saludarle puesto que lo conocía por haber mantenido relaciones con una doncella empleada en casa del presidente del Consejo, sonaron los dos disparos, levantando el joven la mirada justo en el momento en el que el agresor emprendía la huida tropezando y cayendo al suelo al bajar la acera. Muy impresionado, aunque con gran serenidad se acercó a Canalejas y junto con un guardia urbano que le levantó por los pies, sosteniéndole por debajo de los hombros, ayudó a llevarlo. Antes de levantarlo, la situación del cuerpo en el suelo era de decúbito supino, con la cabeza hacia la Carrera de San Jerónimo y los pies hacia Carretas.

La confusión y el atolondramiento de los primeros momentos hizo que al llegar a Gobernación los que transportaban al presidente se dirigieran hacia el patio, por lo que tuvieron que volver sobre sus pasos para depositarlo en un banco del vestíbulo. De allí, una vez reconocido el cuerpo por los médicos que comprobaron que era cadáver, se dio orden para que fuera subido al salón grande del piso principal. Cuatro guardias lo llevaron al ascensor del patio y una vez dentro advirtieron que el aparato no funcionaba. Debido a eso se vieron obligados a transportar el cadáver de Canalejas a hombros por las escaleras, pero al llegar al rellano se encontraron con una nueva complicación: las puertas giratorias no permitían el paso del cuerpo en horizontal. Fue necesario dar aviso a los carpinteros para que las desmontaran a toda prisa y poder así dejar el cadáver sobre la mesa central del salón principal del ministerio.

Paralelamente, la policía había recogido al asesino y lo había trasladado a la Casa de Socorro de Centro, situada en la Plaza Mayor. Por los documentos que le fueron hallados se supo que se trataba de Manuel Pardinas Serrato, de veintiséis años, nacido en El Grado (Huesca). Fue identificado como un viejo conocido de la policía que lo tenía conceptuado como anarquista muy peligroso. Sus últimos pasos por varios países, incluso al otro lado del mar, habían estado controlados por la policía hasta poco antes de cometer el atentado. La voz de alarma sobre Pardinas la habían dado en Argentina, de donde fue expulsado, comunicando a Madrid que tan peligroso sujeto se había embarcado rumbo a España. El seguimiento que se le había hecho había sido tan intenso que noticias fidedignas indican que sólo una hora después del asesinato de Canalejas llegaba a Gobernación una carta en la que un agente español, desde Francia, advertía que Manuel Pardinas había conseguido en París burlar la vigilancia a la que estaba sometido.

El asesino de Canalejas permaneció con vida hasta las 2,23 de la tarde, momento en el que expiró en la mesa de operaciones. Las razones por las que aquel pintor-revocador que había trabajado en las obras del hotel Palace se convirtió en magnicida nunca se aclararon y su acción provocó, entre otras consecuencias, graves acusaciones de negligencia a la labor policial. La hipótesis más audaz apuntaba que se había comprometido con otros anarquistas a asesinar al rey Alfonso XIII, al que estaba esperando, pero que al ver a Canalejas solo, tan cerca y a su merced, decidió de repente no seguir aguardando a su majestad y, en vez de eso, matar al presidente del Consejo de Ministros, pues tanto le daba uno como otro. Se da la circunstancia de que antes de su muerte, durante una cena, el propio Canalejas había comunicado a un grupo de amigos sus temores de sufrir un atentado, por lo que seguramente disponía de buena información, lo que, al mismo tiempo, descarta que fuera asesinado por pura casualidad. El entierro de Canalejas en el Pabellón de Hombres Ilustres dio ocasión a una de las más grandes manifestaciones de duelo del pueblo español.

El asesinato de Dato

El primer magnicidio en motocicleta. Una lluvia de balas barrió el coche del presidente. Los tres asesinos huyeron por Serrano. La Guardia Civil encontró la moto y cinco pistolas, la policía detuvo al anarquista Matehu que reconoció ser uno de los autores del crimen.

La sesión del Senado había terminado. El presidente del Consejo de Ministros, Eduardo Dato Iradier, de sesenta y cinco años, acompañado por el marqués de Santa Cruz, se reunió en el despacho de ministros con algunos consejeros (Guerra, Gracia y Justicia, etc.) por espacio de diez minutos. Era el 8 de marzo de 1921. A la salida, Dato, también jefe del partido conservador, fue entretenido por dos periodistas con los que mantuvo una breve charla mientras se dirigía hacia su automóvil. Poco después se despedía de sus acompañantes a la vez que ordenaba al chófer que le llevara a su casa. El vehículo tomó por la calle Encarnación hacia Arenal para enderezar camino del domicilio del presidente situado en Lagasca, 4. Eran alrededor de las ocho de la noche. Al llegar a la plaza de la Independencia, entre Olózaga y Alcalá, junto a la Puerta de Alcalá, una motocicleta con sidecar en el lado derecho, ocupada por tres individuos, se aproximó a toda velocidad al coche de Dato que iba recostado en la parte de atrás. En el vehículo del presidente no viajaba ningún escolta. Los tres individuos, cuando estuvieron lo suficientemente cerca, abrieron fuego de pistola. Dos de ellos disparaban con una pistola en cada mano. Uno guiaba la moto. Otro viajaba en el soporte y el tercero ocupaba el sidecar. Una auténtica lluvia de balas barrió el asiento del presidente. Algunos dirían que se hicieron más de cuarenta disparos. En la parte de atrás podían contarse catorce balazos, agrupados en las proximidades de la ventana. Tres balas hirieron mortalmente a Dato. Uno de los proyectiles le penetró por la región parietal izquierda con salida por la región occipital; otro, con orificio de entrada por la región mastoidea, le salió por la región malar. El tercer proyectil, con orificio de entrada por la región frontal izquierda, no presentaba orificio de salida. La cartera que Dato llevaba en el bolsillo interior de la chaqueta sería encontrada atravesada por un disparo. Pasaban unos minutos de las ocho. El chófer se dio cuenta en seguida de la gravedad del atentado por lo que sin pérdida de tiempo, mientras los asesinos escapaban en la moto por la calle Serrano, giró el coche en dirección a la Casa de Socorro del distrito de Buenavista, situada en la calle Olózaga. Al llegar al centro benéfico requirió los servicios de los médicos de guardia que al examinar el cuerpo recostado en el interior del vehículo encontraron que no daba señales de vida.

Los médicos trasladaron a Dato a la mesa de operaciones donde no pudieron hacer otra cosa que certificar la muerte. Un sentimiento de impotencia y confusión se apoderó de todos los presentes. El jefe médico telefoneó a la Dirección de Seguridad. Quince minutos más tarde la noticia de que el presidente del Consejo de Ministros había sido asesinado circulaba por todo Madrid. Algunos cines la anunciaron a su público. En la sala Royalty, por ejemplo, se supo antes de que terminara el espectáculo. En tanto, curiosos y personalidades comenzaron a arremolinarse en la Casa de Socorro de Olózaga, donde permanecía el cadáver. De los primeros en llegar fue Antonio Maura, quien al comprobar que era cierto lo que le habían dicho quedó tan profundamente afectado que sufrió un desvanecimiento del que fue atendido. Inmediatamente llegaron allí otros personajes políticos de gran relieve: Bergamín, Sánchez Guerra, García Prieto, el conde de Romanones, el conde de Plasencia... Entre ellos se presentó el yerno de Dato, Eugenio Espinosa de los Monteros, quien al comprobar que su padre político había sido asesinado, sufrió un síncope, con pérdida del conocimiento, del que se recuperó para entrar en una profunda crisis nerviosa de la que tuvo que ser atendido por los médicos. Minutos después, Sánchez Guerra junto con el propio Espinosa de los Monteros decidieron comunicar a la esposa de Dato lo ocurrido, aunque atenuando la gravedad. La primera en acudir fue una de las hijas mayores, precisamente la esposa de Espinosa de los Monteros, que se abrazó a su marido preguntándole si su padre aún vivía. Acto seguido penetró transida de dolor en la sala de operaciones arrojándose con gritos desgarradores sobre el cadáver que había sido cubierto por una sábana. Todos los presentes se dejaron llevar por la emoción. Aún no estaban repuestos cuando llegó la esposa de Dato acompañada por sus otras dos hijas. Antonio Maura se dirigió a ellas tratando de llevarles consuelo, resaltando que el presidente Dato había muerto por la patria. La ilustre viuda iba vestida con traje de casa, tal como la sorprendió la noticia. No podía evitar que le desbordara el dolor. Entre sollozos dijo a Maura estas palabras: «Ya se lo tenía yo pronosticado a Eduardo. Se empeñaba en ir siempre solo. Esto le ha costado la vida.»

Poco antes de su muerte, el presidente había tenido graves presentimientos de que su fin estaba próximo. El último domingo de febrero lo había pasado con su entrañable amigo el conde Bugallal, ministro de la Gobernación, quien habría de encargarse interinamente de la presidencia del Consejo de Ministros, con quien sostuvo una conversación confidencial en la que le hizo partícipe de sus temores. Tan preocupado llegó a estar que redactó una cuartilla con las disposiciones para su entierro. Aunque con posterioridad esta cuartilla fue rota, mostrándose Dato tan sereno como siempre, no dejó por ello de insistir en la transmisión de sus previsiones en caso de muerte en conversaciones con sus familiares.

El Rey se enteró del fallecimiento de Dato cuando se encontraba en el Teatro Real. La noticia le produjo una honda impresión. Inmediatamente se dirigió a palacio desde donde mandó a sus ayudantes para recabar todo tipo de información sobre el suceso.

Un testigo presencial, llamado Junquera, que viajaba en un tranvía en la misma dirección que el automóvil del presidente, declaró que la moto desde la que se efectuaron los disparos venía siguiendo al automóvil. Era una Indian con sidecar, en la que viajaban tres individuos, que se adelantó para que sus ocupantes pudieran asegurarse del lugar exacto en el que viajaba la víctima. El que guiaba era un hombre corpulento que llevaba una pelliza gris oscuro, boina y gafas. En el soporte iba un individuo que no llevaba nada en la cabeza. Era alto, rubio, delgado, con nariz aguileña. Al ocupante del sidecar no pudo verlo bien por estar al lado contrario del tranvía.

El 10 de marzo, dos días después del atentado, con los ecos de la grandiosa manifestación de sentimiento en Madrid, aleteando la gran conmoción nacional por el crimen, la policía estaba en el punto de mira de todas las críticas. Era acusada de no haber prevenido el golpe de los asesinos tanto como de encontrarse desorientada en la búsqueda de los mismos. Al tiempo que de toda España se recibían constantes manifestaciones de protesta por el abominable crimen, los periódicos daban una esperada noticia, este era uno de sus titulares: «El director general de Seguridad dimite al fin.» Horas más tarde, la Guardia Civil rastreaba una pista segura: enterado el suboficial Maté de que un carretero había hecho comentarios con unos amigos, en un bar, acerca de que la noche que fue asesinado Dato estuvo a punto de ser atropellado por una moto en la que viajaban tres individuos, comenzó indagaciones que le llevaron efectivamente a determinar que los sospechosos se habían ocultado en el número 77 de la calle Arturo Soria, junto a la granja avícola La Asunción. Aquella casa tenía varios pabellones. Para descubrir la moto en uno de ellos, el suboficial Maté se vio obligado a saltar por una ventana. Dentro encontró lo que buscaba: una motocicleta marca Indian, pintada de color chocolate, casi nueva. Observó que tenía el faro partido por medio. El sidecar también estaba muy deteriorado. En su interior se hallaban cinco pistolas: dos Star, una Mauser, una Bregman y una Martian. Con ellas fueron encontrados tres cargadores vacíos junto a gran cantidad de cápsulas. En la bolsa del sidecar había una gorra color café, unas gafas, alicates, cuatro cargadores Bergman, recortes de periódicos madrileños, un ejemplar de *La Vanguardia* del 9 de febrero, un día después del crimen... Pero ni en aquel pabellón ni en el resto del edificio se encontró pista alguna que llevara hasta los asesinos.

El domingo 13 de marzo, los inspectores encargados del caso lograron saber que los criminales tenían alquilado un cuarto en la calle Alcalá, 164, donde siete policías protagonizaron una tensa espera. A las cuatro de la tarde se presentó un individuo de complexión robusta, de unos veintisiete años de edad, bajo de estatura, ojos vivos, mirada enérgica: era el anarquista Pedro Matehu, al que detuvieron. Aunque iba armado con una pistola no ofreció resistencia. Las investigaciones policiales establecieron que la muerte de Dato se debió a un atentado anarquista que la organización justificaba por el motivo de vengar a las víctimas habidas en la represión del anarcosindicalismo en Barcelona. La investigación también estableció que los autores materiales del asesinato fueron estos tres: Pedro Matehu, Juan Casanellas y Luis Nicolau. Este último escapó a Alemania, donde fue detenido. Más tarde, el Gobierno consiguió su extradicción. Por el contrario, Casanellas se refugió en la URSS, escapando al castigo. Matehu, junto a Nicolau, fueron juzgados. Resultaron condenados a muerte, aunque Alfonso XIII les salvó del patíbulo. Conmutada la pena por treinta años de prisión, al proclamarse la República fueron favorecidos por un indulto, por lo que los dos asesinos quedaron en libertad.

EL ASESINATO DE CARRERO

Una costumbre que puso a la banda ETA tras sus pasos: Carrero iba a misa y a comunión diaria siempre a la misma hora, por el mismo camino. La explosión levantó su coche por encima de las casas. En la «Operación Ogro» hubo otros dos muertos y varios civiles heridos.

El almirante Luis Carrero Blanco tenía setenta años, era un hombre severo, con un aspecto imponente. Nacido en Santoña (Santander), el 4 de marzo de 1903, en el seno de una familia de militares, su carrera en la Marina había sido fulgurante. A los quince años ingresó en la Escuela Naval Militar. En 1923, ya oficial, fue destinado al acorazado *Alfonso XIII* con el que intervino en la guerra de Marruecos. Como segundo comandante del guardacostas *Arcila* participó en el desembarco de Alhucemas pasando después a mandar el remolcador *Ferrolano.* Tras cursar estudios preceptivos en la Escuela de Submarinos se embarcó como segundo comandante y posteriormente recibió el mando del sumergible *B-52.*

El comienzo de la guerra civil española le sorprendió en Madrid, que en el conflicto fue «zona roja», por lo que se refugió primero en la embajada de México y luego en la de Francia. En 1937 consiguió tras varias peripecias pasarse al «bando nacional». Una vez allí actuó como enlace naval del Ejército del Norte. A las órdenes del general Dávila intervino en las operaciones del frente de Santander. Habría de ser primero comandante del destructor *Huesca* y del submarino *Sanjurjo* antes de que el general Franco le eligiera como jefe de la Sección de Operaciones del Estado Mayor de la Armada. Corría el año 1939. Para Carrero aquel era el principio de una larga y productiva relación directa con Franco. El siguiente peldaño en su imparable ascensión fue su designación como subsecretario de la Presidencia que simultaneó con el cargo de consejero nacional de Falange. Carrero se convertiría en el colaborador del jefe del Estado que más tiempo permanecería en puestos relevantes, y gracias a ello alcanzaría las más altas responsabilidades del Estado.

Casado con Carmen Pichot Villa tuvo cinco hijos, tres de ellos varones que se hicieron marinos como su padre. Había conocido a su esposa en Ceuta, en 1928, casándose con ella unos años más tarde. En 1945 fue nombrado vicepresidente segundo de las Cortes, pero a pesar de su absorbente trabajo no renunció a su vocación literaria que llegó a su cenit en 1947 cuando obtuvo el premio nacional de Literatura «José Antonio» por su obra *Victoria del Cristo de Lepanto.* Incansable en todo, como hombre de letras prodigaba sus colaboraciones en periódicos y revistas bajo el seudónimo de «Juan de la Cosa». En 1966 se le concede el grado de almirante con lo que su carrera militar se ve ampliamente recompensada. Al año siguiente es nombrado vicepresidente del Gobierno. Pero sería el 9 de julio de 1973 cuando protagonizaría un hito histórico, ampliando el entonces «desarrollo de las Leyes Fundamentales», al encarnar la figura del presidente del Consejo de Ministros, por primera vez radicalmente separada de la Jefatura del Estado desde la guerra civil. Eso por sí solo indicaba el altísimo grado de confianza depositado por el general en Carrero Blanco, a la vez que destacaba al nuevo presidente del Gobierno como hombre clave en la continuidad del régimen. Y por tanto también le marcaba como objetivo a batir.

La mañana del 20 de noviembre de 1973, un día lluvioso y frío, el almirante Carrero, como hacía todos los días, siempre por el mismo camino, había acudido a la iglesia de los jesuitas cercana a su domicilio, en el barrio de Salamanca, a escuchar misa y comulgar. A la salida le recogió su coche, un Dodge Dart 3700 GT, de color oscuro, sin ninguna clase de blindaje. Son casi las nueve y media cuando el automóvil con el chófer, José Pérez Mogena, el inspector José Antonio Bueno y el propio almirante pasa ante el número 104 de la calle Claudio Coello, semiesquina a Maldonado. Un vehículo Morris 1300, aparcado en doble fila, le obliga a reducir la marcha y pegarse lo más posible a la derecha, junto al portal. Es en ese preciso instante cuando resuena un horroroso estampido y la tierra parece abrirse como un volcán. Se propaga una tremenda explosión que rompe cristales y dispara cascotes. En un instante, donde estaba el vehículo del presidente ahora sólo queda un enorme socavón que se llena de agua tragándose a un Seat-850 que estaba aparcado. Una treintena de vehículos resultan afectados por los trozos de asfalto proyectados en todas direcciones. El coche de escolta que seguía al del presidente sufre grandes desperfectos. Cascotes como metralla destrozan la carrocería hundiendo el techo. Los edificios vecinos resultan muy afectados, con los cristales rotos en mil pedazos. Las casas presentan enormes daños. La portera del número 104, y su hija de corta edad, resultan gravemente heridas. También recibe heridas de consideración un taxista. El efecto de la bomba ha sido muy potente. El personal de escolta busca sin encontrarlo el coche de Carrero que ha desaparecido de la escena. Saben que el presidente se dirigía a desayunar a su casa, en la cercana calle de Hermanos Bécquer, dando el pequeño rodeo al que obligan las direcciones prohibidas. Pero comprueban que no ha llegado a su domicilio. Todavía tardarán un rato en saber que a consecuencia de la brutal explosión, el pesado vehículo Dodge Dart ha volado por encima de los 30 metros, saltando la altura de la casa de los jesuitas hasta caer por el otro lado hincándose en un pasillo-cornisa interior. Es un vuelo increíble. La sorpresa y el aturdimiento impiden en los primeros momentos saber lo que ha pasado. Pero en seguida circula el rumor de que Carrero Blanco ha sufrido un atentado, aunque la prudencia hace que los medios de difusión informen tan sólo de que ha sido víctima de un accidente del que se culpa al gas. A consecuencia del mismo, el presidente del Gobierno ingresa sin vida en el hospital Francisco Franco. Entre otras muchas heridas ha sufrido fractura del maxilar y aplastamiento torácico. Además del efecto del explosivo, los golpes dentro del Dodge han sido terribles: el escolta, inspector Bueno, ingresa cadáver: presenta aplastamiento craneal; el chófer, Pérez Mogena, fallece al poco de ingresar: sufre rotura cardíaca, rotura hepática y fractura de las dos piernas.

Las investigaciones policiales en el lugar de los hechos permitieron descubrir que el explosivo que había terminado con la vida del presidente estaba enterrado en el subsuelo, casi en medio de la calle. Había sido colocado a través de una excavación efectuada desde la finca 104 de Claudio Coello. Aquel local fue comprado dos meses antes por un individuo que se identificó como escultor. Desde entonces se escuchaban ruidos constantes que eran atribuidos por los vecinos a las actividades artísticas del nuevo dueño. Especialmente el domingo anterior se escucharon golpes muy seguidos e intensos que afectaban a las paredes de la finca. Posteriormente, el mismo jueves, se habían presentado dos individuos vestidos de mono azul con una escalera, diciendo que eran electricistas. Estos individuos habían extendido un cable desde el interior del semisótano hasta la esquina de Diego de León. Seguramente uno de ellos fue el encargado de provocar la detonación.

El crimen se había ejecutado con una rara perfección. En aquel momento en los cines madrileños se estaba pasando la película *Chacal,* inspirada en un atentado frustrado al general De Gaulle. En su argumento, un profesional del crimen recibe el encargo de terminar con la vida del entonces primer mandatario francés. Eso inspiró a algunos a decir que la muerte de Carrero le había sido encargada a un mercenario, a un verdadero «chacal». Y lo cierto es que fue un atentado muy cinematográfico. Al menos cuatro individuos habían trabajado sin descanso en el angosto túnel por el que apenas entraba el cuerpo de una persona. Abrieron el agujero por medios absolutamente artesanales utilizando mazo y cincel. Como colofón situaron el Morris aparcado en doble fila en la calle cargado con una enorme cantidad de explosivos que no llegaron a explotar.

La muerte de Carrero, a pesar de las interpretaciones hechas sobre por qué Franco había dicho en su discurso de pésame que «no hay mal que por bien no venga», o del corrosivo chiste que inmediatamente se contaba: «Mi general, han matado a Carrero.» «Vaya, ya son las diez», supuso un golpe considerable. No obstante se evitaron los desórdenes y la situación no llegó a ser ingobernable. Pero era cierto para todos que el franquismo había perdido la posibilidad de perpetuarse. Algo que extrañó sobremanera fue que Carlos Arias Navarro, ministro de la Gobernación, y máximo responsable por tanto de la seguridad del presidente, no sólo no fuera destituido por haber sido incapaz de prevenir el atentado sino que en vez de eso fuera nombrado presidente en lugar del presidente. La policía atribuyó la autoría a la banda terrorista ETA. Casi inmediatamente facilitó una lista de presuntos implicados que contenía estos seis nombres: José Miguel Beñarán Ordeñana, alias «Argala»; Pedro Ignacio Pérez Beotegui, alias «Wilson»; Javier María Larreategui Cuadra, alias «Atxulo»; José Ignacio Abaitúa Gomeza, alias «Marquin»; José Antonio Urruticoechea, alias «Josu», y Juan Bautista Eizaguirre, alias «Zigor». Según las hipótesis policiales cuatro de ellos participaron directamente en la excavación del túnel y colocación de los explosivos. Por su parte, la organización terrorista, después de reivindicar la autoría del atentado, contó su versión en un libro, *Operación Ogro,* en el que se afirma que valoraron la posibilidad de secuestrar a Carrero pero que finalmente se decidieron por «ejecutarlo». Los miembros del grupo encargado de la tarea, con una reminiscencia infantiloide, bautizaron al hombre que pensaban matar con el sobrenombre de «el Ogro».

El crimen de los abogados de Atocha

Aquel espantoso 24 de enero de 1977. La matanza de la «semana trágica». Buscaban a «Navarro, de transportes» pero dispararon contra todos. Se sospecha que la trama no termina en los detenidos. Eran ultraderechistas que llevaron a cabo una acción salvaje.

Fue el colofón de una semana trágica que comenzó con la muerte a manos de pistoleros fascistas del estudiante Arturo Ruiz. Latente la legalización del Partido Comunista de España (PCE), los grupos de ideología de extrema derecha que se oponían a lo que adivinaban inevitable, entraron en una época de hiperactividad. Enero de 1977, una fecha clave en la transición política a la democracia. Con una policía que no había sido depurada y en la que campaban por sus respetos protagonistas de la represión franquista, Adolfo Suárez como presidente del Gobierno y Rodolfo Martín Villa, ministro del Interior, se enfrentaron a un rosario de muertes que pusieron en peligro la reforma política. A las 4,20 de la tarde del día 24 de enero, la joven estudiante de veinte años, Mari Luz Nájera, murió a consecuencia del impacto en pleno rostro de un bote de humo lanzado por los antidisturbios durante una manifestación de protesta por la muerte de Arturo Ruiz celebrada esa mañana. Por la noche, a las 10,30, tres individuos armados penetraron en el portal de la calle Atocha, 55, agazapándose un poco más arriba de la planta tercera en cuya parte izquierda estaba situado un despacho de abogados laboralistas de Comisiones Obreras (CC.OO.) y del que la mayoría de sus miembros pertenecían al PCE.

El día anterior había finalizado una huelga en el ramo del transporte privado de viajeros, que había tenido gran repercusión en Madrid, en la que representó un importante papel Joaquín Navarro Fernández, de CC.OO., que aquella noche tenía una reunión con un numeroso grupo de trabajadores en el citado despacho laboralista. Cuando creyeron llegado su momento, a las 10,45, los tres hombres agazapados descendieron y tocaron el timbre. Salió a abrir uno de los jóvenes abogados, Javier Benavides Orgaz. Rápidamente penetraron en el local dos de los pistoleros que le encañonaron. Uno de ellos empuñaba una Browning de 9 mm Parabellum y, el más joven una pistola Star de 9 mm, modelo Super. Empujaron a Benavides hacia el interior hasta uno de los salones del piso donde se encontraban otros abogados reunidos a los que amenazaron con las pistolas. «Todos al rincón, las manitas bien arriba», dijo el pistolero de más edad. El abogado Valdevira, que estaba fumando, pidió permiso para apagar el cigarrillo que atornilló en el cenicero antes de incorporarse al grupo con las manos en alto. A Luis Ramos Pardo, que llevaba una cazadora en la mano, le hicieron soltarla y levantar los brazos. Mientras, el otro pistolero recorría las habitaciones para traer al salón a otras personas que estuvieran en ellas, a la vez que arrancaba los teléfonos que encontraba a su paso y destruía archivos. En el transcurso de esa violenta acción se le escapó un tiro. El compañero que encañonaba a los que estaban reunidos en el salón preguntó crispado: «¿Qué pasa?» El otro respondió tranquilo: «Nada.» El tipo amenazante del salón hizo un frío gesto de desprecio: «Vosotros, las manitas bien arriba.» Cuando el pistolero más joven regresó al salón había nueve reunidos bajo la amenaza de las armas, ocho abogados y un auxiliar de despacho. Todos muy juntos. El hombre de la Browning preguntó: «¿Dónde está Navarro?» «¿Navarro? No sabemos quién es.» «Seguro que está aquí», insistió. «Pues búscalo», le contestó con valentía y cierta exasperación Francisco Javier Sauquillo, uno de los abogados. De repente se desencadenó el infierno. Sin que nadie pudiera preverlo, empezaron a ladrar las pistolas. La ceremonia de la matanza fue rápida e implacable. Los tiros sonaban secos, espaciados, uno detrás de otro, pero tantos que al principio se creyó que utilizaron metralletas. Los disparos de los individuos en fuego cruzado se dirigieron al grupo sorprendiendo a la mayoría de espaldas. El proyectil que mató a Sauquillo le entró en la base del cráneo por detrás, mientras estaba de pie. El que mató a Javier Benavides, le entró por la espalda y salió por el pecho. El auxiliar Ángel Rodríguez Leal, que también resultó muerto, recibió un tiro en el centro de la nuca, con salida estrellada que le rompió la nariz. Enrique Valdevira recibió tres impactos: uno en la rodilla derecha, otro que le destrozó la nariz y un tercero que le entró por detrás y le rompió el corazón. Serafín Holgado recibió dos impactos: uno en el muslo izquierdo y otro en la cabeza que le entró por la parte posterior. Los asesinos disparaban a algo más de medio metro de distancia. De aquel intenso tiroteo —disparaban serena, fríamente. De forma metódica, como si lo tuvieran ensayado— escaparon gravemente heridos otros cuatro.

Alejandro Ruiz Huerta, uno de los supervivientes de la matanza, tiene la impresión de que todo fue muy rápido. Entraron cuando estaba sentado en un banco, de espaldas a la puerta. Vio en las caras de sus compañeros que algo extraño pasaba. Le obligaron a ponerse de pie. A uno de los criminales no le dio tiempo a verlo. Cayó al suelo por un impacto de bala que le dio en el pecho. Sobre su cuerpo se derrumbó Enrique Valdevira. El proyectil que le dio se desvió al chocar con un bolígrafo de acero que llevaba prendido en la camisa, lo que le salvó la vida. La esposa de Javier Sauquillo, María Dolores González Ruiz, de treinta años, cuando empezaron los disparos se tumbó en uno de los bancos y se tapó el cuerpo con una trenka que llevaba. No recibió ningún impacto hasta el final. Pudo apreciar la frialdad con la que disparaba el hombre de la Browning. Luego un tiro le entró en la boca. El tercero de los supervivientes, Miguel Sarabia Gil, vio a Valdevira apagar el cigarrillo en los últimos momentos de su vida. Al desatarse la lluvia de disparos, trató de huir por una puerta que tenía tras de sí y que daba a un pasillo. Giró sobre sí mismo para escapar pero recibió un impacto en el vientre. Se dobló permaneciendo agachado con las manos apretadas para contener la hemorragia. El cuarto de los supervivientes, Luis Ramos Pardo, sintió un tiro en un brazo y se dejó caer como muerto al suelo. Eso le salvó la vida. Al darse cuenta de que se habían ido, trató de levantarse, pero entonces se dio cuenta de que no podía porque también estaba herido en las piernas. Vio a Sarabia telefonear. Hablaba con su mujer y le estaba dando cuenta del horror de lo que había pasado. En seguida, Sarabia se dirigió a la ventana a pedir auxilio.

Los vecinos avisaron a la policía. En pocos minutos la calle se llenó de coches con luces de destello y ambulancias. Los primeros que entraron en el despacho de abogados se encontraron una escena espantosa: sangre por todas partes y cuerpos destrozados. Tres habían muerto en el acto. Otros dos fallecerían poco después. Los heridos fueron transportados a centros médicos. La noticia de la matanza de Atocha cayó como un mazazo. Era un período de sangre en la historia de la transición política, pero a pesar del goteo de muertes, nadie estaba preparado para la enormidad de esta acción que conmocionó a la clase política y a todo el país. Era un salvaje y brutal atentado. Numerosos dirigentes y miembros significados del sindicato Comisiones Obreras y del Partido Comunista dejaban sus casas ante la posibilidad de que se tratara de una cadena de acciones violentas. La tensión política subió al límite. Nadie estaba seguro de qué podía pasar en las horas siguientes. No obstante, los cuadros del Partido Comunista lograron reaccionar con serenidad e impedir que se multiplicase la violencia. Eso le habría hecho el juego a los terroristas. Las horas siguientes fueron claves para la reforma política. Las negociaciones con el Gobierno acordaron un entierro multitudinario pero sereno en el que no tuvieran lugar nuevos incidentes. Fue una lección de grandes hombres que se hicieron en pocas horas con una situación explosiva.

Paralelamente se puso en marcha una operación policial encomendada a los agentes más profesionales y alejados de connivencia con grupos ultraderechistas. Al frente estaba Francisco de Asís Pastor, que tiempo después sería jefe superior de Policía de Madrid. Pastor relacionó desde el principio la muerte de los abogados laboralistas con la huelga de transporte. Los criminales buscaban a Joaquín Navarro, que era el «enemigo número uno» del decadente sindicato vertical. Por eso los agentes empezaron sus investigaciones en torno a este sindicato franquista. Pasaron dos meses de continuas vigilancias y esperas. Contaban con una pista significativa: «Uno de los asesinos tenía los ojos azules como Paul Newman.» Fue algo en lo que coincidieron los supervivientes. Los policías buscaban en el bar Denver, en la esquina de San Bernardino, cerca de la sede del sindicato, que estaba en Cristino Martos, 4, y en otros locales de la zona, un asesino con los ojos de Paul Newman. Hasta que lo encontraron. Un día apareció José Fernández Cerrá, de 31 años, vendedor, separado, con un maletín que al abrirlo dejó ver un ejemplar de la revista «ultra» *Fuerza Nueva.* Los agentes se fijaron en sus ojos que eran como los de Newman. No le detuvieron en seguida sino que le siguieron hasta localizar a sus compinches Carlos García Juliá y Fernando Lerdo de Tejada; a su novia, Gloria Herguedas; al que les proporcionó las armas, Leocadio Jiménez Caravaca, y al presunto instigador, Francisco Albadalejo Corredera, secretario del Sindicato Provincial de Transportes. Pero siempre ha pesado la sospecha de que la trama de criminales no se detenía en ese eslabón. Leocadio y Gloria Herguedas fueron condenados sólo por tenencia ilícita de armas. Fernández Cerrá y Carlos García Juliá, asesinos materiales, fueron condenados a ciento treinta y nueve años de cárcel cada uno, y el instigador, Albadalejo, a setenta y tres años. Fernando Lerdo escapó de la justicia en un polémico permiso judicial.

EL ASESINATO DEL MATRIMONIO VIOLA

El criminal atentado de la bomba en el pecho. El matrimonio vivía un momento feliz celebrando el reciente aprobado de las oposiciones de su hijo pequeño. El ex alcalde de Barcelona fue víctima del mismo procedimiento que acabó con la vida del industrial José María Bultó.

Joaquín Viola Sauret era un hombre profundamente humano que observaba una rígida jerarquía de valores morales. Reconocido como persona de talento, habría querido ser el primer alcalde elegido por votación popular en Barcelona, pero le tocó ser el último designado por Franco en la Ciudad Condal. Quienes le trataron resaltan su educación cultivada y su honestidad así como su inmenso amor a Cataluña, con una dedicación muy especial a Lérida. Descendiente de una familia de la ciudad leridana de Balaguer, muy unida a las leyes, su abuelo fue notario y su padre registrador de la propiedad, Viola tenía una profunda formación jurídica de la que dio prueba en todos los cargos desempeñados. Aunque se sentía tan catalán como el que más, debido a la profesión de su padre no nació en Cataluña, sino en uno de los destinos de su progenitor: Cebreros (Ávila), pueblo natal también del por entonces presidente Adolfo Suárez.

Joaquín Viola nació el 26 de junio de 1913 y a los dos meses de edad se trasladó con su familia a Cataluña. Hizo el bachillerato en Seo de Urgel, se licenció en derecho en Barcelona y obtuvo el doctorado en Madrid. Durante sus estudios coincide como alumno entre otros con Urdina Martorell y Solé Barberá. Este último habría de ser diputado comunista. Con él mantiene un fuerte enfrentamiento ideológico. Según recuerdos de sus compañeros de estudios, «Quinito» Viola, muy interesado por la política desde su juventud, era ya en los años treinta un dirigente de los estudiantes católicos y de derechas. Consecuente con su pensamiento, al estallar la guerra civil huyó de la zona republicana. Por Andorra y Francia pasó a Pamplona, en la zona franquista, donde se incorporó al frente como alférez provisional luego ascendido a teniente. «Yo considero normal que uno, para defenderse del enemigo, haga cuanto esté a su alcance», diría muchos años más tarde. En el frente de Teruel fue gravemente herido siendo desde entonces caballero mutilado. Antes de acabar la guerra, como ex combatiente, comenzó a preparar oposiciones al Cuerpo de Registradores de la Propiedad. En 1941 ingresó con el número uno de su promoción. Primero ejerció en Solsona, luego en Seo de Urgel y finalmente en Barcelona. Muertos su abuelo y su padre, Viola Sauret vuelve a Balaguer donde conoce a la que habría de ser su esposa, Montserrat Tarragona, hermana de Eduardo Tarragona que fue procurador en Cortes. Precisamente su vida política pública comenzó en 1967 al ser elegido a su vez procurador en Cortes por la provincia de Lérida, siendo reelegido en 1971, momento en el que fue designado también consejero del Reino.

No obstante, el cargo de mayor relevancia y proyección pública que habría de ocupar le llegó el 18 de septiembre de 1975 cuando tomó posesión de la Alcaldía de Barcelona en presencia del entonces gobernador civil Rodolfo Martín Villa. La derecha tradicional se alegró del nombramiento de Viola, mientras que los políticos demócratas y las asociaciones de vecinos iniciaron en seguida un enfrentamiento frontal. Durante su discurso, Viola recordó el hecho de que había derramado su sangre en la guerra civil, subrayando que la humildad, la probidad y el ideal de servicio habrían de ser los ejes de su actuación. El período de su mandato fue muy agitado, con una gran contestación vecinal que le valió el remoquete de «alcalde más impopular desde los tiempos de la República». Él se mantuvo en el cargo hasta que fue cesado por Adolfo Suárez, lo que produjo un gran alivio popular, siendo posteriormente nombrado director general de Administración Local, cargo en el que sólo permaneció unos meses, dimitiendo para presentarse a las elecciones a senador por Lérida de las que salió derrotado. La definición política que de sí mismo realizaba se concreta en estas palabras de 1976: «Yo, ideológicamente y durante toda mi vida, he tenido tendencia a lo que hoy se llama democracia cristiana. Apoyaba a las candidaturas de derechas.» Preguntado por sus hijos, era padre de cinco, afirmó: «Mis hijos son solidarios conmigo porque ven mis afanes de servir, lo que trabajo y lo que sufro.»

El matrimonio Viola-Tarragona tenía importantes propiedades agrícolas en Lérida. Antes de ser nombrado alcalde Joaquín, vivían en la finca Mas Tinell en la comarca de Les Garrigues. A propósito de esto, en octubre de 1975, declaraba: «La finca es de mi mujer. Yo no tengo nada. Le pido al pueblo de Barcelona que vea en mí una persona modesta.» Viola, entre otras muchas cosas, había sido presidente de Productoras Eléctricas Urgelenses, accionista del *Diario de Lleida,* consejero del Banco de Madrid y secretario del Barça, cargo en el que permaneció cuatro años.

La mañana de su asesinato, el matrimonio Viola estaba pasando una de las épocas más felices de su vida. Joaquín tenía sesenta y cuatro años. Y entre otros motivos celebraba que su hijo, el pequeño, hubiera ganado hacía muy poco las oposiciones a notaría. Eso simbolizaba la culminación de una trayectoria vital en la que se sentía, al margen de amarguras coyunturales, satisfecho y realizado como hombre y como político. Su esposa, Montserrat, compartía esa fuente de satisfacciones de los éxitos de sus hijos. La pareja lo había celebrado agradablemente en un intenso viaje de una semana a París de donde acababan de regresar felizmente agotados. Sólo unas horas más tarde, el miércoles 25 de enero de 1978, la muerte se presentó de repente.

A las 8,30 de la mañana un grupo de cuatro personas jóvenes, tres hombres y una mujer, llamaron al domicilio de los señores Viola, situado en el Paseo de Gracia 69, 1.º 1.ª. Les abrió la esposa, Montserrat, pensando que se trataba del lechero que a esas horas solía traer su mercancía. Rápidamente, y haciendo exhibición de una gran violencia, los recién llegados, que iban enmascarados, penetraron en la casa intimidando con sus armas a la propia Montserrat, sus hijos Enrique y Joaquín, la novia de este último y la criada, Rosa Pérez, que al resistirse a la acción recibió un golpe en la cabeza. Los cinco fueron conducidos a una de las habitaciones y maniatados por dos de los individuos, mientras los otros dos se dirigían al dormitorio de Joaquín Viola que todavía se encontraba en pijama. Sin pérdida de tiempo, y bajo la amenaza de las armas, lo sacaron situándolo en otra habitación donde empleando tiras adhesivas y un correaje adecuado le colocaron en el pecho una sofisticada bomba que haría explosión en el momento en que trataran de separarla del cuerpo. La operación duró unos quince minutos. Poco más tarde condujeron a la esposa a la misma habitación, se cree que con la intención de ponerla en antecedentes de sus exigencias. Los asaltantes hicieron entrega al matrimonio de un folio en el que se contenían las instrucciones para ponerse en contacto con ellos y advertencias sobre la manipulación del artefacto explosivo. A partir de ese momento existe una gran confusión sobre lo que verdaderamente pasó en el interior de aquella habitación. La hipótesis más probable indica que la bomba era de fabricación defectuosa. Poco después de que Montserrat Tarragona entrara en el cuarto en el que estaba su marido y encontrándose muy cerca de él, la bomba hizo explosión abriendo un enorme boquete en el tórax de Viola, troceando su cuerpo y arrancando su cabeza. La onda expansiva alcanzó de lleno a la mujer produciéndole una brecha en el cráneo por la que podía verse el cerebro. Uno de los asaltantes recibió en pleno rostro un golpe de sangre de sus víctimas. Los cuatro salieron a escape huyendo al parecer en un coche que les esperaba.

La primera conclusión del doble asesinato fue que guardaba un gran parecido con lo ocurrido ocho meses antes al industrial José María Bultó Marqués, de setenta y seis años, presidente de la Sociedad Anónima Cros. Bultó fue asaltado el 9 de mayo de 1977, también en Barcelona, cuando se encontraba almorzando en el domicilio de sus cuñados en la calle Muntaner. Los desconocidos le colocaron la bomba en el pecho y le exigieron quinientos millones de pesetas, advirtiéndole que de no recibirlos antes del plazo dado, estallaría el artefacto que le dejaron pegado sobre el corazón. También le dieron una carta con instrucciones para la entrega del dinero y el manejo del peligroso aparato. Una vez que huyeron los asaltantes, Bultó se trasladó a su domicilio, en el barrio de Pedralbes, penetrando en el cuarto de baño donde se sospecha que intentó desprender el explosivo de su cuerpo despegando el esparadrapo que lo sujetaba. Debió de ser entonces cuando la bomba, de unos 150 gramos de carga, hizo explosión. El cuerpo de Bultó saltó hecho pedazos.

La policía señaló como autores del asesinato a los componentes de una supuesta organización política independentista, de carácter terrorista, que serían detenidos y muy poco más tarde puestos en libertad en aplicación de la Ley de Amnistía para actos políticos de 10 de noviembre de 1977. Posteriormente esta amnistía fue revocada y los acusados juzgados con tal cantidad de irregularidades que la celebración del juicio mereció un dictamen en contra de la Comisión de Derechos Humanos de Estrasburgo quedando en entredicho la culpabilidad de los encausados. Viola aparecía en la «lista negra» que les fue encontrada a los imputados de la muerte de Bultó, pero nadie le dio demasiada importancia porque era una lista muy larga, con más de un centenar de nombres. La interpretación policial es que los allí mencionados, todos pertenecientes a la alta burguesía catalana, iban a ser objeto de chantaje, y algunos de ellos serían eliminados, como así sucedió. El matrimonio Viola murió exactamente como Bultó y nunca llegó a saberse del todo quiénes cometieron el asesinato.

El asesinato de Yolanda González

Una chica inteligente y trabajadora de Deusto. Aquellos años de revuelta estudiantil y crímenes de ETA. Los asesinos la sorprendieron sola. La trama oculta. El policía arrepentido y el grupo ultraderechista. Reivindicado por el Batallón Vasco Español.

En el País Vasco, a finales de enero de 1980, la ETA mata en atentado a seis guardias civiles. En Madrid, el 2 de febrero, alrededor de las ocho horas, inspectores de la comisaría de Alcorcón encuentran en el kilómetro 3 de la carretera de San Martín de Valdeiglesias el cadáver de una joven. Está tumbada sobre el lado izquierdo, doblada sobre sí misma, con la cabeza hacia los pies muy cerca de las manos, como si en el último momento hubiera querido protegerse con ellas. Su cuerpo había recibido tres impactos de bala, dos de ellos en la cabeza. Quizá fue el asesinato más cobarde de la naciente democracia.

La joven vestía una camiseta con los escudos de las llamadas «siete provincias vascas» y un collar con la denominada «cruz de lauburu». Los investigadores establecieron que se trataba de un crimen con connotaciones políticas. La chica fue identificada como Yolanda González Martín, de diecinueve años. La identificación fue posible gracias a las huellas dactilares puesto que la cara estaba completamente desfigurada por los disparos.

Poco después el crimen fue reivindicado en Barcelona por un portavoz del autodenominado Batallón Vasco Español por medio de un original método: una cinta de télex perforada. En ella decían haberla matado por «una España grande, libre y única». Sus asesinos acusaban a Yolanda de formar parte de un comando de información de la organización terrorista ETA. El comunicado precisaba que había sido «interrogada y ejecutada».

La muerte de Yolanda conmocionó a todo el país. La indignación por este crimen provocó protestas y manifestaciones. Era una joven indefensa cobardemente asesinada en la flor de la juventud. Vasca, militante política, guapa y comprometida. Su trayectoria personal le había granjeado el respeto de sus camaradas. Contrariamente a lo que afirmaban sus asesinos, Yolanda no militaba en ETA sino en el Partido Socialista de los Trabajadores (PST). Procedente de las juventudes socialistas, Yolanda se había unido a los que, desgajados del PSOE, habían pasado por la Liga Comunista Revolucionaria (LCR) y desde allí fundado el PST. Era una socialista trotskista que ni siquiera simpatizaba con ETA, pero sus asesinos no entienden de diferencias ni hacen distingos. Para ellos siendo vasca y roja tenía que ser de ETA. Cometieron un crimen con la misma crueldad que la organización terrorista de la que abominaban.

Yolanda había nacido en la zona obrera de Deusto, a orillas del Nervión. Su padre era un emigrante burgalés, de profesión soldador metalúrgico, que no tenía una militancia política concreta. Su casa estaba en un viejo edificio cerca de la fábrica Artiach. Sus estudios estuvieron plagados de buenas calificaciones entre las que se contaban abundantes sobresalientes y matrículas de honor. Fue una estudiante aplicada y trabajadora que acabó el curso de orientación universitaria con una nota media excelente. Yolanda demostró una inteligencia excepcional y también una preocupación muy precoz por las cuestiones sociales. Entró en seguida en política y lo hizo de una forma metódica y selectiva. Antes de afiliarse recorrió varias sedes de partidos hasta que se sintió atraída por el grupo de jóvenes de Izquierda Socialista unidos en torno al periódico *La Razón.* De su activismo en su tierra natal le queda un obsequio del que nunca se separará: en una fábrica de Txohierri el comité de empresa le regaló una «cruz de lauburu» como agradecimiento a su solidaridad. Era su joya más preciada.

A los 17 años conoció a su novio, Alejandro Avizcun, un profesor no numerario de la Universidad de Madrid. Se encuentran durante las primeras jornadas de Izquierda Socialista en el pueblo de San Martín de Llémana (Gerona). Tras una breve estancia en Bilbao, la pareja se traslada a Madrid donde se alojan en un piso de alquiler en la calle Tembleque de Aluche. Comparten la vivienda de tres habitaciones con una compañera, María del Mar, recientemente separada. Yolanda comienza a estudiar en el Centro de Formación Profesional de Vallecas y participa en todas las movilizaciones estudiantiles, en aquella época especialmente turbulenta en la que miles de jóvenes entre los catorce y diecisiete años experimentan la fuerte sensación de correr delante de la policía.

Yolanda se gana fama de «roja» en el centro donde estudia y es posible que de allí salgan las informaciones policiales que la significan como cercana a ETA. Ajena al interés que despierta, ella forma parte muy importante como líder estudiantil de la actividad de su partido que encabeza el movimiento protagonizado por los jóvenes. El 28 de enero de 1980 se produce una impresionante huelga de Enseñanza Media. Sólo cuatro días más tarde, en el seno de una organización ultraderechista, que ya dispone de su nombre y dirección, y que ha estudiado cuidadosamente sus costumbres, se decreta su muerte.

Si el jefe superior de Policía de Madrid no hubiera sido Francisco de Asís Pastor, quizá los asesinos no habrían sido detenidos con tanta celeridad. Cuando los investigadores se encontraban al principio de sus pesquisas, con el peligro cierto de que los autores nunca hubieran sido descubiertos y el crimen hubiera quedado impune, Pastor recibió la información de que un policía nacional, Juan Carlos Rodas, que había sido «invitado» a tomar parte en la ejecución de Yolanda, aunque se había negado, acababa de contar a su superior datos significativos de los culpables. Pastor actuó con total contundencia.

A las once de la noche del 7 de febrero, sólo cinco días después de que hubiera aparecido el cadáver, inspectores de la Brigada Regional de Información detuvieron a Emilio Hellín Moro, de treinta y dos años, ingeniero electrónico y director de una escuela de electrónica en Madrid, como principal asesino material. En el momento de su captura le fue intervenido un revólver Magnum y en su coche se le encontraron diversas armas, material explosivo y gran cantidad de munición. De su declaración se dedujo la participación de Ignacio Abad Velavásquez, de diecinueve años, soltero, estudiante de Químicas en la Complutense. Los dos pertenecían al partido Fuerza Nueva y reconocieron ser autores del hecho que se les imputó. Según la sentencia de la Audiencia Nacional que les condenó a fuertes penas, junto a los militantes del mismo partido y también procesados José Ricardo Prieto y Félix Pérez Ajero, formaban una banda armada «al margen de la disciplina de Fuerza Nueva» para la realización de actos violentos, a la que llamaban «Grupo 41».

La sentencia estableció que Félix Pérez Ajero, José Ricardo Prieto Díaz y Juan Carlos Rodas, el policía denunciante, llevaron a cabo una misión de vigilancia en los alrededores del domicilio de Yolanda González, en la calle de Tembleque, 101, por lo que fueron condenados por los delitos de allanamiento de morada y detención ilegal. Igualmente fue condenado por los mismos delitos David Martínez Loza, jefe nacional de seguridad de Fuerza Nueva, como autor por inducción. Pero nunca se despejaron las sospechas sobre la parte más importante de la trama que había quedado oculta para siempre. El entonces diputado socialista Juan Barranco aseguraba: «Este asunto se achaca en su superficie a elementos de la extrema derecha, pero va más allá y se relaciona con instituciones del Estado.» Así las cosas, ¿cómo se cometió el crimen?

La madrugada del 2 de febrero de 1980, Hellín Moro e Ignacio Abad después de esperar largo rato ante el domicilio de Yolanda la ven llegar. Al poco suben a su piso y consiguen con engaños que la chica les abra la puerta. Inmediatamente Abad la encañona y Hellín la cachea. «Vamos abajo.» Y los tres descienden hasta el coche de Hellín, un Seat 124, matrícula M-6617-GC. En el vehículo dan vueltas durante más de una hora. Yolanda trata de sacarles del error y demostrarles que no pertenece a ningún comando etarra. Pero Hellín sigue teniendo fija en su mente la orden que había aparecido en su sofisticado ordenador junto a una partida de compras para las fuerzas de seguridad. Su equipo informático está conectado a una red secreta: «Comando informativo número 3 de ETA. Calle Tembleque, 101. Ejecución.» Se le escapa un «¡Roja de mierda!» que no es la primera vez que escupe en la noche. Durante el tiempo que estuvo en sus manos, Yolanda fue interrogada, golpeada, torturada. Ante su resistencia, un Hellín exasperado la saca del coche en el kilómetro 3 de la carretera de Madrid a San Martín de Valdeiglesias: «¡Se acabó el paseo!» Quizá hay un segundo en el que Yolanda piensa que la tortura se ha acabado y va a quedar libre. Pero es entonces cuando Hellín la dispara dos veces a bocajarro en la cabeza con su pistola Walther P-38 de 9 mm. Cuando se derrumba en el suelo, el asesino ordena a su compañero que le dé el tiro de gracia. Ignacio Abad dispara sobre la joven con una pistola Star del 9 corto. Los dos pistoleros huyen en el coche a toda velocidad.

La frialdad de los criminales fue castigada por el tribunal. Emilio Hellín Moro recibió una condena por asesinato con alevosía y nocturnidad de treinta años de cárcel e Ignacio Abad, de veintiséis años, ocho meses y un día. No obstante, Hellín logró siete años después un permiso carcelario en abril de 1987, concedido por el juez de Vigilancia Penitenciaria José Donato Andrés Sanz, lo que aprovechó para huir a Paraguay. Pero cuando se creía a salvo y seguro disfrutando de la vida fue localizado por el periodista de *Interviú* José Luis Morales, gracias al cual fue extraditado y devuelto a la prisión donde continúa el cumplimiento de su condena.

El crimen de la calle Fuencarral (1888). Dibujo de Higinia Balaguer realizado por Galdós

El crimen de la plancha (1902). Retrato de Cecilia Aznar y artículo sobre el crimen, publicado en *Blanco y Negro*

la llegada del automóvil de Renault, vencedor en la carrera. Esta vez se ha demostrado que no son las máquinas de mucha fuerza las preferibles para carrera, sino las que, no teniendo un motor de muchos caballos, por su forma y su ligereza ofrecen menos resistencia al viento y á los obstáculos, como sucedía con el automóvil que ha conseguido el triunfo.

∴

El sábado último llegó á nuestras manos, después de muchas pesquisas y gestiones inútiles y de haber puesto en juego todos nuestros medios de información, lo que hace tantos días venían buscando la policía y la prensa: el retrato auténtico de Cecilia Aznar, la presunta autora del crimen de la calle de Fuencarral.

Para conseguirlo fué necesario que nuestro redactor fotógrafo Sr. Asenjo hiciese un viaje á Denia, pueblo donde ha residido bastantes años la Cecilia, y donde todo el mundo la conocía personalmente y daba todo género de pormenores acerca de su irregular existencia, de su carácter dominante y caprichoso y de sus fuerzas hercúleas.

No fué, sin embargo, fácil al Sr. Asenjo obtener la fotografía deseada, pues aun cuando todos los habitantes de Denia decían haber visto bastantes retratos de ella, ninguno quería entregarlos ni indicar concretamente alguna persona que los poseyera.

En las gestiones realizadas por nuestro redactor, le auxilió con tanto entusiasmo como desinterés el dueño del Hotel Fornos, de Denia, D. Constancio Felipo, á quien debemos gratitud que nos complacemos en hacer constar.

Deseosos de satisfacer la legítima curiosidad del público y de ayudar á la acción de la justicia divulgando por toda España el citado retrato fotográfico, no vacilamos en publicar lo antes posible, es decir, el domingo por la tarde, un número extraordinario en el que figuraba entre otras fotografías la que representa á Cecilia, la cual reproducimos en esta página para conocimiento de nuestros suscriptores y lectores que no hayan adquirido el extraordinario.

RETRATO DE CECILIA AZNAR, HECHO EN DENIA EN 1901

El éxito obtenido con la publicación de éste nos satisface en extremo. En pocas horas se vendieron en Madrid miles de ejemplares. La segunda fotografía que en esta plana insertamos puede dar idea á nuestros lectores de la afluencia enorme de vendedores que á las puertas de esta casa se agolparon en busca de números.

Con este grandísimo resultado consideramos recompensados espléndidamente nuestros esfuerzos y sacrificios por el público que tanto nos favorece, y á quien damos las gracias, así como á nuestros queridos colegas de la prensa diaria que tan cariñosamente han elogiado nuestra iniciativa.

• • •

VENTA DE NUESTRO NÚMERO EXTRAORDINARIO
LOS VENDEDORES AGOLPÁNDOSE Á LA PUERTA DE «BLANCO Y NEGRO»

El crimen del Expreso de Andalucía (1924). Antonio Teruel (arriba) fue acusado de ser el autor material de las muertes, y Honorio Sánchez Molina (abajo) fue señalado como el auténtico cerebro de la banda

Los crímenes de Jarabo (1958). José María Jarabo celebrando la Nochevieja de 1957

El crimen de la tinaja (1969). Retrato de Natividad Romero, «Nati»

El asesinato de Carrero (1973). Estado en que quedó el coche del almirante Carrero Blanco después de la explosión

El crimen de Los Galindos (1975). Foto del cortijo por las fechas en las que se cometió el quíntuple crimen

La desaparición de «el Nani»

El primer desaparecido de la democracia. Detenidos tratados como terroristas. Del interrogatorio, al hospital. Una huida imposible. «Canta, "Nani", canta: ¿Dónde está el oro?» Le dieron «matarile». Policías con expediente excelente y comportamiento criminal.

Durante el primer gobierno de Felipe González, siendo ministro de Interior José Barrionuevo, se produjo uno de esos crímenes que al estupor habitual de las muertes violentas se suma el horror de haber sido cometido por policías. Fue la desaparición de un joven de veintinueve años, Santiago Corella Ruiz, alias «el Nani», de la que según sentencia confirmada por el Tribunal Supremo, lo autores fueron tres policías reputados de excelentes por su expediente profesional. Uno de ellos, cuando ya era objeto de investigación por este caso, Francisco Javier Fernández, todavía fue ascendido a comisario.

Santiago Corella, nacido en Auñón (Guadalajara), el 12 de enero de 1954, hijo de Santos y Consuelo, era un delincuente suficientemente conocido en la llamada Brigada Regional de la Policía Judicial de Madrid. Con anterioridad a su desaparición había sido detenido en tres ocasiones, una de ellas el 12 de noviembre de 1981, en relación con un atraco a una joyería de León en el cual el botín de unos 40 kilos de oro fue escondido por alguno de sus autores: Ezequiel Martínez, Javier Sánchez o Santiago Corella.

En este asunto representó un papel clave el joyero santanderino Federico Venero, quien supuestamente suministraba información para sus atracos a Santiago Corella, actuaba como «perista» (comprador) de los objetos sustraídos y era a la vez confidente de la policía.

Al salir de la cárcel, en agosto de 1983, Santiago Corella se dirige a Bilbao para recuperar el oro del atraco a León y aunque no consigue su objetivo se procura una escopeta repetidora que no llega a utilizar, porque se rompe al recortarle los cañones para convertirla en un arma más manejable y terrorífica, así como una pistola del calibre 6,35 con la que se entrena en la propia finca de Venero en Santander. Aprovechando esta circunstancia, el joyero habla con Corella de la oportunidad de un atraco a la joyería Payber situada en la calle Tribulete n.º 3, de Madrid. Con ese objetivo, hasta donde se sabe en el sumario instruido con relación a la desaparición del «Nani», este se pone en contacto con un sudamericano del que se ignora el nombre y con Santiago Pitarch a quienes no les agrada la idea. Debido a la falta de entusiasmo de los que busca como cómplices, Corella decide no llevar a cabo el atraco.

No obstante, el 31 de octubre de 1983, dos hombres y una mujer, hasta hoy desconocidos, asaltan la joyería Payber, matan de un tiro en el corazón al propietario, Pablo Perea Ballesteros, y se llevan joyas por valor de seis millones de pesetas. Los policías encargados del caso culpan al «Nani» y a su amigo Ángel Manzano, y para que refrenden sus acusaciones se traen a Venero de Santander.

Con los datos que proporciona el joyero, los inspectores enseñan cuatro fotos al único testigo del atraco a Payber, el empleado de la joyería Juan Sánchez Gómez, advirtiéndole previamente que entre ellas está la del autor. Entonces, reconoce a Santiago Corella. Con estas imputaciones, el 12 de noviembre de 1983, se procede a la detención del «Nani» y su mujer, Soledad Montero, así como de su amigo Ángel Manzano Rubio y la esposa de éste, Concepción Martín. La primera discrepancia con el relato de los hechos que hace la policía surge en la hora de la detención. Mientras afirman que detuvieron a Corella a las seis de la tarde, y a Manzano a las seis y cuarto, las hermanas y vecinos de Corella manifiestan que este fue detenido entre la una y las dos de la tarde. La diferencia serían cuatro horas de «interrogatorio». Además los policías dicen que en el acto de la detención Corella opuso resistencia y los vecinos del detenido lo niegan. Para los policías la detención de Ángel Manzano fue igualmente violenta, mientras el detenido dice que no es verdad.

A mayor abundancia de irregularidades, el mismo día fueron detenidas las hermanas del «Nani», Inmaculada, Lourdes y Concepción Corella Ruiz. Fueron ingresadas en los calabozos a las 11,45 y la única diligencia que se practicó con ellas fue una rueda de identificación. En el sumario no consta ni su detención ni su puesta en libertad.

De forma aberrante, a las 7,15 de la tarde el 12 de noviembre de 1983, los funcionarios policiales solicitan, y les es concedida, la aplicación de la Ley Antiterrorista a Santiago Corella, Ángel Manzano y Concepción Martín López. Al día siguiente se aplica incomunicación por la misma ley a Soledad Montero.

Siguen las discrepancias con la versión policial que indica que a las diez de la noche de aquel día se realiza un reconocimiento en rueda por parte del testigo Juan Sánchez Gómez, quien contradice lo expuesto y afirma que no se realizó por la noche, sino a mediodía, de lo que se acuerda porque para hacerlo se quedó sin comer. Además añade que no hubo rueda sino que le muestran a Corella solo tras el cristal y lo reconoce sin dificultad porque ya había visto una foto suya antes.

También hay un mar de dudas sobre el acto de información de derechos a Santiago Corella. La prueba pericial sobre la autenticidad de su firma llega a la conclusión de que tanto la de este atestado como la de la supuesta declaración por la que se desplazan a buscar armas escondidas en Vicálvaro, son falsas. Figura como instructor de estas diligencias el inspector Javier Fernández, y como secretario, el también inspector Victoriano Gutiérrez.

Las hermanas de Corella estaban en uno de los despachos de las dependencias policiales cuando durante lo que se supone el interrogatorio de trámite, oyeron desesperados gritos de dolor de su hermano, al tiempo que sonaba una radio que alguien subía cuando se agudizaba el tono de los gritos. También escucharon con claridad que los policías repetían: «Canta, "Nani", canta: ¿dónde está el oro?» La mujer del detenido, Soledad Montero, ratificó que ella también lo escuchó. El testigo Javier Folner vio a Corella en la Dirección de Seguridad del Estado, en la Puerta del Sol, en medio de dos policías de uniforme llevado en volandas «ya que aunque andaba, daba la sensación de no hacerlo por sus propios medios». «El Nani» tenía hematomas en la cara, los labios partidos y sangre en las cejas. El resto del cuerpo no pudo vérselo por estar vestido con un mono azul de mecánico. A Manzano, el otro detenido, también le preguntan por el oro y las armas. Según propia denuncia le hacen objeto de la tortura conocida como «la mesa» y le ponen un casco para golpearle. Igual tratamiento recibe la mujer del «Nani», Soledad Montero, que denuncia que a la que le aplican «la mesa», le ponen el casco y la hacen objeto de otras vejaciones. Tras su paso por las dependencias policiales, Manzano tuvo que ser trasladado al Hospital Provincial donde fue intervenido de urgencia. El instructor del interrogatorio de Manzano fue el inspector Javier Fernández y actuó como secretario el también inspector Francisco Aguilar.

Según el relato de los policías, que parte de la declaración de Santiago Corella de la que el sumario determina que la firma fue falsificada, lo cual pone en entredicho su validez, los inspectores Javier Fernández, Victoriano Gutiérrez y Francisco Aguilar, se dirigen con el detenido Corella, convenientemente esposado, a la carretera de Canillejas a Vicálvaro para recuperar unas armas e identificar al supuesto «gitano» que se las vendió. Allí, de una forma totalmente inverosímil, se les escapa sin que vuelva a dar señales de vida.

La realidad debió de ser otra. Una vez detenidos, tanto Corella como Manzano fueron obligados a quitarse sus ropas y vestir un mono azul con el que fueron interrogados. De ese interrogatorio, Corella no se sobrepuso a juzgar por la macabra broma que una mano anónima trazó en el libro de calabozos de la Guardia de la Jefatura Superior de Policía, donde en el lugar correspondiente a Santiago Corella alguien puso las siglas «R.I.P.», indicativas de su fallecimiento en comisaría. Luego fueron borradas con «Tipp-ex».

Desde que se produce la desaparición hasta que el tremendo hecho salta a la prensa, pasan siete meses. El clima no es propicio a este tipo de denuncias y llevarlas a la opinión pública entraña riesgo. El 14 de mayo de 1984, el periodista Gregorio Roldán saca a la luz en *Diario 16,* con gran coraje personal, lo que tan difícil era denunciar en una sociedad heredera del anterior régimen, donde las fuerzas policiales seguían siendo prácticamente las mismas de la dictadura. La mujer y las hermanas del desaparecido encuentran por fin quien les haga caso después de mucho tiempo de sufrimiento. El asunto explota como una bomba. De moda la película *Missing* (Desaparecido), «el Nani» es el primer «missing» de la democracia.

El joyero Federico Venero declara que en reuniones con policías, en las que él había estado, se decía que al «Nani» le habían dado «matarile» y estaba enterrado en cal viva. Afirma que en una conversación con un inspector, éste le dice que Corella se «fue con todo el "colorao" (oro)» y que «está en el cielo, mirándole».

El 25 de junio de 1990, el Supremo confirma la sentencia que condena a más de veintinueve años de reclusión a cada uno, por la «desaparición forzada» de Santiago Corella a los policías Francisco Javier Fernández Álvarez, Victoriano Gutiérrez Lobo y Francisco Aguilar González, así como también les confirma otras penas menores por torturas a Ángel Manzano y Soledad Montero. Los culpables son castigados pero, ¿dónde está «el Nani» o lo que queda de él? Aceptando que murió tras ser detenido e interrogado en la Puerta del Sol, Santiago Corella pudo ser trasladado muerto desde Madrid y enterrado fuera. Sus restos pueden aparecer en cualquier momento.

El asesinato de Lucrecia Pérez

El primer acto de xenofobia criminal de gran repercusión en Madrid. Los cuatro criminales actuaron con frialdad. El hombre de la pistola se mezclaba con «cabezas rapadas». Lucrecia recibió tres disparos. La Guardia Civil detuvo a los criminales en sólo quince días.

La discoteca Four Roses, situada en el kilómetro 9 de la carretera de La Coruña, en el término de Aravaca, muy cerca de Madrid, había sido un lugar para «gente guapa» que se divertía en su enorme pista al aire libre rodeada de columnas blancas de tres metros de altura que le daban un aire de anfiteatro romano. Hasta allí llegaban sus clientes en coches caros con mujeres escotadas, luciendo peinados y joyas. Pero la noche del 13 de noviembre de 1992 apenas quedaban en pie las columnas romanas, los techos hundidos y los cristales fracturados. Su pasado esplendor era ahora refugio de un numeroso grupo de inmigrantes dominicanos que se preparaban a cenar entre las paredes semiderruidas que les servían de habitaciones. En una de ellas estaban Eleucrecia Pérez Matos, «Lucrecia»; Augusto César Vargas, «Porfirio»; Enrique Céspedes Peña, «Olmedo», y Melby González González, «Katy». Los cuatro eran inmigrantes de color y se preparaban una sopa y un poco de pan que habrían de comer sobre una mesa alumbrada por una vela que le daba a la estancia un toque fantasmal. Aunque en el lugar donde vivían eran frecuentes las visitas intempestivas, aquella noche se produciría la peor de todas. Mientras ellos permanecían ajenos, a las nueve de la noche llegaron a las inmediaciones de la discoteca cuatro individuos a bordo de un vehículo que estacionaron en la carretera de Castilla, dirección Madrid, oculto por un desnivel para que no pudiera ser visto desde el lugar al que se dirigían que no era otro que el edificio semiderruido, sin agua ni luz eléctrica, rodeado de escombros y oscuridad. Les movía una idea fija: «Vamos a darle un susto a los negros», habían dicho. Y nada más bajar del vehículo, el individuo que daba las órdenes se aseguró la pistola en la cintura y se cercioró de que los otros fueran armados. Uno llevaba una navaja y un punzón, otro un cuchillo de monte de 17 cm, y el cuarto cogió unas piedras. Este último se cubrió el rostro con una braga militar al tiempo que penetraban en el recinto de la discoteca por la antigua salida de emergencia, situada en la calle Osa Mayor. En seguida entraron en el pasillo cubierto que llevaba a las habitaciones y se pararon ante la primera de las que filtraba luz por los bajos. El que iba delante advirtió a los demás, y casi sin transición, comenzó a dar patadas a la puerta cerrada con la intención de abrirla, tarea en la que rápidamente fue ayudado por otro del grupo. Entre los dos tardaron un largo minuto en comprender que la puerta se abría hacia fuera, por lo que en los rebotes que dio en el marco debido a las patadas, uno de los dos tiró de la hoja, abriéndola por completo, y descubriendo las sombras espectrales que se movían asustadas. Dentro, las dos parejas se repartían el escaso espacio de algo más de 11 metros cuadrados con una pobre mesa y las camas en las que tres de ellos estaban recostados hasta que la violencia de los recién llegados les puso en alerta. Nada más entrar, a la derecha, estaba la mesa con una vela parpadeante encima, y luego, las tres camas. En la pared de la izquierda había un tabique con un hueco cubierto por una cortina que daba entrada a otro dormitorio. En el mismo pasillo estaban otras habitaciones ocupadas por inmigrantes, pero los recién llegados, que actuaban con gran frialdad, no les darían la oportunidad de darse cuenta de lo que pensaban hacer.

Con el fin de dejar a oscuras la habitación, uno de los asaltantes dio un patada a la mesa en la que estaba la vela que se apagó al caer al suelo. Y sin pérdida de tiempo apareció en el vano de la puerta el hombre que llevaba la pistola, que ahora la empuñaba en la mano derecha y que la levantó hasta la altura de sus ojos adoptando la postura del tirador de combate, con las piernas ligeramente flexionadas y la mano izquierda sujetando con firmeza la muñeca derecha. El que había pateado la mesa estaba en el costado izquierdo del de la pistola y los otros dos se situaron justo detrás de éste, preparados para entrar en acción. Uno de ellos dijo: «Vamos a dispararles.» Y apenas se escuchó esa voz comenzó a ladrar la pistola con tres detonaciones rápidas y secas sobre las sombras chinescas que se movían al fondo. Los cuatro dominicanos, en absoluta indefensión, se movieron tratando de huir aterrorizados. Lucrecia quiso pasar de una cama a otra y en el camino la atravesaron tres disparos: uno en el muslo izquierdo, otro en el vientre y el tercero, mortal, en la espalda. Una de las balas que le atravesó el cuerpo penetró en la parte trasera del muslo derecho de Augusto César Vargas, «Porfirio». Todo fue muy rápido y las víctimas no pudieron reaccionar. Los agresores no se quedaron a escuchar los gritos de dolor y de angustia: emprendieron una veloz carrera hasta llegar al vehículo en el que volvieron a Madrid. Por el camino, el conductor, que era el mismo que había disparado, se jactó diciendo: «He metido tres plomos, que se los repartan como quieran.» Otro de los agresores no se privó de confesarle a algunos de sus amigos: «La que hemos armado: ha habido tiros. Ya os enteraréis por la prensa.»

Efectivamente, el atentado contra los dominicanos fue noticia de primera página. La muerte de Lucrecia era el punto álgido de una escalada de violencia racista que había empezado con letreros insultantes en las paredes, había seguido con el apedreamiento de uno de los locales que frecuentaban y, finalmente, se había culminado con un asesinato. La víctima, Lucrecia, tenía treinta y dos años de edad y dejaba marido, Víctor Trinidad, apodado «Alfredo», y una hija de siete años, Kenia. Los dos residían en Vicente Noble, una pequeña localidad de campesinos de la República Dominicana.

Lucrecia no había tenido suerte. Llevaba en España poco más de un mes y para llegar hasta aquí había tenido que entrar en el juego de los traficantes de empleo, endeudándose por una cantidad cercana al millón de pesetas con los prestamistas de su país. Había encontrado trabajo enseguida, como empleada del hogar en una casa, pero la señora acabó por echarla a la calle a los veinte días, dado que Lucrecia era incapaz de hacer las tareas para las que había sido contratada. No entendía el funcionamiento de la lavadora y ni siquiera sabía lo que era un grifo, porque de donde venía el agua siempre se iba a buscar y se recogía en cubos. Además había llegado enferma por la mala alimentación. La mujer que la empleó se quejaba de que no andaba bien de la cabeza porque se levantaba a medianoche dando gritos y frecuentemente se la encontraba hablando sola. Desde el día en que fue despedida, Lucrecia se había encerrado en las ruinas de Four Roses. Sólo un día antes de ser asesinada le había escrito una carta muy cariñosa a su marido en la que se disculpaba por haber emprendido el viaje sin despedirse, urgida por la miseria y por los traficantes que habrían de introducirla en España, y prometía enviar dinero, «en cuanto salga de este lío, mi amor». Pero Lucrecia no podría salir nunca del lío porque cuatro desalmados irían a quitarle lo único que le quedaba: la vida.

Sin embargo, su muerte no fue en vano. La sangre de Lucrecia fue como una vacuna para el creciente racismo que empezaba a enseñorearse de algunas capas de la población española. La fuerte reacción en contra de aquella barbarie espoleó al Ministerio de Interior que forzó la búsqueda de los culpables. La colaboración ciudadana no se hizo esperar. Una llamada indicó la presencia de un coche rojo en las cercanías de la discoteca Four Roses. Aunque no habían podido retener el número de la matrícula sí facilitaron otros detalles que lo hacían fácilmente reconocible. La Guardia Civil, encargada del caso, encontró muy pronto al dueño de aquel coche que resultó ser, precisamente, un guardia civil, Luis Merino Pérez, de veinticinco años, destinado en el complejo penitenciario de Carabanchel. El paso siguiente debía ser comprobar si su arma de reglamento, una pistola Star BM de 9 mm Parabellum, era la misma que se había utilizado en el asesinato de Lucrecia. Para no levantar sospechas, los encargados del caso utilizaron una estratagema: decretaron una revisión rutinaria de armas en la compañía en la que estaba adscrito Merino. Cuando examinaron su pistola detectaron rápidamente que la había manipulado cambiando el cañón y alterando la cabeza percutora. No obstante no consiguió modificar la uña extractora y por este y otros detalles pudo determinarse que se trataba del arma del crimen. Detenido Merino, fueron identificados sus tres acompañantes que resultaron ser menores de dieciséis años: F. C. M. B., «Palalo»; V. J. F. R., «Oxi», y J. Q. M., los tres simpatizantes de ideologías neonazis y racistas. Se supo entonces que el autor material frecuentaba la compañía de jóvenes «cabezas rapadas». El primero de los menores que le acompañaba tenía un hermano que había sido guardia civil y que fue víctima de un extraño suicidio. Precisamente la mañana del día en que asesinaron a Lucrecia, ese menor y Luis Merino habían estado visitando su tumba. Merino había montado su pistola y disparado dos veces al aire en homenaje al fallecido. Por la tarde, reunidos con sus compinches en la madrileña Plaza de los Cubos, tras varias consumiciones de cerveza y después de comentar con indignación los incidentes ocurridos en Aravaca entre inmigrantes y la policía, así como la ocupación de los dominicanos de la discoteca Four Roses, decidieron darles un escarmiento. Sólo un dato más: todo estuvo a punto de no pasar jamás al ser detenidos los malhechores por los municipales cuando iban hacia la discoteca debido a que se saltaron varios semáforos en rojo. Pero entonces Merino sacó el carnet que le identificaba como guardia civil y le dejaron proseguir su loca carrera hacia el crimen.

CRÍMENES MÚLTIPLES

Los crímenes de «El Sacamantecas»

Una personalidad bárbara. El hombre que enviudaba fácilmente. A un deseo insaciable de sexo unió la necrofilia. Una casualidad le descubrió cuando había sembrado el terror. Los intervalos entre sus asesinatos hace pensar que muchos de ellos no fueron descubiertos.

Marzo de 1870. La primavera florece. La vegetación muestra mil colores. El campo está hermoso y florido. Atravesando un bosquecillo, camina una mujer. Es una prostituta de esas que viven en chamizos y andan de pueblo en pueblo y de aldea en aldea. No es joven, pero a pesar de su edad y de sus ropas que están gastadas, conserva cierto atractivo. Debió de ser muy guapa y bien formada. Ni siquiera la vida de privaciones que arrastra le han quitado todo su gancho. De repente un hombre fornido la aborda. Se nota que el hombre está nervioso, se diría que atenazado por urgencias y temblores. Primero con suavidad, trata de llevar a la mujer hacia lo más profundo del bosque. Luego, ya con firmeza, la empuja hacia donde quiere. Rechaza enérgicamente lo que la mujer le dice. Le ha dado su precio, pero él no quiere pagar. Hay entre los dos una corta discusión. No consiguen ponerse de acuerdo. El hombre está obcecado y se pone violento. Tal vez ella con el olfato de tantos años de ejercer como «chamicera» peripatética debiera haber detectado el peligro. Por una vez tendría que haber puesto su seguridad por encima de las pocas monedas que vale su cuerpo. Pero ya es tarde. Sin que la mujer pueda preverlo, el hombre que es de buen talle, fuerte y ancho de hombros, le echa las manos al cuello en una tenaza mortal. Aprieta sin aflojar, mientras la mujer trata de zafarse, cada vez con menos fuerza. Su cara se hincha y sus piernas patean en el aire hasta que se escucha un chasquido casi imperceptible. La mujer queda colgada de las manos del hombre como una muñeca rota. Entonces el criminal la deposita en el suelo con algo parecido a la ternura, como si quisiera prodigarle los cuidados que en vida le negó. Por un momento la deja tendida sobre la tierra mientras la observa. Y en seguida, preso de un repentino furor procede a quitarle violentamente las ropas dejándola desnuda. Con un rasgo brutal de animalidad la viola, y envuelto en la efervescencia de su acción, la desgarra el vientre con un cuchillo de monte. Cuando reacciona de la bestialidad de su crimen la sangre se agolpa en su cabeza. Una vez que ha descargado sus instintos, se horroriza de lo que ha hecho. Piensa que es cosa de los demonios que se han apoderado de su mente mientras escapa a toda prisa.

Pasa mucho tiempo antes de que el hombre sienta de nuevo la llamada de Satán. Pero al año siguiente, otra vez en primavera, siente de nuevo el impulso irrefrenable. Ha tardado doce meses en despertar la sensación abominable que le empuja a romper y desgarrar, a pasar por encima de los cuerpos, a arrebatar la vida con tal de apaciguar el volcán que le nace en las entrañas. Sale a los alrededores de la gran ciudad y en un paraje solitario encuentra a otra prostituta. Más vieja y menos atractiva que la primera, pero ya eso no le importa. Con ella repite casi exactamente lo que hizo con la primera. La única variante es que la segunda víctima sufre con mayor saña si cabe las crueles consecuencias del desaforado sadismo de su asesino y violador. Pasa el tiempo, casi un año y medio sin que los crímenes se resuelvan ni se detenga al asesino. Tanto tiempo entre uno y otro asesinato conocidos, comparado con la frecuencia mucho más cercana de los que vienen a continuación, hace sospechar que entre ellos hubo otros que nunca se conocieron.

En agosto de 1872, los crímenes tercero y cuarto se producen de forma casi seguida, en parecidas circunstancias a los anteriores. La tercera víctima no es ya una mujer de vida airada, sino una adolescente, una chiquilla de trece años. El asesino se la encuentra en un camino y en unos segundos decide matarla y abusar de ella. Primero la amenaza para obligarla a seguirle y cuando consigue estar suficientemente lejos del camino, la estrangula, le arrebata la ropa a zarpazos y abusa de ella, causándole después horrorosas heridas.

El cuarto crimen lo comete en la persona de otra prostituta, pero esta joven, no como las otras. La mata y viola como hace en todos sus raptos, pero en este deja una huella de su creciente sadismo al propinarle numerosas heridas con una aguja que ella llevaba en el pelo para sostener su peinado. Le clava esa aguja en el pecho con saña, repetidas veces.

La investigación policial logrará establecer en la reconstrucción de los pasos del asesino varios intentos de asesinato que no llegó a consumar. Uno fue en agosto de 1873 cuando pretendió aprovecharse de una prostituta, y otro, en 1874, cuando quiso abusar de una vieja mendiga. Desde esos ataques hasta la siguiente agresión conocida pasan otros cuatro años. Al parecer en ese tiempo el asesino enviudó por tercera vez y se volvió a casar por cuarta. No deja de extrañar lo fácilmente que murieron sus mujeres aunque no consta que las asesinara como a sus otras víctimas. Es muy posible que los medios de investigación de la época no permitieran establecer la auténtica razón de la muerte de sus esposas.

En noviembre de 1878 se sabe que atentó contra una anciana que consiguió escapar con vida. El episodio se repite en agosto de 1879: otra mujer mayor se escapa de sus garras. Pero en septiembre se produce el quinto asesinato. Tiene como víctima a una campesina joven, alta, fuerte, que cuando es agredida por el criminal, se defiende con desesperación. Por fin el hombre acaba por atravesarle el pecho de una certera puñalada y, luego, una vez muerta, celebra en ella su sádico ritual de sexo y sangre. El cadáver queda cosido a puñaladas y con el vientre abierto. El criminal huye de la escena del crimen como si finalmente se hubiera espantado de sus propios actos. Lo que hace es casi la prueba de que Satanás existe. O eso cree él. Los demonios, que no le dejan tranquilo, tan sólo dos días más tarde le hacen cometer un sexto asesinato. Se trata de otra campesina a la que estrangula, abusa de ella y mutila después de muerta, desgarrándole el vientre que es como la marca de sus asesinatos. El sadismo de sus crímenes ha ido en aumento desde el primero al sexto. El miedo se difunde de boca en boca por toda la piel de toro. ¿Es humana esta fiera desatada?

El criminal resulta ser, según crónicas de la época, un «monstruo rarísimo en quien la rara anomalía de la crueldad lasciva se asocia con la no menos rara del amor a los cadáveres». El criminal, también según las crónicas, era un «macho brutal, marcado con profundos estigmas atávicos y atípicos. La frente hacía recordar, tal como la describen los que la vieron, el cráneo de Neanderthal. Las mandíbulas eran enormes. El rostro presentaba grandes asimetrías». Ofrece una imagen similar a las descritas como propias del criminal nato en el libro de Lombroso *L'Uomo delinquente.*

Así fueron los crímenes del campesino Díaz de Garayo, apodado «el Sacamantecas», que vivió en Álava en la segunda mitad del siglo XIX. Hombre muy primitivo, tenía la apariencia de un enorme mono. Vivía como un labrador sobrio, austero, que se dedicaba a su trabajo olvidado del mundo en las tierras de labor. Casó cuatro veces y enviudó tres. Al quedarse viudo se mostraba irritable, perezoso en sus obligaciones, violento y rijoso. Habría podido ser siempre feliz y vivir tranquilo si hubiera tenido satisfechos sus instintos como dicen que pasó durante su primer matrimonio que les proporcionó trece años de apaciguamiento. Aquella primera hembra fue completa y suficiente para tener al hombre aplacado y al monstruo dormido. Hasta donde se sabe, su vida criminal coincide con la edad madura, los cincuenta años. Fue cuando se volcó su herencia genética: había nacido de una madre gravemente neurótica y alcohólica y de un padre igualmente alcohólico.

Al contraer nupcias por tercera vez con una hembra fría y distante que no le da lo que necesita, Díaz de Garayo que tenía tan mala herencia orgánica, degeneró hasta la monstruosidad. Sus crímenes son contabilizados como seis, pero se teme que fueran muchos más. Durante el tiempo que actuó obligó a encerrarse a todas las mujeres en cien lenguas a la redonda del campo alavés en el que cometía sus fechorías y aunque no se tiene constancia de que fuera nunca un errabundo viajero que cometiera crímenes en otras regiones, el relato de sus atrocidades por medio del boca a boca sembró el miedo en todo el país. La búsqueda del asesino se hizo agobiante por parte de las autoridades. Al final tanta dedicación tuvo su fruto aunque este fue redondeado por la casualidad. Cuenta Constancio Bernaldo de Quirós en su libro *Figuras delincuentes* que al entrar a servir Díaz de Garayo temporalmente a un labrador, una niña pequeña le señaló sin haberlo visto nunca y le dijo: «¡Qué cara! ¡Parece "el Sacamantecas"!» Eso hizo que la vecindad acosara a Díaz de Garayo y que la autoridad acabara por detenerle e interrogarle. Con gran sorpresa, los policías descubrieron que al poco de someterle a las preguntas de rigor se derrumbaba y confesaba sus feroces asesinatos.

Garayo fue juzgado como el diabólico «Sacamantecas», que dicho sea de paso, el diccionario define como criminal que despanzurra a sus víctimas. El juicio se celebró muy poco después de la detención. Los médicos forenses, que fueron en total diez, estuvieron de acuerdo en que no se trataba de un loco, sino de un hombre capaz de decidir y de actuar con libre albedrío. Es decir, que Díaz de Garayo era un pervertido consciente, plenamente responsable de sus actos.

Todo el proceso se abrevió en lo posible y fue acelerado ante el interés por quitarse de encima la amenaza de tan peligroso asesino. Garayo fue condenado a muerte y ejecutado en el garrote vil.

El crimen de «Cintas Verdes»

Tragedia en el cortijo El Jardinito. El miedo de Braulio. Las últimas palabras de la casera. La niña escondida en la tinaja. Un criminal que fue derecho a los ahorros. Insólita decisión en la historia de la tauromaquia. El criminal llevaba veintitrés duros de plata.

A las dos de la tarde del 27 de mayo de 1890 un hombre muy nervioso se presenta en el cuartel de la Guardia Civil de Córdoba. Es un campesino que parece haber visto al diablo. Trae la cara desencajada y apenas acierta a hablar. Los agentes que le atienden le piden que se serene y le pasan al despacho del teniente Paredes, un reducto acogedor en el cuartel de la Benemérita, situado en la que fuera casa de don Gonzalo de Córdoba. Van en busca del teniente mientras el hombre se sosiega. Desde la calle llega mucho bullicio. Es jornada de fiesta, uno de los días importantes de la popular Feria de la Salud en la capital cordobesa. Por la tarde torean tres monstruos de la tauromaquia: «Espartero», «Lagartijo» y «Guerrita». La afición a los toros es grande en esta tierra y hay quien está dispuesto a empeñar el colchón para conseguir las tres pesetas que cuesta una entrada de sol. Aunque no haya para comprar aceite, habrá para ir a los toros. Lo que nadie se imagina es que aquel cartel extraordinario de tres ases del toreo es la razón última de una tragedia.

El teniente Paredes entra en su despacho y se encuentra a un hombre todavía tan agitado y empavorecido que da un respingo y se levanta de la silla.

—Siéntese, siéntese. Tómese el tiempo que necesite.

—Están todos muertos, mi teniente. ¡Todos! —dice el hombre muy afectado mientras se tapa el rostro.

—Tranquilícese. ¿Cómo se llama usted?

—Soy Braulio, el esquilmero de El Jardinito.

—¿Quiénes están muertos?

—Todos, todos. ¡El guarda, Pepe Vello; el arrendador, Rafael, y la casera, la señora Antonia!

—¿Cómo los encontró?

—Iba yo por el olivar cuando me tropecé al pobre Pepe Vello. Estaba tirado en el suelo. Corrí a la casa a pedir ayuda y me topé por el camino al pobre Rafael, también muerto. Sin saber qué hacer, seguí hasta la casa y allí me llevé el susto más grande: descubrí a la señora Antonia con el cuello cortado.

—Prepárese que nos vamos ahora mismo a ver lo que ha pasado.

El teniente Paredes llama al cabo y le ordena que prepare los caballos para ir a toda prisa al cortijo El Jardinito, propiedad del duque de Almodóvar del Valle, situado a una legua de la ciudad. Al poco salen los guardias con Braulio por la puerta del cuartel. Marchan a galope tendido por lo que tardan muy poco en llegar al lugar de la tragedia. El teniente desmonta y echa pie a tierra cerca del cuerpo de José Vello, el guarda jurado. En seguida comprueba que ha muerto de un tiro en el pecho. Poco más allá está el cadáver de Rafael Balbuena, el arrendador del predio, que también tiene un tiro mortal en el pecho. Siguiendo en su rastreo por el cortijo, con la ayuda de Braulio que conoce bien dónde han quedado los cuerpos, llegan al lugar en el que está tendida Antonia Córdoba, la casera. La mujer todavía conserva un hilo de vida. Cuando el teniente le pregunta quién la ha herido de muerte, Antonia, muy bajito, murmura unas palabras que parecen incoherentes:

—Cinta... verde.

Nada más sale de su boca. El último esfuerzo ha terminado con su vida. Antonia expira con una leve convulsión. Paredes le cierra piadosamente los ojos mientras le da vueltas a lo que le ha dicho: «¿Cinta Verde? o ¿Cintas Verdes?» Es un apodo, seguro. El sobrenombre del asesino, piensa el teniente. Se trata de una confusión que retrasará unas horas la solución del crimen. Paredes cree que por ese día ha recibido bastante ración de horror. Parece más de lo que puede soportar. Pero se equivoca. Aún falta lo peor. Un guardia le llama desde la casa pidiéndole que se dé prisa en acudir. Allí se encuentra con la parte más dura del drama: en la casa están los cuerpecillos degollados de dos de las hijas de Antonia, la casera. Son niñas de tres y seis años.

El teniente Paredes, que es un hombre duro y de fuerte carácter, tiene que apoyarse en la pared para asimilar el encuentro con tanta brutalidad. Es sólo un instante, pero durante esos segundos, Paredes se ha sentido conmocionado, fuera de sí. Las cosas que le pasan a los niños le afectan especialmente. Cuando se encuentra sumido en sus pensamientos, un llanto repentino le devuelve a la realidad.

Del interior de la tinaja salen los gritos infantiles que han alertado a dos de los guardias que ya sacan por las manos a una niña, la menor de las hijas de Antonia, que no puede parar de llorar, nerviosa y aterrorizada. Al rato, los agentes consiguen tranquilizarla. Es una niña muy pequeña, de unos dos años. Le preguntan qué le ha pasado, y la pequeña sólo sabe decir: «Cinta Verde, malo.» Otra vez «Cintas Verdes». El teniente toma buena nota, mientras ordena un registro de la vivienda. Aparentemente reina el orden en todas las habitaciones. Pero cuando llegan al dormitorio principal, se encuentran con que la alcoba ha sido registrada y los cajones aparecen por el suelo, revueltos y fracturados. A uno de los lados hay un pequeño arcón de hierro que, a simple vista, se sabe que ha sido forzado. El teniente, que es un buen observador, se da cuenta de que el asesino tiene que ser alguien que conoce bien la casa y sus costumbres, puesto que no ha perdido el tiempo buscando en las habitaciones sino que ha ido derecho a donde estaba el dinero. Braulio le añade que también debía estar enterado de que el marido de Antonia y padre de las criaturas se había ido a la feria.

—Braulio —dice Paredes—, ¿conoce usted a un tal «Cintas Verdes»?

—Pues no, no señor.

—Vámonos que hay que buscarlo en Córdoba.

De vuelta en la ciudad, el gentío se arremolina en torno a la plaza de toros. El ambiente de fiesta ocupa todas las calles. Los hombres de la Guardia Civil regresan con paso triste al cuartel. Todos menos los que han quedado de servicio en el cortijo hasta que llegue el médico que certifique las muertes y proceda a la retirada de los cadáveres. Paredes tiene que ocuparse de preparar un dispositivo de vigilancia para evitar desórdenes en la plaza que a esa hora ya empieza a llenarse. Mientras da las órdenes, no para de preguntarse dónde puede estar el canalla de «Cintas Verdes». De pronto tiene una idea genial. Le pasa eso que dicen de que a fuerza de pensar en un problema se encuentra la solución: Paredes tiene la corazonada de que aquello que ha pasado en el cortijo El Jardinito tiene que ver con la tarde de toros y el revuelo que se ha armado con la presentación conjunta de los tres fenómenos del toreo: «Espartero», «Lagartijo» y «Guerrita».

El teniente empieza por reunir a sus hombres y les pide que hagan memoria por si les suena un tal «Cintas Verdes». Ninguno lo conoce. Ya en la plaza de toros, junto al patio de caballos, se encuentra con los policías municipales de servicio allí. Paredes les pregunta por «Cintas Verdes» y uno de ellos le responde: «¡Ah, creí que preguntaba por Cintabelde, porque a ese sí que lo conozco!» «Pues, atento, porque podría ser el que buscamos.» «¿Qué sabe de ese Cintabelde?» «Pepillo Cintabelde era un policía municipal como nosotros, al que echaron del cuerpo por ladrón.» «¿Y por dónde anda ahora?» «Lo último que he oído es que vive con una mujer y las está pasando moradas.» «Consiga su dirección.»

Poco después, el teniente Paredes y una pareja de guardias civiles a los que acompaña el policía que conoce a Pepillo Cintabelde, se presentan en el domicilio de este. Les abre la mujer con la que vive. Y les dice que Pepillo se ha ido a los toros. «Ni comer ha querido. Vino, se cambió de ropa y se fue a la plaza.» En el registro que el teniente practica en la humilde vivienda recoge una chaqueta y una camisa manchadas de sangre. También, burdamente oculto, halla un pistolón recién disparado que huele intensamente a pólvora. Paredes ya no tiene ninguna duda: está tras los pasos del asesino. A toda prisa se dirige a la plaza de toros. Falta aún mucho para que acabe la corrida. El teniente aprovecha para poner en antecedentes al gobernador de la gravedad de lo ocurrido y le pide permiso para hacer algo insólito en la historia de la tauromaquia: que cuando acabe el espectáculo taurino salgan los espectadores de la plaza de uno en uno. Está convencido de que eso servirá para detener al criminal. Obtenido el permiso, el teniente reparte en las puertas a los antiguos compañeros del tal Cintabelde con el encargo de atraparlo en cuanto sea identificado. Al término del espectáculo, y no sin grandes molestias para el público, el objetivo de Paredes se cumple: Pepillo Cintabelde es detenido con veintitrés duros de plata en los bolsillos.

Interrogado, tarda en confesar. No le hacen efecto la enorme cantidad de pruebas reunidas contra él. Sólo cuando Paredes le dice que Antonia le acusó antes de morir, Pepillo Cintabelde se derrota: «Está bien, yo los maté. Antonia era mi amiga. Yo le sacaba los cuartos. Esta mañana fui a pedirle para ir a los toros y no me quiso dar ni cinco. Por eso armé la que ustedes han visto.» El teniente sólo quiso hacerle una pregunta más a aquel monstruo. Era algo que le roía las entrañas: «¿Por qué mataste a las niñas?» «Porque tienen lengua como los mayores», contestó con frialdad el asesino.

Cintabelde permaneció firme durante el juicio. Siguió siendo el mozo jaque y retardor que había sido siempre. Pero eso sí, cuando le leyeron la sentencia que le condenaba a cinco penas de muerte le entró la flojera y se desmayó. Dos meses después, fue ajusticiado.

Los crímenes del Huerto del Francés

El desaparecido que se fue a Sevilla. Mohedano, el herrero-detective. Pepe Muñoz, de Peñaflor. La noche del café Novedades con Pepe Moya, «el Peana». Los anónimos a la mujer de Miguel Rejano. Una mano misteriosa que golpea la ventana. El huerto de las calaveras.

Llega un telegrama a la fragua de Juan Mohedano, maestro herrero de La Rambla, un pueblecito situado sobre un altozano en la campiña de Córdoba, cerca de Montilla. El martillo se detiene un momento sobre la bigornia. Es el 15 de noviembre de 1904. El herrero abandona lo que está haciendo para recoger el envío. Es de Posadas y lo manda Francisca Márquez, la mujer de su primo. El mensaje es de auxilio: «Miguel desapareció hace dos días. Nadie sabe de él. Ven.» Cuando llega a la casa de su prima, esta le pone en antecedentes de que Miguel se marchó a Sevilla llevándose todo el dinero que tenía en casa: casi veintiocho mil reales que el propio Juan Mohedano le envió de una venta de trigo. Según le dijo a Francisca, pensaba estar de vuelta el mismo fin de semana.

La mujer se teme lo peor. Juan Mohedano decide abordar el asunto con calma. No quiere precipitarse en avisar a la policía no vaya a ser que su primo esté en un enredo del que no interese dar cuenta. Marcha a Sevilla donde un buen amigo le encamina a un ex policía que sigue haciendo investigaciones por su cuenta. Se trata de Laureano Rodríguez, que se muestra de acuerdo en colaborar para el esclarecimiento de la extraña desaparición de Rejano.

En la Fonda del Betis le dicen que la primera jornada que pasó su primo allí llegó a buscarle José Muñoz Lopera, de Peñaflor, con el que se fue. Y la segunda noche salió con otro hombre, un tal Borrego, después de haber pagado la cuenta.

Peñaflor es una localidad de Sevilla cercana a la provincia cordobesa. Está a sólo 54 kilómetros de Córdoba y a 74 de Sevilla. Por el tiempo en que desapareció Rejano tenía unos 3.500 habitantes que se dedicaban en su mayoría al cultivo de cereales y a la cría de borregos, cabras, cerdos y caballos. Su campos fértiles están regados por el Guadalquivir que confluye allí con el Genil.

Cuando Mohedano visita a José Muñoz este le recibe con cortesía. Le explica que lo que trató con su primo fue la compra de una ruleta. Le cuenta que habían estado toda la noche discutiendo el precio y que al día siguiente recibió una carta de Rejano haciéndole la última oferta que seguía siendo muy baja. A Mohedano, el herrero detective, le parece todo muy extraño. Hasta la carta de su primo le parece falsa. De vuelta en Sevilla, Mohedano se entrevista con el ex policía quien le cuenta que ha localizado al joven que estuvo con su primo la última noche que se le vio. Se trata de José Borrego, «gancho» de juego, que había trabajado en otro tiempo con Rejano cuando este iba por las ferias dándole a la baraja. Según su relato, aquella noche estuvieron juntos en el café Novedades, local de aficionados al flamenco. Rejano estaba allí con Pepe Moya, «el Peana», otro que andaba siempre alrededor de las chirlatas, y con otros dos desconocidos que daban la impresión de manejar dinero. Borrego le pidió que le dejara entrar en lo que estuviera preparando y Rejano le dijo que se trataba de una misteriosa partida, pero que hablarían al día siguiente, motivo por el que fue a buscarlo. Al final no pudo entrar en el juego porque estaba completo.

En el café más importante de Peñaflor, el de Los Ecijanos, el herrero-detective encontró un camarero que le confirmó que José Muñoz se dedicaba a organizar partidas clandestinas. Y que cuando las organizaba en Peñaflor, las hacía en el Huerto del Francés, que está retirado del pueblo. El dueño y Muñoz eran muy amigos.

Mohedano decide poner el asunto en manos del gobernador civil, pero las investigaciones oficiales son muy lentas. Se llega a noviembre sin saber nada nuevo. Entonces el ex policía Rodríguez publica una carta en *El Liberal* de Sevilla en la que cuenta la misteriosa desaparición de Miguel Rejano. La publicación adorna con tintes novelescos el drama. La expectación aumenta con una segunda carta en la que el ex policía da cuenta de nuevos datos que sabe.

A consecuencia de esto, el juez de Lora interroga a José Muñoz Lopera y manda a la Guardia Civil para que tome declaración al «Francés». El 9 de diciembre se presenta ante el cabo Aldaya, de Peñaflor, Juan Andrés Aldije Monmejá, de cincuenta y cuatro años, natural de Agen (Francia) «el Francés». Tras sus declaraciones, los dos amigos quedan en libertad.

No se avanza en la desaparición de Rejano. Probablemente el caso hubiera quedado eternamente paralizado si no se hubiera producido un imprevisto: la angustiada Francisca Márquez recibe dos anónimos. En ellos se ofrece información sobre su marido a cambio de cincuenta duros. Como no hace caso, de madrugada una misteriosa mano golpea en la ventana de su dormitorio: «Que busquen a tu marido en Peñaflor», le dice una voz desconocida. La mujer deposita un sobre en el que promete dinero si le adelantan más información. La respuesta no se hace esperar: «Tu marido está enterrado en el huerto», le dicen. Cuando la justicia quiere encontrar a Aldije para que responda de estas acusaciones, este ya ha salido huyendo.

El huerto llamado de «el Francés» era de regular tamaño. Ocupaba una extensión de dos fanegas y estaba encerrado por tapias altas de ladrillo. Tenía naranjos, limoneros, granados y olivos. También había jazmines y rosales. Y una extraña casa que curiosamente no tenía aberturas en la parte que daba al campo. Sin embargo, en la fachada posterior se abrían catorce ventanas y una puerta que daba a la cocina. Mohedano, acompañado del cabo de la Guardia Civil y un amigo realizó un minucioso sondeo con unas varillas de hierro que había traído de su taller de herrería. Su propósito estaba favorecido por las recientes lluvias que habían reblandecido la tierra. Ayudado por el cabo hundía las varillas en la tierra y las extraía para olfatearlas por si tenían algún rastro de olor. El 14 de diciembre dedicaron todo el día a esa tarea abarcando casi todo el huerto. Al caer la tarde, fatigados y decepcionados decidieron seguir al día siguiente. Pero al pasar por las conejeras, Mohedano tuvo una corazonada: le pidió a su amigo que calara allí, al pie de unos granados. Al sacar la barra, salió un hedor inconfundible. Inmediatamente cogieron los azadones y se pusieron a cavar. Con las primeras sombras de la noche dieron con una calavera que mostraba sus dientes a la luz de la lámpara de aceite. Presentaba una gran fractura en el temporal derecho y estaba tan descarnada que se vio en seguida que no podía pertenecer a Rejano. Tomaron entonces conciencia de que aquello era un cementerio clandestino. En los días siguientes aparecieron otros cinco cadáveres. El cuarto, que estaba junto a unos naranjos, era el del tan buscado Miguel Rejano. Los otros cinco fueron identificados como pertenecientes a José López Almela, Benito Mariano Burgos, Enrique Fernández Cantalapiedra, Federico Llamas y Félix Bonilla.

El juez dictó auto de prisión contra José Muñoz Lopera y su hermano, Manuel, al que más tarde encontraría inocente y dejaría en libertad. Dictó también orden de busca y captura contra el huido Juan Andrés Aldije y prisión para el hijo mayor de este, Víctor Aldije, que se demostraría inocente. Así mismo encarceló a la segunda esposa de Aldije, Eloísa Meléndez que nada tenía que ver. Mientras, el fugitivo Aldije, el temible «Francés» había escapado de Peñaflor a pie a la localidad cercana de Palma del Río, desde donde tomó el tren para Tocina-Empalme decidido a llegar a Badajoz, de allí a Portugal y luego a Brasil. No obstante, al enterarse por los periódicos de que habían sido encarcelados su mujer y su hijo, suspendió su escapada, volvió a Peñaflor y se entregó.

El procedimiento de los crímenes era siempre el mismo: José Muñoz Lopera captaba a las víctimas entre los amantes de la ruleta y las cartas con el cuento de que iban a desplumar al «Francés», que pasaba por un rico apasionado por el juego. Una vez en el huerto, aprovechando la noche, dado el carácter clandestino de las partidas, mientras iban en fila por el estrecho camino que llevaba a la casa, «el Francés», que siempre se situaba detrás del convidado, empuñaba una barra de hierro que tenía envuelta en trapos para que no se resbalase y a la que llamaba «el muñeco», y al llegar a un punto convenido gritaba: «Pepe, cuidado con la cañería», y cuando la víctima inclinaba la cabeza, en un acto reflejo para mirar al suelo, le descargaba un fuerte golpe con «el muñeco» en la cabeza y le remataba con un martillo que tenía preparado. No obstante, en el proceso, Muñoz Lopera y Aldije se acusaron mutuamente de ser los autores materiales de las muertes.

Los anónimos que recibió la mujer del desaparecido pudo enviárselos Borrego que al negarle Rejano la entrada en la fatídica partida, decidió seguir tras sus pasos viendo cómo entraba en el huerto. Y hasta pudo oír cómo lo mataban. Los golpes no fueron certeros y a la víctima le dio tiempo a gritar: «¡Ay, mare de mi arma!»

Durante el proceso judicial, Muñoz Lopera quiso dejarse morir de hambre mientras Aldije aprovechó para rectificar su primera declaración y echarle todas las culpas a su compinche. Los dos fueron condenados a seis penas de muerte, una por cada uno de los asesinatos. Subieron el patíbulo a las siete de la mañana del 31 de octubre de 1906. El primero fue Muñoz Lopera. Ninguno de los dos verdugos que actuaron —de las Audiencias de Sevilla y Madrid— se mostraron hábiles en el manejo del garrote. Sentado en el banquillo, Lopera falleció entre horribles convulsiones. El segundo verdugo, también azorado e inexperto, falló con el tornillo hasta el punto de que «el Francés» después del primer apretón, haciendo alarde de un especial cinismo, con el cuello abrazado por el corbatín de hierro, todavía tuvo humor para decirle: «¿No te dije que apretaras fuerte?»

Los crímenes de «el Arropiero»

Un asesino con bigote a «lo Cantinflas». En la Legión aprendió el golpe de la muerte. El asesinato de su novia, en El Puerto de Santa María, fue su último crimen. Confesó tal rosario de muertes que la policía no le creyó. Posee el XYY, el cromosoma de la criminalidad.

Es el asesino más grande de la historia criminal española, el mayor asesino de España en tiempos de paz: Manuel Delgado Villegas, «el Arropiero», el célebre «Estrangulador del Puerto», que se declaró autor de cuarenta y ocho espeluznantes crímenes. Está considerado como el asesino «número uno» en los anales de la criminología española que gana en capacidad letal a «Jack el Destripador» y al «Estrangulador de Boston». Su primer abogado defensor, que lo fue de oficio, el letrado catalán Juan Antonio Roqueta Quadras-Bordes, dice de él que si «el Arropiero» saliera en libertad, «no tardarían en aparecer, a las pocas horas, cuatro o cinco cadáveres». Para el letrado es como un volcán, tan pronto está en calma como entra en erupción y «te abre en canal» porque le niegues un cigarrillo.

Confesó tantos crímenes a la policía que los agentes encargados del caso creyeron que se encontraban ante un fabulador extraordinario por lo que acotaron sus crímenes probables a una lista más verosímil, de tan sólo veintidós, de los cuales llegaron a probarle ocho. Pero «el Arropiero» dio tantos detalles y tan precisos de sus delitos, algunos cometidos fuera de nuestro país, que su abogado, y se trata de su abogado defensor, siempre ha creído que este es sin lugar a dudas «el más grande asesino de la historia». Por sus crímenes no fue nunca legalmente culpado ni juzgado. Al serle detectada una grave enfermedad psiquiátrica, se le declaró falto de responsabilidad penal y la Audiencia Nacional ordenó su internamiento en 1978 en un centro psiquiátrico penitenciario donde ha pasado la mayor parte de su vida. Estuvo mucho tiempo en Carabanchel, Madrid, y en el momento de escribir este relato de sus crímenes, a sus 53 años, está recluido en el penitenciario de Fontcalent, Alicante. Allí subsiste con altibajos en su esquizofrenia que se completa con un cuadro de delirio megalomaníaco y desorientación tempoespacial así como una fuerte tendencia al autismo, lo que le aísla del mundo que le rodea. También padece una grave enfermedad pulmonar desarrollada debido al tabaco. Se ha pasado los largos años de reclusión fumando un cigarrillo tras otro, consumiendo varias cajetillas por día, hasta desarrollar un EPOC (Enfermedad Pulmonar Obstructiva Crónica). Es muy probable que el mayor asesino de España sea a su vez asesinado por el tabaco, uno de los mayores asesinos del mundo.

«El Arropiero» debe su apodo a que su padre vendía «arrope», un dulce de higos, industria de vendedores ambulantes, por lo que fue primero el «Hijo del Arropiero» y luego se quedó con el mote. Manuel Delgado Villegas nació en Sevilla, el 25 de enero de 1943. Su madre, que contaba veinticuatro años, murió al dar a luz, por lo que él y su única hermana, Joaquina, fueron criados por su abuela. Aunque fue a la escuela, no sabe leer ni escribir. A los dieciocho años ingresó voluntario en la Legión donde aprendió uno de los golpes mortales —el de la mano abierta en el cuello— con el que dio fin a muchas de sus víctimas, desertando después y emprendiendo un largo vagabundeo por España, Italia y Francia, en el que fue dejando su camino sembrado de cadáveres. Fue detenido el 18 de enero de 1971, a los veintiocho años, en el Puerto de Santa María, Cádiz, por la muerte de Antonia Rodríguez Relinque con la que mantenía relaciones sentimentales. El asesinato de su novia fue la última fechoría de «el Arropiero». Durante los interrogatorios dejó atónitos a los policías con el relato de sus crímenes. Se atribuyó desde el asesinato de una *hippie* francesa hasta el célebre «crimen de la tinaja».

«El Arropiero» presentaba entonces un aspecto muy singular: corpulento y atlético, caracterizaba su rostro con un inconfundible bigote a lo «Cantinflas» en homenaje al que era su personaje más admirado. Salía con Antonia Rodríguez, una mujer subnormal, soltera de treinta y ocho años, mucho mayor que él, a la que hacía objeto de malos tratos. El día del crimen la llevó en moto a un lugar del campo, solitario, donde mantuvieron relaciones sexuales. Movido por el impulso irrefrenable que le hizo cometer tantos crímenes, rodeó el cuello de su novia con los leotardos que le había quitado y la estranguló mientras hacían el amor. Los policías se ganaron la confianza del asesino y lograron que les llevara donde había ocultado el cadáver. Uno de los detalles más espeluznantes que sabrían sobre la marcha fue la necrofilia del criminal, que abusaba sexualmente de los cadáveres de sus víctimas.

El primero de sus asesinatos comprobados lo cometió en Cataluña, el 21 de enero de 1964, en la playa de Llorach, en Garraf. Se acercó a un hombre que dormía apoyado en un muro, que resultó ser el cocinero de cuarenta y nueve años Adolfo Folch Muntaner, y le destrozó el cráneo con una piedra. Luego le robó el dinero, la cartera y el reloj. Su segunda muerte comprobada se descubrió el 20 de junio de 1967, cuando se encontró el cadáver de una estudiante francesa de veintiún años, Margaret Helene Boudrie, en Can Planas, una masía de Ibiza. Su cuerpo estaba completamente desnudo y tenía un fuerte golpe en un ojo, así como contusiones y arañazos en el cuello. En la espalda había recibido una puñalada. «El Arropiero» dijo a los policías que se había ganado su confianza, que le robó una cadena con una medalla que llevaba al cuello, y que abusó de ella una vez muerta. El tercer asesinato admitido y probado fue el de Venancio Hernández Carrasco, vecino de Chinchón, al que hallaron muerto en las aguas del río Tajuña el 20 de julio de 1968. Había salido al trabajo en un viñedo de su propiedad, a orillas del río, cuando se encontró con Delgado Villegas que le pidió algo de comer y al que respondió que si quería comer, que trabajara, que era joven. Esto ofendió a Delgado Villegas y le costó la vida: «el Arropiero» le atacó con su «golpe legionario»: el revés con el canto de la mano en el cuello, y lo arrojó al río. Hasta la confesión de Villegas todo el mundo creyó que había muerto ahogado por accidente.

El cuarto asesinato fue descubierto en Barcelona, a primeras horas del 5 de abril de 1969, por las limpiadoras de un almacén de muebles de la Avenida del Generalísimo número 437, que hallaron al propietario, Ramón Estrada Saldrich, inconsciente pero aún con vida. Murió en el Hospital Clínico. «El Arropiero» le había conocido en un bar y se habían hecho amigos. Con cierta frecuencia iban al almacén del fallecido. La noche del crimen, Delgado Villegas le pidió mil pesetas y Estrada se negó a dárselas. El asesino le golpeó en el cuello como solía hacer con sus víctimas y le remató estrangulándolo. Luego le robó las sortijas, el reloj y la cartera.

La quinta víctima comprobada de Delgado Villegas fue una anciana de sesenta y ocho años de edad, Anastasia Borrella Moreno, una mujer menuda y vivaracha que trabajaba en la cocina del bar Iruru de Mataró. El 23 de noviembre de 1969 salió camino de su casa y nunca llegó a ella. Cuatro días más tarde fue encontrado su cadáver por unos niños que jugaban en el túnel de la llamada Riera Sirena bajo la calle, a unos 300 metros de su casa. Estaba cubierta con un plástico, boca arriba, con las ropas subidas. La habían matado a golpes con un ladrillo. Villegas explicó que aquel día del crimen tenía ganas de una mujer. Al encontrarse con la anciana le preguntó si quería tener acceso carnal con él. La mujer reaccionó indignada y amenazándole con avisar a la policía. Por eso la mató y la tiró al torrente seco. Como se veía desde arriba, bajó para esconderla en el túnel. Se sintió excitado y abusó de su víctima. Este acto de necrofilia lo repitió todas las noches siguientes hasta que el cuerpo de Anastasia fue encontrado. El sexto crimen reconocido por Delgado Villegas lo cometió el 3 de diciembre de 1970 en la persona de un estudiante amigo suyo. Se llamaba Francisco Marín Ramírez, tenía veinticuatro años, era de Córdoba y vivía en la misma calle que Antonia Rodríguez, su novia oligofrénica. Según Delgado Villegas, iba con él en una moto cuando, en medio de la carretera, el muchacho le hizo algunas caricias, cosa que le sacó de quicio. Paró la moto y le dio su célebre golpe en el cuello. El muchacho se quedó sin respiración y le pidió que lo llevara a recuperarse junto al río. Allí, según el criminal, volvió a insinuársele y por eso lo tiró al agua. A partir de aquí, «el Arropiero» se culpó de tal cantidad de crímenes que desbanca a muchos considerados en el mundo como los primeros en cuanto a número de víctimas. En San Feliú de Guixols, dijo haber estrangulado a una extranjera; en Alicante, dio muerte a una mujer a navajazos; en Barcelona, a un homosexual al que extranguló con un cable; en Valencia, a una mujer a la que metió en una cuba.

Manuel Delgado Villegas no tuvo abogado defensor hasta seis años y medio después de haber sido detenido. Entre sus récords está el de la detención preventiva más larga sin protección legal. Es el primer criminal que tuvo que ser llevado en avión a comprobar por España la veracidad y diversidad de los crímenes que confesaba. En las pruebas médicas se le detectó que era poseedor del cromosoma XYY, conocido universalmente como el cromosoma de la criminalidad. Por su «doble Y», distintivo de virilidad, a los afectados se les ha llamado también «superhombres», lo que no deja de ser un sarcasmo dado que es frecuente observarles alteraciones sexuales de inmadurez y homosexualidad. «El Arropiero», en sus últimos años, es un hombre muy singular, con enormes barbas y pelo largo, como si fuera el «Robinson de los Psiquiátricos». El avance de su enfermedad ha hecho que sea imposible mantener una conversación coherente con él. Fue internado de por vida en un centro penitenciario para enfermos mentales con el fin de proteger a la comunidad. Según los médicos y el que fue su abogado defensor si fuera puesto en libertad todo el mundo estaría en peligro.

El asesino de ancianas

Primero fue «el violador de la moto». Con su cara de buena persona consiguió el perdón de la mayoría de sus víctimas. Otra vez en libertad, abusó de dieciséis ancianas y las mató en el transcurso de un año. Durante el juicio se mostró imperturbable, cínico y sonriente.

De vez en cuando, con más frecuencia de la que se supone, surge un psicópata desalmado, autor de crímenes en serie, que sabe lo que hace, pero no lo siente. Produce un desarrollo neurótico de su personalidad y desarrolla una perversión sexual múltiple, aunque su psicopatía es una forma de ser, pero no una enfermedad mental. Mata consciente del acto de matar, lo que habitualmente le proporciona placer. El desarrollo de la psiquiatría permite descubrir a estos pervertidos y separarlos de los enajenados. La diferencia es cualitativa: los locos no son imputables, mientras que los psicópatas desalmados pagan por sus crímenes.

Uno de estos ejemplares humanos distintos a los demás, capaces de superar en horror a todo lo conocido, fue detenido en Santander a finales de la década de los ochenta. Se trata del albañil José Antonio Rodríguez Vega. Un hombre moreno, de mirada penetrante. De nariz aguileña y boca muy marcada. Con cierto aire de desamparo. Pese a su aspecto inofensivo, fue culpado de al menos dieciséis asesinatos de ancianas. Durante el juicio hubo que discernir si se trataba de una bestia implacable o de un ser humano con las facultades mentales perturbadas. El informe de los psiquiatras que lo examinaron, Carlos Fernández Junquito, José Antonio García Andrade y Miguel Rodríguez, fue concluyente: «Conserva inalterado su sentido de la realidad y es capaz de gobernar sus actos, siendo resistente a los tratamientos, lo que ensombrece su pronóstico: su peligrosidad es muy alta.» ¿Cómo puede la sociedad protegerse de un individuo como este?

José Antonio Rodríguez, un hombre joven, tiene como rasgo distintivo su rostro de buena persona. En su cara se compone el gesto beatífico del que nunca ha roto un plato. Algunas de sus víctimas lo consideraban una «bellísima persona».

En su juventud, Rodríguez Vega se convirtió en un agresor sexual cometiendo varias violaciones en número no determinado, hasta que fue detenido e identificado como el célebre «violador de la moto». Durante el tormentoso proceso que se siguió contra él fue condenado a veintisiete años de prisión. De ellos cumplió sólo ocho. Con un innegable poder de persuasión y aprovechándose de su expresión beatífica obtuvo el perdón de todas las mujeres que había violado menos el de una a la que no pudo engañar. No logró librarse de la cárcel, aunque estuvo a punto, pero consiguió reducir su condena.

De nuevo en libertad, Rodríguez Vega se dedicó a ganarse la confianza de ancianas solitarias. Primero las observaba y estudiaba sus costumbres. Hacía un seguimiento completo y minucioso de sus víctimas. Una vez que tenía suficientes datos sobre su forma de vida, las abordaba. Para que las elegidas no dudaran en franquearle la puerta de su hogar se hacía pasar por el reparador de la televisión o algún otro servicio similar. El otro recurso más empleado para penetrar en los hogares de las mujeres solitarias era su profesión de albañil. Se ofrecía a hacerles reformas o reparaciones en sus casas, y una vez dentro, las asaltaba sexualmente y las daba muerte tapándoles las vías respiratorias. El tipo de muerte que las infligía consiguió despistar a los médicos, que durante los primeros asesinatos dictaminaron como fallecimientos naturales lo que no eran otra cosa que los crímenes del llamado «Landrú cántabro». En algunas ocasiones, el despiste, la ligereza o el error de los que extendieron los partes de defunción de las víctimas de Rodríguez Vega fue tal que llegaron a dar por muerte natural cadáveres encontrados con la ropa interior bajada o los órganos sexuales sangrando por haber sido violentados. A una de sus víctimas se la encontró con la dentadura postiza clavada dentro de la garganta. Pese a las evidencias en contra, el dictamen médico era siempre el mismo: «Muerte por fallo cardiaco.» Era exacto, pero pasaba por alto que el fallo cardiaco había sido provocado.

El asesino de ancianas tenía un «modus operandi» que repetía en todos los casos. Primero se ganaba la confianza de las mujeres. Una vez dentro de la vivienda las asaltaba y les tapaba las vías respiratorias mientras abusaba de ellas hasta que sufrían un síncope. Finalmente siempre se llevaba alguna pertenencia a modo de recordatorio. Cuando la policía le descubrió encontró un cuarto decorado en rojo en el que tenía expuesta su colección de fetiches pertenecientes a sus víctimas: joyas, televisores, alianzas, porcelanas, incluso un florero con flores de plástico. No lo guardaba por el valor de lo robado, sino por el valor que tenía para el criminal contar con un objeto de la víctima para su morboso recuerdo.

Los asaltos sexuales variaban en intensidad y procedimiento. Con frecuencia se ayudaba de palos u otros objetos en su comportamiento aberrante. Aunque fue acusado de al menos cuatro delitos de hurto en el transcurso de sus crímenes, el móvil era en todos los casos de tipo sexual. Los crímenes de las ancianas, aunque no se descarta algún otro no denunciado o contabilizado, fueron dieciséis en el espacio de un año, de abril de 1987 a abril de 1988. La más joven de las asesinadas tenía 61 años, y la de mayor edad, 93. He aquí la lista macabra: Victoria Rodríguez, 61 años; asesinada el 15 de abril de 1987. Simona Salas, 84 años; asesinada el 13 de julio de 1987. Margarita González, 82 años; asesinada el 6 de agosto de 1987. Josefina López, 86 años; asesinada el 17 de septiembre de 1987. Manuela González, 80 años; asesinada el 30 de septiembre de 1987. Josefina Martínez, 84 años; asesinada el 7 de octubre de 1987. Natividad Robledo, 66 años; asesinada el 31 de octubre de 1987. Catalina Fernández, 93 años; asesinada el 17 de diciembre de 1987. María Isabel Fernández, 82 años; asesinada el 29 de diciembre de 1987. María Landazábal, 72 años; asesinada el 6 de enero de 1988. Carmen Martínez, 65 años; asesinada el 20 de enero de 1988. Engracia González, 65 años; asesinada el 11 de febrero de 1988. Josefina Quirós, 82 años; asesinada el 23 de febrero de 1988. Florinda Fernández, 84 años; asesinada el 16 de marzo de 1988. Serena Ángeles Soto, 85 años; asesinada el 2 de abril de 1988. Julia Paz, 71 años; asesinada el 18 de abril, de 1988. Esta escalofriante relación de muertes se produjo a intervalos muy cortos. El mayor espacio de tiempo transcurrió entre el primero y el segundo asesinatos. Pasaron cerca de tres meses sin nuevos cadáveres que añadir a la lista.

Rodríguez Vega estuvo casado. Su esposa, Socorro Marcial, le abandonó cuando fue condenado como «el violador de la moto». Se llevó al único hijo de la pareja. Entonces él se buscó como compañera a una mujer disminuida mental. Su difícil relación con las mujeres empieza con la dependencia de la madre a la que ama y teme. Sigue con una vida conyugal claramente poco satisfactoria durante la que lleva a cabo una doble vida: se esfuerza en ser un marido modelo mientras es un violador al acecho.

De todas formas, su explosión asesina fue algo que, aunque iba fraguándose poco a poco, se reveló de una forma repentina. Su primera víctima fue una prostituta que pese a su avanzada edad, según admitió la hija durante el juicio, todavía ejercía su comercio con los hombres. Ese detalle facilitó las cosas. El asesino no tuvo mayor problema en acercarse a ella. El final de su trato carnal fue inesperado. Probablemente el resultado de su frustración. Pero la muerte de la anciana debió de enseñarle un camino de perversión, un modo en el que alcanzaba niveles de excitación inexplorados. Esta primera muerte marcó todas las demás. Una vez convencido de que su mayor placer lo obtenía con mujeres que no pudieran defenderse, emprendió un camino sin retorno. Los crímenes se sucedieron. En cada uno de ellos, Rodríguez Vega era cuidadoso en los detalles. No dejaba huellas. Tal era su pulcritud en la comisión de los asesinatos que la hija de la primera víctima, por mucho que lo intentó, no consiguió convencer a los policías de que la muerte de su madre había sido un crimen.

En la cadena de asesinatos hubo casos en los que la familia tardó varios días en descubrir que la anciana había muerto. Eran mujeres que vivían solas. Su muerte era un trámite para los médicos y, en alguna ocasión, una liberación para las familias. El asesino podría haber seguido gozando de su impunidad. Pero algunos familiares lo denunciaron. La intriga fue creciendo y poniendo en apuros a los investigadores. La policía, cuando se encontraba más perdida, encontró una coincidencia: en varios de los domicilios en los que habían sucedido muertes sospechosas de ancianas se habían llevado a cabo reformas de albañilería. En una de las casas fue hallada una tarjeta con el nombre y dirección del presunto culpable. Poco después se produjo su detención. Un segundo examen de los cadáveres descubrió señales de violencia.

Durante el juicio, celebrado en Santander a finales de noviembre de 1991, Rodríguez Vega se descubrió como un ególatra con afán de protagonismo que miraba fijo a las cámaras, sin huir ni taparse, deseoso de que se conociera su cara. El rostro de un asesino imperturbable, sonriente y cínico ante los insultos de los familiares de las víctimas, que alardeaba del perdón que le concedieron las mujeres que violó y de ser recibido después en las casas de esas mujeres «como un señor» haciendo una burla terrible de aquel perdón. También alardeó de no tener problemas sexuales, afirmando que hacía el amor todos los días. Eso sí, se le heló la sonrisa en la boca cuando escuchó la sentencia que le condenaba a cuatrocientos años de prisión.

Los crímenes del «Matamendigos»

Los indigentes desaparecían uno tras otro sin que nadie les echara en falta. Escalero atacaba siempre por la espalda después de haber ingerido una mezcla de pastillas y alcohol. Una «fuerza interior» le impulsaba a matar. Fue detenido tras confesar su último crimen.

«Las voces siguen. Se ríen de mí. Me dicen que quieren sangre», esto era parte del incoherente relato de Francisco García Escalero, de treinta y nueve años, el mayor criminal en serie de la historia de Madrid cuando finalmente se entregó tras el asesinato de su última víctima, la única que no se dedicaba a la mendicidad, Víctor Criado Martí, de treinta y cuatro años, un enfermo esquizofrénico compañero suyo en el Hospital Psiquiátrico Regional (antiguo Alonso Vega). Escalero se había escapado del psiquiátrico en pijama, con su compañero. Le llevó a beber y a tomar pastillas. Era el 19 de septiembre de 1993. De repente sintió por dentro la fuerza interior que le impulsaba a matar y le golpeó a traición con una piedra. Quemó su cadáver con periódicos. Era su víctima número 11, según pudo acreditar el fiscal, pero la número 15, según la propia cuenta del loco asesino. La mayoría eran indigentes, marginados sociales, mendigos. Tal vez por eso nadie les echaba en falta. Probablemente si las voces interiores no le hubieran impulsado a quitarse la vida, jamás le habrían descubierto. Llevaba más de cinco años cometiendo asesinatos con toda impunidad. Pero esta vez las voces le empujaron a suicidarse. Por obedecerles se arrojó delante de un coche en la carretera de Colmenar. Tuvo suerte: sólo se fracturó una pierna. Fue ingresado en el hospital Ramón y Cajal. Allí, como había hecho otras veces sin que le prestaran atención o le creyeran, confesó su crimen a las enfermeras que le atendían y suplicó que le detuvieran porque no quería seguir matando. Entonces sí lo escucharon. A partir de ese momento todo fue tirar del hilo para que aparecieran los restos de los asesinados desperdigados por todo Madrid.

Las muertes se habían sucedido sin que pudieran achacárselas. Algunas de ellas las cometió en la trasera del convento de Santa Gema Galgani, junto a Arturo Soria, donde se refugiaba frecuentemente para dormir. Después arrojaba los cuerpos allí mismo, al pozo de la Cuesta de los Sagrados Corazones. En sus profundidades se perdieron no menos de tres cadáveres. Pero los sembraba por toda la ciudad. Sus lugares preferidos, además del mencionado, eran los descampados y los alrededores del cementerio de la Almudena. La relación de Escalero con el cementerio, los muertos y todo lo muerto fue siempre una constante en su vida. Nació el 24 de mayo de 1954 y pasó su infancia y adolescencia en una infravivienda del número 36 de la calle Marcelino Roa, apenas a 200 metros de la tapia de la Almudena. Sus padres eran agricultores emigrados de Zamora. En la capital tuvieron que hacerse a otras ocupaciones: el padre se colocó de albañil, y la madre, de limpiadora. La formación del pequeño Escalero fue muy deficiente. Era un niño melancólico, arrebatado por un gusto enfermizo por pasear entre las tumbas, preferiblemente de noche, y solo. Con frecuencia sufría impulsos suicidas y sin saber por qué se ponía delante de los coches para poner punto y final a su triste existencia. Su extraño comportamiento le costó grandes disgustos con su padre que le propinaba brutales palizas. A los catorce años se marchó de casa y empezó a beber no menos de un litro de vino diario. Lo recuerda como una época en la que «tenía ideas raras». Siempre llevaba un cuchillo. Sus principales aficiones eran explorar casas abandonadas y masturbarse espiando a mujeres y parejas por las ventanas. Para subsistir se dedica a cometer pequeños robos. La sustracción de una motocicleta provoca su primera detención grave. Es ingresado en un reformatorio del que sale en 1973 convertido en un delincuente. Al poco de poner el pie en la calle ataca y viola a una mujer, en presencia de su novio, precisamente en el cementerio de la Almudena. Es el marco recurrente de todos sus delirios. Pero aquella fechoría le llevará a la cárcel durante los siguientes once años, definitivos en su existencia. Es un preso más que no destaca por su comportamiento. Se cubre la piel con tatuajes entre los que pone especial énfasis en uno que se hace en el brazo derecho: representa una tumba azul con una leyenda que resume su experiencia de la vida: «Naciste para sufrir.» Durante el tiempo que pasa encarcelado mientras algunos de sus compañeros combaten su soledad con aves que alegran sus celdas, él se lleva a su «chabolo» los pájaros muertos que encuentra porque con ellos dice encontrarse más a gusto. Sale de prisión con treinta años cumplidos. El mundo que encuentra no le ofrece ningún punto de apoyo. Intenta convertirse en camionero pero suspende el examen del carnet de conducir. Con su pasado de presidiario, sin formación, ni amigos, le resulta imposible encontrar un empleo. No le queda otro camino que vivir de la mendicidad. Ninguna barrera se interpone ya entre él y la atracción que siente por las pastillas mezcladas con alcohol. La muerte de su padre, que se produce en marzo de 1985, corta cualquier clase de amarra con el pasado. El continuo consumo de alcohol le vuelve violento. Comienza su imparable carrera como criminal. El primer asesinato se produce el 11 de noviembre de 1987 cuando le corta la cabeza a María, una indigente. Profana y viola su cuerpo. Desde ese momento no callarán las voces dentro de su cerebro: «Iba por la calle como si no existiese. Era como si no tuviera cuerpo. Me miraba a los espejos y no me reconocía. Oía voces interiores que me decían que tenía que matar, que tenía que ir a los cementerios.»

Se suceden los crímenes, siempre por la espalda, siempre con fuego y mutilaciones. Los nombres de sus víctimas desfilan como un macabro carrusel: Mario Román González (cráneo machacado, 1987), Juan Cámara Baeza (marzo, 1988, cosido a cuchilladas), Ángel Heredero Vallejo (marzo, 1989, acuchillado), Julio Santiesteban (mayo, 1989)... «¿Recuerda a Santiesteban?», le pregunta el fiscal. «No lo recuerdo bien.» «Lo mató en un descampado de Hortaleza.

Le acuchilló en la carótida y después, mientras agonizaba, le cortó el pene y se lo introdujo en la boca», prosigue el relato del fiscal. «Estaba bajo el efecto del alcohol y las pastillas. No sabía lo que hacía», se defiende el reo. «En el invierno de 1990, estaba usted con Juan, ¿lo recuerda?» «No muy bien.» «¿Recuerda que le clavó un cuchillo por la espalda y luego con la navaja le sacó las vísceras...» A uno le cortó la cabeza y a otro le sacó el corazón y le dio un bocado saboreando el trozo sin sentir nada. Recuerda que se encontraba bien con ellos, con todos los que mató, hasta que de pronto la mezcla de pastillas y alcohol le estallaba en la cabeza. Entonces tenía que matarlos. Se acuerda de ellos y les reconoce cuando se le muestran fotografías. Está loco pero no tiene un pelo de tonto. Sus víctimas forman una lista muy larga: Mariano Torrecilla (apuñalado y mutilado, 1990), Lorenzo Barbas (apuñalado y quemado, 1991)... «¿Conocía a Ángel Serrano?» «Sí, y lo maté.» Era uno de sus compañeros mendigos. Iba con él cuando recogía limosnas en la iglesia de Covadonga, cerca de Manuel Becerra. Estuvieron bebiendo. Escalero tomó pastillas de *Rohipnol,* un potente hipnótico, con dos litros de vino, hasta que resucitaron las voces en su interior. El impulso ciego se apoderó de sus sentidos. Recogió una piedra del suelo y golpeó a Ángel por detrás, en la cabeza. Una, dos, tres veces. Le estalló el cráneo. Salía mucha sangre. Se cayó al suelo. Como siempre también, porque Escalero aplicaba la misma técnica, le iba bien, para qué la iba a cambiar, arrimó al cadáver papeles de periódicos viejos y mantas. Le prendió fuego. Borraba a la vez las huellas y su conciencia. Con frecuencia solía cortar las yemas de los dedos con un cuchillo. Fue en un lugar conocido, como otras veces, próximo a la iglesia de Santa Gema, en el solar de Arturo Soria, en dirección a la Plaza Castilla, junto al pozo. Cuando lo recuerda se acentúa el estrabismo de su ojo derecho. Los asesinatos los alternaba con macabras orgías de necrofilia y aberración en el cementerio. De vez en cuando saltaba las tapias de la Almudena bajo el efecto de su mezcla explosiva de pastillas, rompía nichos, sacaba los cuerpos y abusaba de ellos sexualmente.

Sólo una víctima se escapó viva. Por entonces Escalero ya batía su propia marca de beber cinco litros de vino al día. La afortunada fue una mujer, Ernesta, de cuarenta y cinco años, alcohólica crónica. La atacó en la madrugada del 1 de junio de 1993, acompañado de Ángel Serrano a quien también asesinaría (junio 1993). La sacaron en volandas de un *7 Eleven* en las proximidades de la Avenida de América. La llevaron a un solar de la calle Corazón de María donde abusaron de ella, le golpearon la cabeza con piedras y le dieron un navajazo en la cara. La dejaron por muerta. Pero Ernesta pudo recuperarse y presentó denuncia. No obstante hasta la confesión voluntaria de Escalero no podría establecerse quiénes habían sido los autores de la agresión.

Un estremecimiento de horror recorrió la espina dorsal de la sociedad madrileña cuando se supo con certeza que el «Matamendigos» había actuado con toda libertad e impunidad desde 1987 hasta 1993 sin que nadie hubiera reparado en su siniestra actividad. Los cuerpos desaparecían a un ritmo increíble sin que ni siquiera mucho después pudiera establecerse con certeza cuáles fueron las víctimas del mendigo psicópata. Escalero era un ex presidiario en tratamiento por esquizofrenia y psicopatía, con diversos controles policiales, médicos y judiciales, pero ninguno de ellos detectó lo peligroso que era. Los forenses que le examinaron ofrecieron un dictamen demoledor: «Se trata de un fracaso estrepitoso de la sociedad en general y más en concreto de sus instituciones.» Juzgado a finales de febrero de 1996, Escalero fue absuelto de sus crímenes por enajenación mental aunque el tribunal mandó que fuera recluido en el psiquiátrico penitenciario de Fontcalent (Alicante).

La matanza de Puerto Hurraco

El viejo odio de los «Amadeos» y los «Patapelás». Muertes y amores desventurados. Nueve asesinados y seis heridos. El sospechoso incendio de la casa de los «Patapelás». Un pueblo amenazado. La extraña muerte de la madre, desencadenante de la horrible tragedia.

A 150 kilómetros de Badajoz, en la llamada «Siberia Extremeña», está Puerto Hurraco, una aldea de la comarca pacense de La Serena, pedanía de Benquerencia, cercana a Castuera, que en 1990 tenía unos 200 habitantes, muchos de ellos con los linajes entreverados: Cabanillas-Cabanillas, Rodríguez-Rodríguez, Izquierdo-Izquierdo, lo que dicen que es abono para la locura. Pasadas las diez de la noche del domingo 26 de agosto de aquel año, dos hombres vestidos con ropas de cazador, cruzados de cananas con abundante munición y armados con escopetas repetidoras del calibre 12 se mueven como sombras por detrás de las casas hasta situarse en un callejón en el centro de la aldea que da a la calle principal. Durante unos minutos quedan a la espera. Muy cerca de allí, en la calle Carrera, que hace las veces de gran paseo, unas niñas se despiden de un amiguito, unos vecinos hablan sentados en la terraza de un bar, otros toman el fresco después de un día caluroso en la puerta de sus casas. Entre hombres y mujeres reina una calma apacible y serena, en un pueblo en el que se conocen todos, al final de una jornada de asueto. Pero la tranquilidad aparente oculta viejas desavenencias entre dos familias, los Cabanillas, conocidos como «los Amadeos» y los Izquierdo, a los que llaman los «Patapelás».

Puerto Hurraco vive de la aceituna, el grano, el cerdo y la oveja. Ha estado durante mucho tiempo en el atraso y la miseria, como una de las zonas más depauperadas de España, pero la llegada de la electricidad en los años setenta y la implantación del agua corriente en los ochenta, elevó la calidad de vida de sus habitantes. De repente, los dos hombres que se ocultan en las sombras obedeciendo a una señal convenida irrumpen en la calle principal abriendo fuego con sus escopetas. Lo disparos son de postas, lo que significa que cada cartucho de caza contiene nueve gruesos perdigones de plomo. Las primeras en caer son las niñas Antonia y Encarnación Cabanillas Rivero de catorce y doce años respectivamente. Les disparan en el pecho a corta distancia hiriéndolas de muerte. Encarna apenas puede hablar y Antonia grita pidiendo ayuda a Isabel, la otra hermana, que salva su vida arrojándose al suelo. Manuel Cabanillas, de cincuenta y siete años, sale del bar vecino gritando «estáis locos, que las vais a matar: no veis que son unas niñas», cuando recibe los disparos que lo matan. Se produce una primera descarga de cinco tiros que crea confusión, carreras y miedo en la calle. Antonio Cabanillas, veinticinco años, hijo de Manuel, intenta en un primer momento hacer frente a los que disparan, pero estos rápidamente vuelven las escopetas contra él y le alcanzan por la espalda cuando intenta ponerse a cubierto. Los impactos que recibe le dejarán para siempre en una silla de ruedas. Los vecinos que pueden escapar se ocultan en sus casas o se parapetan tras árboles y mesas. Los agresores cargan sus armas y siguen disparando sobre todo lo que se mueve. Araceli Murillo Romero, de sesenta años, que está sentada a la puerta de su casa ve caer heridas a las dos niñas y sin pensarlo va hacia ellas para prestarles ayuda. Los hombres armados le disparan matándola en el acto.

José Penco Rosales, de cuarenta y tres años, primo del alcalde pedáneo, que juega a las cartas en el bar, recoge a dos de los heridos en la primera descarga y los traslada en su coche a un centro asistencial en un pueblo vecino. Cuando regresa para hacerse cargo de otras víctimas, los dos hombres que no han dejado de disparar sobre la gente del pueblo, le salen al paso y apuntando de frente a los cristales de su coche lo matan al volante. Algunos intentan escapar del pueblo. Así Manuel Benítez, Antonia Murillo Fernández y su cuñado, Reinaldo Benítez, suben a un automóvil. Los agresores les disparan agujereando la chapa y los cristales. Los impactos siegan las vidas de Antonia, cincuenta y siete años y Reinaldo, de sesenta y dos.

En medio de la calle, disparando para todos los lados, los agresores no dejan descansar sus escopetas. Algunos vecinos logran dar aviso a la Guardia Civil en el puesto de la localidad vecina de Monterrubio de la Serena. Un vehículo con dos agentes entra en el pueblo. Los criminales les apuntan y disparan sin permitirles salir del vehículo. El agente Juan Antonio Fernández Trejo, de treinta y un años, recibe un disparo en el pecho; el agente Manuel Calero Márquez resulta herido en la pierna izquierda.

Además de los siete muertos en el acto que los dos asesinos dejan tras de sí antes de darse a la fuga, quedan heridos otros nueve, dos de los cuales fallecerán a consecuencia de la gravedad de sus heridas. El balance final de la matanza será de nueve muertos y seis heridos.

En el hospital Infanta Cristina de Badajoz son ingresados Guillermo Ojeda Sánchez, de ocho años, con un disparo en el cráneo, muy grave, en coma profundo, quedaría hemipléjico; Andrés Ojeda Gallarde, treinta y seis años, herido en el pecho y el vientre, con shock hemorrágico, muy grave. En el hospital Don Benito de Villanueva de la Serena quedan ingresadas: Isabel Garrido Dávila, de setenta años, herida en el pulmón derecho, muy grave; Vicenta Izquierdo Sánchez, herida en el brazo izquierdo y Felícitas Benita Romero, con el impacto de un proyectil en un hombro.

Todo había ocurrido muy deprisa. El plan consistía en matar a un número indeterminado de habitantes de Puerto Hurraco. Los criminales cruzaron el pueblo descargando sus escopetas. Con los cadáveres en charcos de sangre, los heridos quejándose del dolor de sus heridas y el resto de los vecinos atemorizados, los agresores huyeron al monte cercano. Rápidamente se organizó la caza de los fugitivos. Un fuerte dispositivo de más de doscientos agentes de la Benemérita, a pie, a caballo, en vehículos todo terreno y apoyados por un helicóptero, peinaron toda la zona. Vecinos y guardias pasaron la noche en vela. Quizá la peor de sus vidas. Sentían la amenaza de los francotiradores muy próxima.

Entrada la mañana del día siguiente dieron con los asesinos. ¿Quiénes eran aquellos desalmados? ¿Por qué mataban indiscriminadamente? Como muchos sabían ya, se trataba de Emilio, cincuenta y ocho años, y Antonio Izquierdo, cincuenta y tres, los hermanos «Patapelás» que habían empezado por asesinar a las «niñas Cabanillas» y habían saciado sus ansias de venganza contra todo el pueblo. Emilio fue sorprendido apostado cerca de la vivienda de dos de sus víctimas y Antonio descubierto por el helicóptero cuando huía monte arriba. Uno de ellos llegó a decir en su captura, aún caliente con la excitación de la sangre: «Si no me hubiérais detenido, habríamos vuelto a disparar durante el entierro de los muertos.» Lo dijo como si tal cosa.

Emilio, el jefe del clan, y Antonio, el hermano menor, llamado «el Tuerto» porque de niño perdió un ojo que le destrozó un gallo a picotazos, los dos solteros, vivían en la localidad vecina de Monterrubio con sus hermanas Ángela y Luciana, también solteronas. Ángela y Luciana huyeron después de la masacre y fueron localizadas cuatro días después en la estación de Atocha, en Madrid. Serían acusadas por el sordo clamor popular de inductoras del crimen, pero nada podría probarse. Se les descubrió una grave dolencia mental que las recluyó en el manicomio de Mérida.

Los «Patapelás», nacidos en Benquerencia, de familia de labradores que se trasladó a Puerto Hurraco con seis hijos, tres varones y tres mujeres, abandonaron el pueblo, resentidos y cargados de odio, cuando murió la madre, Isabel Izquierdo Caballero, que falleció carbonizada en un extraño incendio del que algunos dicen que fue provocado, el 18 de octubre de 1984. Isabel era una mujer fuerte en torno a la cual giraban las vidas de sus hijos, prueba de ello es que cinco de los seis se quedaron solteros. Sólo se casó Emilia, que reniega de la macabra herencia familiar. Emilio, su hermano homónimo, explica así la matanza: «Ya estoy tranquilo, ahora ya estoy tranquilo. Después de seis años, ya he vengado la muerte de mi madre; ahora que sufra el pueblo lo mismo que he sufrido yo durante seis años.» El líder indiscutible de los «Patapelás» hacía culpable al pueblo entero de Puerto

Hurraco. Y había preparado cuidadosamente la venganza. A uno de los psiquiatras le confesó que eligió agosto porque es friolero y en invierno se le entumecen los dedos y no puede disparar.

La enemistad entre «Amadeos» y «Patapelás» había empezado treinta años antes entre Manuel, el padre de los asesinos, y el abuelo de Antonio Cabanillas, padre de las niñas de doce y catorce años primeras víctimas de la masacre, por un desacuerdo sobre lindes. Continuó con los amores no correspondidos de Luciana Izquierdo por Amadeo Cabanillas que se saldó con el homicidio de Amadeo, tío de las niñas asesinadas, muerto a puñaladas por el mayor de los Izquierdo, Jerónimo, el 22 de enero de 1967. Era tal la idea obsesiva de venganza de Jerónimo contra los «Amadeos» que luego de cumplir catorce años de condena por el asesinato, apuñaló a Antonio Cabanillas, padre de las niñas muertas —«no pudo matarme y ahora me matan a mis hijas», lloraba Antonio en el funeral—, por lo que fue ingresado en el Psiquiátrico de Mérida donde murió.

Tres años después de la matanza, Emilio y Antonio Izquierdo fueron condenados a trescientos cuarenta y cinco años de cárcel cada uno. Antonio escuchó la sentencia con camisa blanca, sin corbata, traje mil rayas, jersey, borceguíes negros y calcetines negros. Emilio llevaba camisa blanca, sin corbata, traje azul, jersey del mismo color, mocasines de estreno y calcetines blancos. Emilio estaba mucho más canoso que cuando las fotos de su detención dieron la vuelta al mundo.

Los crímenes de «la Viuda Negra»

Una chica tímida con un defecto en un ojo. Vecinos y familiares se sentían mal y fallecían sin que pudiera encontrarse explicación. Descubrió por casualidad la eficacia del veneno. La suegra fue la única que sobrevivió cinco veces a las extrañas intoxicaciones.

Margarita Sánchez Gutiérrez se ganó el sobrenombre policial de «la Viuda Negra» por ser la presunta culpable de la muerte de su marido Luis Navarro Nuez, de cuarenta y cuatro años, y acercarse con la lista total de víctimas que se le atribuyen —siete envenenamientos perpetrados en Barcelona entre 1992 y 1995—, a Marie Besnard, la francesa bautizada anteriormente con el mismo apodo que fue acusada de cometer trece asesinatos en el período comprendido entre 1924 y 1941. No obstante, tras un largo proceso Besnard resultó absuelta. En el momento en el que escribimos esta historia de sus supuestos crímenes, «la Viuda Negra» española está internada en la cárcel en espera de juicio. Después de unas declaraciones policiales en las que admitía ser autora de algunos de los hechos que se le imputan realizó otras en las que sólo admite los robos pero niega de plano haber envenenado a nadie. Sin embargo, las cuentas de la policía son otras: Margarita es presunta culpable de cuatro homicidios consumados y de otros tres más en grado de frustración.

Como afirma su abogado defensor, Margarita es una mujer que ha sufrido mucho en la vida. Nació en Málaga el 26 de diciembre de 1953. Un defecto físico en mitad del rostro, el ojo derecho con un estrabismo atroz, la atormentó desde pequeña. Toda la vida de Margarita fue un constante taparse su defecto, que la hizo tímida y retraída, con peinados rebuscados, lo que no evitó que, ya en Barcelona, la crueldad de algunos vecinos hiciera que en el barrio acabaran llamándola «la Tuerta». Entre el complejo que arrastraba y la extrema dureza de su existencia —atravesada por dramas familiares, malos tratos, agobios económicos—, no se hizo una mujer amable ni de fácil trato. En Barcelona conoció a Luis, conductor del Metro, que sería su marido. Con él tuvo dos hijos, una niña que en el momento de ser detenida tenía dieciséis años, y un niño de doce de mala salud. Las relaciones con su marido no fueron nunca fáciles, pero meses antes de que este muriera empeoraron de forma notable.

Margarita fue descubierta debido a las denuncias presentadas por las que se presume que pueden ser sus dos últimas víctimas, quienes lograron recuperarse milagrosamente del envenenamiento padecido después de estar en su compañía. Su vecina Pilar Hinojo, de sesenta y siete años, aunque siempre había desconfiado de ella, acabó recibiéndola en su piso junto con su hija. Nadie sabe con certeza lo que pasó allí, pero parece que le mezclaron el veneno con el café con leche, aunque la víctima da otra versión afirmando que la narcotizaron con cloroformo. Sea como fuere, Pilar quedó postrada entrando en coma. Margarita aprovechó para robarle joyas y diversos objetos de valor, además de un certificado de jubilada y la cartilla del banco. Luego abandonó el piso dejándola inconsciente en el sofá. Pasados tres días, y dado que Pilar vivía sola, Margarita intrigada por lo que podía haberle pasado avisó a la hija de su víctima que vive en Olesa de Montserrat. Una vez que ésta entró en el piso descubrió a su madre en grave estado. La ingresó en el hospital donde estuvo al borde de la muerte y sin que nadie pudiera adivinarlo esto significó el principio del fin para la presunta envenenadora. Su sospechoso comportamiento acabaría por encausarla.

Exactamente un mes antes, José Antonio Cerqueira, de sesenta y nueve años, vecino y amigo de Margarita, había superado «in extremis» una extraña intoxicación que le sobrevino de repente. La viuda, utilizando como siempre «el rollo de la amistad», se había ofrecido a hacerle una jugosa paella. Después del deleite de aquella comida, José Antonio se puso muy enfermo. Dándose la circunstancia de que durante el tiempo en el que estuvo ingresado en el hospital le desapareció medio millón de pesetas. Según la policía, Margarita había descubierto la forma de manipular firmas y cartillas de ahorro para extraer dinero de las cuentas mientras sus propietarios estaban ingresados en el hospital.

La «Viuda Negra» es una araña de temible picadura que se sirve de un veneno tan letal como el que supuestamente utilizó Margarita con sus víctimas, todas familiares o vecinos. Se trata de un potente fármaco cuyas propiedades descubrió por casualidad al observar sus efectos devastadores en una persona sometida a medicación que tomó una dosis mayor que la prescrita. La policía no quiso facilitar el nombre del fármaco para evitar el «efecto mimético», esto es, que se produjera una oleada de envenenamientos con tan eficaz brebaje, pero se sabe que se puede comprar en las farmacias a un precio muy bajo con receta médica. Receta que según sospecha la policía falsificaba Margarita probablemente ayudada por su hija que era menor de edad en el momento de los crímenes. El procedimiento empleado era mezclar el veneno con la bebida en dosis suficiente para provocar un colapso circulatorio. Todas sus víctimas sufrían los mismos síntomas: náuseas, vómitos, taquicardia, hipotensión... Acababan entrando en coma. La mayoría de ellas quedaban tan dañadas por el veneno que no podían recuperarse y fallecían por parada cardiorrespiratoria pasando estos fallecimientos por muerte natural. El producto con el que eran intoxicados se metaboliza rápidamente y resulta prácticamente indetectable. Pero, ¿cómo había sido posible todo esto? Hasta donde se sabe, aunque no se descarta la posibilidad de otras víctimas todavía no descubiertas, todo comenzó en agosto de 1992, en plena Barcelona olímpica. Margarita debió de encontrarse por entonces muy necesitada de dinero. Residía en el barrio barcelonés de Sants. Allí visitaba con frecuencia a una amiga y vecina, Rosalía M., de setenta años. Es preciso señalar que la protagonista de esta historia se llevaba muy bien con las personas mayores, de hecho durante un período de su vida, del que la policía sospecha que podría encontrarse algún que otro nuevo caso de extraña intoxicación, estuvo cuidando ancianos. Aquel verano su amiga Rosalía, una anciana que vivía sola, fue encontrada inconsciente en su casa, hecho que se repite en otros casos relatados. Ingresada de urgencia, falleció a los dos días. De su domicilio desaparecieron varios documentos y de su cuenta faltaba un millón de pesetas. Cuando Margarita tuvo que marcharse de casa de su suegra dejó olvidado el DNI y la cartilla de ahorros de su amiga Rosalía. La viuda pasó un largo período en el barrio de Sants, primero en su propia casa, y luego en la de su suegra, antes de mudarse a Hospitalet. Según los indicios en todos esos sitios los vecinos sufrieron las consecuencias.

Unos días más tarde de la muerte de la septuagenaria Rosalía, enfermó el propio marido de Margarita. El extraño mal que padecía le llevó a la tumba tras dos angustiosos meses de hospital. Poco después cayó enferma la suegra, Carmen Nuez, con la que no se llevaba demasiado bien. La mujer había gozado siempre de una salud envidiable que se quebró cuando su nuera se fue a vivir con ella. Sólo consiguió sanar totalmente de sus raras dolencias una vez que logró expulsar a Margarita de su casa.

La viuda se trasladó al número 96 de la calle Riera Blanca, la larga avenida que lleva al campo del Barça Fútbol Club y hace de frontera entre los municipios de Hospitalet y Barcelona. Allí entró en contacto con un vecino, Manuel D., de cincuenta y siete años, que vivía solo en el ático, fraguándose entre ambos una intensa amistad. Como ocurrió en otras ocasiones, Manuel fue hallado en estado comatoso en su vivienda y falleció poco después. La siguiente persona que recibió la visita de Margarita fue su cuñado José A., de cincuenta años, casado con una hermana pero que vivía solo. Durante un tiempo, madre e hija se fueron a vivir con él. No pasaron muchas semanas antes de que José empezara a padecer un extraño mal del que falleció sin remedio. Además, le desapareció todo el dinero de que disponía.

Una vez confeccionada la lista de las fechas en las que resultaron afectadas las supuestas víctimas se detecta una extraña predilección de la viuda por actuar en el mes de agosto: 3 de agosto de 1992, se encontraba inconsciente en su domicilio Rosalía M., que fallecería diez días más tarde. El 18 de agosto de 1992 cae enfermo el marido, Luis Navarro, que muere el 26 de octubre. Durante el mismo año es ingresada cinco veces Carmen Nuez, la suegra, que ante el asombro de Margarita sobreviviría a todas las intoxicaciones, falleciendo una vez detenida su nuera, en junio del 96, de una embolia. El 11 de mayo de 1993 muere el vecino Manuel D. El 14 de agosto del mismo año, fallece José A., el cuñado. Otra vez en agosto, esta vez el 26, y de 1995, sufre una grave intoxicación José Antonio Cerqueira. Finalmente, el 26 de septiembre del mismo año es descubierta en grave estado Pilar Hinojo.

Pero, ¿quién es Margarita Sánchez? ¿Una mente asesina capaz de maquinar atentados, uno tras otro, contra sus familiares y vecinos o una pobre mujer medio loca que polariza sus frustraciones a través de una simple medicina que obtenía en las farmacias? Los jueces tendrán que decidir. La captura de Margarita se efectuó tras una minuciosa investigación. Fue puesta a disposición judicial el 19 de junio de 1996 junto a su hija, a la que se acusa de complicidad en los presuntos delitos de su madre, aunque siendo menor es muy posible que se libre de ser imputada. Como fría asesina, Margarita resultó una auténtica calamidad: no supo borrar las huellas de los crímenes que se le atribuyen. Sin embargo no se logró saber con certeza el alcance total de sus actuaciones ni cuántas fueron sus víctimas. La policía estima que la viuda no se benefició excesivamente de sus presuntos crímenes porque calcula que el botín obtenido por todos ellos no rebasa los dos millones de pesetas.

El crimen de Nigrán

Dos funcionarios que no eran un buen ejemplo. El plan de hacerse ricos sin dejar testigos. Una larga noche de secuestro. El dinero exigido llegó a mediodía y poco después comenzó la matanza. Los dos hijos varones de la familia lograron desatarse y escapar con vida.

La madrugada del último día de enero de 1994 dos individuos llevaron a cabo uno de los más brutales crímenes múltiples de la historia de España. Fue en Nigrán (Pontevedra), donde los autores prevaliéndose de su condición de funcionarios de policía penetraron en el domicilio particular de un empresario, secuestraron y maniataron a toda la familia y después de una noche de angustia y terror dieron muerte a quemarropa a tres de sus miembros y a la empleada de hogar. Probablemente su intención era acabar con todos para no dejar testigos de su acción, pero los dos hijos varones consiguieron liberarse de sus ligaduras y salvarse.

Los funcionarios de policía Manuel Lorenzo Vázquez y Jesús Vela Martínez pertenecían al Cuerpo Nacional de Policía de Vigo. Manuel Lorenzo era un individuo reconcentrado, moreno, de pelo corto, cejas pobladas y bigote. Vela también usaba mostacho, aunque más ralo. Su pelo era abundante y encrespado, un punto más claro, y sus cejas eran finas y juntas. Lorenzo solía ser algo más reflexivo, contemplándose en Vela las cualidades romas de un simple hombre de acción. Ninguno de los dos era precisamente un ejemplo de policía modelo. Manuel Lorenzo tenía varias sanciones por haber cometido irregularidades en numerosos expedientes y estaba siendo investigado por la Brigada de Régimen Interno por acumulación de denuncias. Su compañero Jesús Vela no había corrido mejor suerte, pues se encontraba rebajado en situación de segunda actividad por sanciones de expedientes en curso. Estos dos individuos, que no eran precisamente espejo de virtudes, tal vez viéndose fracasados en sus respectivas carreras, y aprovechando el tiempo libre de estar rebajados de servicio, planearon una acción delictiva que de salirles como esperaban les permitiría despreocuparse para siempre del resultado de denuncias y expedientes en las comisarías. Según pudo saber el fiscal de la causa debió de ser Manuel Lorenzo, quizá el cerebral de los dos, quien tuvo la idea. Lorenzo recibió información completa sobre los boyantes negocios del empresario del granito David Fernández Grande, concibiendo entonces la idea de extorsionarle para obtener una gran cantidad de dinero. Al mismo tiempo ofreció a su compañero Jesús Vela la posibilidad de intervenir viendo este una oportunidad conveniente para resolver sus apuros económicos. Juntos recabaron los datos que necesitaban sobre la familia y el domicilio del empresario disponiéndose a ejecutar el plan fuertemente armados con un revólver y dos pistolas.

El 31 de enero de 1994, sobre las 8,30 de la tarde, se desplazaron a Priegue (Nigrán), en las afueras de Vigo, donde estaba la vivienda del empresario situada en un chalet unifamiliar. Llamaron a la puerta que les abrió la esposa de Fernández Grande, Pilar Sanromán Fernández, identificándose ante ella como policías. A continuación comenzaron a desarrollar la comedia que habían preparado preguntando por el hijo mayor a quien, según decían, estaban obligados a trasladar a la comisaría para interrogarle en torno a un turbio asunto, por lo que con la angustia de la madre se presentó ante ellos David, el hijo mayor, a quien le prestaron atención durante unos minutos hasta estar completamente seguros de que su principal víctima, el cabeza de familia, no estaba en la casa. Una vez que conocieron todos los detalles que les interesaban se decidieron a entrar en acción. Se pusieron unos guantes que llevaban para no dejar huellas, sacaron sus armas y encañonando a los tres miembros de la familia que se encontraban en la casa, Pilar Sanromán y sus hijos David, de veintidós años, y Pedro, de quince, les concentraron en el salón donde les ataron y amordazaron. En una atmósfera de gran tensión aguardaron la llegada del dueño de la vivienda, el empresario David Fernández, que se produjo unas dos horas más tarde. Nada más entrar en la vivienda fue sorprendido y encañonado por los dos agentes que durante todo el tiempo actuaron a cara descubierta. Le colocaron unas esposas y le llevaron con el resto de la familia. Bajo esta situación, los agresores exigieron a David Fernández doscientos millones de pesetas a cambio de su libertad y la de su familia. El empresario desde el primer momento les advirtió que no contaba con esa cantidad de dinero, por lo que comenzó una larga negociación. Al poco de empezar esta, llegó a la vivienda la hija, Marta, que recibió el mismo trato que los demás quedando maniatada en el salón. Todos se dispusieron a pasar una larga noche de miedo e incomodidades bajo la amenaza de aquellos dos individuos que, de cuando en cuando, hablaban con el padre en un tenso tira y afloja en demanda del dinero por la liberación que finalmente quedó fijado en veinte millones de pesetas, comprometiéndose el empresario a conseguirlos a primera hora del día siguiente.

Los miembros de la familia trataron de confortarse unos a otros, intentando el padre tranquilizar a todos con reiteradas promesas de que les entregaría el dinero para que los dejaran en paz. Apenas durmieron aquella noche. Al amanecer del día siguiente llegó al chalet la sirvienta, Ana Isabel Costas Piñeiro, quien fue igualmente amenazada, maniatada y amordazada. Durante toda la mañana se sucedieron las gestiones para conseguir el dinero en metálico que exigían los secuestradores que se habían enseñoreado de la casa mostrándose con continuos cambios de humor. Unas veces aparecían eufóricos ante la inminente llegada del dinero y otras se volvían displicentes y amenazadores. La desesperante situación se prolongó durante más de diecisiete horas. Por fin, al borde de las dos de la tarde, tras intensas gestiones telefónicas, uno de los trabajadores de la empresa del dueño de la casa se presentó en ella portando un maletín con los veinte millones exigidos.

Los secuestradores permitieron la marcha del mensajero que había llevado el dinero y casi inmediatamente pasaron a la segunda fase de su plan separando a la criada y a los miembros de la familia Fernández, que fueron repartidos por las distintas habitaciones. No tardaron en mostrar a las claras sus verdaderas intenciones. En la habitación a la que llevaron a la madre de la familia, Pilar, sonó un disparo casi simultáneo con un grito de horror y sorpresa del dueño de la casa. Uno de los presuntos autores de la muerte, dentro de una fábula destinada a exculparse, contaría en el juicio que un individuo desconocido le puso al empresario un cojín sobre el cual disparó a la vez que decía la siguiente frase ofensiva: «A todos los cerdos les llega su San Martín.» Según este relato, efectuó dos disparos, fallando el primero de ellos, pero matándole con el segundo. El tiro de gracia lo escucharon los dos hijos varones encerrados juntos en una de las dependencias de la casa, precisamente una de las que tenían una ventana a la calle. Desde allí pudieron oír cómo los dos secuestradores se convertían en asesinos eliminando a sus padres, su hermana y la sirvienta. Mientras sonaban los disparos, los dos jóvenes conseguían desatarse y echarle el pestillo a la puerta de su habitación. Eso les puso a salvo. Sin darles tiempo a reaccionar a los asesinos comenzaron a pedir socorro a gritos. Notaron casi en seguida que los hombres armados golpeaban la puerta de la habitación, que por ser de sólida construcción aguantó bien sus embates, y escucharon a uno de ellos, identificado como Lorenzo, amenazarles: «Abrid que os matamos.» Pero no hicieron caso, no podían atender a nada, ni siquiera a su propio miedo, nerviosos y asustados. Pedro, el de mayor aplomo, estaba convencido de que al menos habían matado a su madre, por lo que redobló sus esfuerzos para ser escuchado como único medio para escapar de lo que parecía una muerte segura. Pronto cualquier vecino o alguien que pasara por allí repararía en sus gritos. Por temor a ser descubiertos, Lorenzo y Vela huyeron con el botín.

Cuando lograron salir de su encierro y ser auxiliados, David y Pedro, los dos jóvenes supervivientes, facilitaron los suficientes datos para que los individuos que habían llevado el horror a su casa fueran localizados y detenidos en el transcurso de unas pocas horas. Aquella misma noche, a las 11, Manuel Lorenzo fue sorprendido cuando salía de una cafetería. Casi simultáneamente era capturado Jesús Vela, que había salido de su domicilio a depositar una bolsa de basura en un contenedor. No les había durado mucho la sensación de triunfo que les invadió al repartirse los millones.

El dato irrefutable de que lo hubieran hecho todo a cara descubierta y provistos de guantes parecía indicar bien a las claras que el fin último de los imputados era desde el principio no dejar testigos que pudieran descubrirles. Juzgados en junio de 1996, en la Audiencia de Pontevedra, tras permanecer dos años y medio en prisión, fueron hallados culpables y condenados a cuatrocientos veinticuatro años de cárcel. Manuel Lorenzo, de cuarenta y un años, y Jesús Vela, de cuarenta y dos, cometieron según el tribunal seis delitos de detención ilegal, uno de robo con homicidio, cuatro de asesinato y dos de homicidio en grado de tentativa. Por todo ello, además de otros delitos menores, les correspondieron penas de doscientos doce años, cinco meses y un día de cárcel para cada uno. A Lorenzo no le valió de nada que se sacara de la manga la extraordinaria versión de los hechos en la que culpaba del crimen a un tercer hombre dentro de una supuesta operación de tráfico de armas por la que, según decía, el empresario asesinado habría recibido los doscientos millones que fueron a buscar a su domicilio. Lorenzo dijo al tribunal no poder revelar el nombre del verdadero asesino porque habían amenazado a su novia con la que se iba a casar.

El asesino de Burgos

Un amor imposible desencadenó el asesinato de seis personas. El criminal vivió durante doce años de la generosidad de su suegra y unos vecinos a los que acabaría matando. El traslado de los jóvenes a la ciudad rompió el dominio que ejercía sobre ellos. El suicidio.

Juan Medina Gordillo, de cincuenta y tres años, nacido en la Línea de la Concepción (Cádiz), había probado la vida de emigrante en Francia. De su estancia de muchos años en el vecino país le quedó un regusto amargo y el apodo de «el Francés», con el que sería célebre. En la capital francesa conoció a su esposa, Inocencia, «Ino», que había ido a trabajar a París procedente de un pequeño pueblecito de Burgos, San Millán de Lara, a 25 kilómetros de la capital. «Ino» se había decidido por emigrar después de ver el escaso horizonte que le proporcionaba el trabajo como sirvienta en España. Tras terminar un largo período en casa de una familia de militares se decidió a dar el gran paso. Sería más o menos mediada la década de los cincuenta. En París las españolas tenían buena fama de cumplidoras y aunque «Ino» no había tenido la fortuna de poseer una educación que la preparara para andar por el mundo, las cosas le empezaron en seguida a marchar bastante bien. Como era esforzada, y muy dispuesta, al poco se defendía con holgura. Una vez instalada conoció a Juan Medina con el que contrajo matrimonio. Fruto de aquella unión fue un hijo que en la época de los crímenes tenía veintinueve años.

Juan Medina, «el Francés», recordaba con cierto resquemor su pasado de emigrante. Había sido feliz aunque nunca se había adaptado por completo a la vida francesa. Su matrimonio funcionó al principio con los problemas más o menos comunes a todas las parejas, pero con el tiempo se puso en evidencia la gran particularidad de su carácter abúlico, reservado y lunático. A consecuencia de ello las diferencias con su mujer derivaron en una total incomprensión. Harto de esa situación, Juan tomó la decisión más extraña de su vida: abandonó a su mujer y a su hijo en Francia para venirse a la casa de su suegra en el pueblecito burgalés de San Millán. No tenía nada planeado ni sabía de qué iba a vivir. De hecho entró en la casa de su suegra y allí se benefició de su generosidad sin preocuparse del futuro. Por entonces San Millán era un pueblo que se desangraba quedándose sin habitantes. De los 400 que tenía cuando «Ino» se marchó a Burgos y luego a París, la población se había ido reduciendo hasta quedar en los escasos 40 vecinos que tenía cuando a «el Francés» le dio la locura asesina.

A Juan Medina no le gustaba trabajar. De hecho, en los quince años que vivió en el pueblo sólo se le recuerda una vez que estuvo un par de meses de peón de albañil. El resto del tiempo lo pasaba de acá para allá, haciendo recados o ramoneando sin empleo. Lo que más le gustaba era salir de caza. Fuera de eso no se le recuerda actividad fija. De esta manera pasó diez años en el domicilio de su suegra, compartiendo casa y comida con ella y con uno de sus cuñados, Ángel. De vez en cuando, en fechas muy señaladas, venían a pasar unos días con la familia su mujer y su hijo. En una de esas, Juan Medina, que había tomado muchas ínfulas en el hogar se enfrentó a su mujer promoviendo una agria discusión. Como resultado de la misma se produjo un fuerte enfrentamiento en el que salieron a relucir los grandes problemas de fondo. Su cuñado Ángel intervino para rebajarle los humos a la vez que le pedía que se marchara de la casa y dejara en paz a la familia. No tuvo más remedio que hacerle caso. Entonces fue cuando puso a prueba la hospitalidad de otra de las familias de San Millán, la de Amancio Delgado, su mujer y sus cinco hijos, que tenían la vivienda más humilde del pueblo, pero que a pesar de eso acogieron como huésped a Juan durante dos años. En el transcurso de ese tiempo, el que habría de convertirse en asesino adquirió un gran ascendiente sobre los tres hijos menores: María del Carmen, de veinte años, Antonio, de diecisiete, y Rosa, de trece.

Tal vez las cosas habrían sido muy distintas si el padre, Amancio, no hubiera tenido que pasar gran parte del día en el monte cuidando un rebaño de ovejas. Esa circunstancia dejó campo libre a Juan para que fuera aumentando su dominio sobre la casa y los más jóvenes. Gracias a ello se estableció una relación muy íntima con las muchachas, especialmente con María del Carmen. Primero las tuvo como hijas, pero luego quiso conseguir algo más.

Al término de todos aquellos meses, también a la sopa boba de sus vecinos como antes lo estuviera a la de su suegra, Juan se vio obligado a hacer uso de sus ahorros y acabó comprándose un piso en Burgos y una vivienda en el pueblo. Durante aquel nuevo período la influencia sobre las familias de su suegra y la de sus vecinos siguió en su apogeo aunque los jóvenes luchaban por librarse de su dominio. Tres años más tarde, cuando María del Carmen cumplió veintidós, Antonio diecinueve y Rosa quince, la existencia había cambiado para todos. Los tres muchachos se habían trasladado a Burgos para trabajar allí, y allí también se había ido Juan Medina que vivía a caballo entre la capital y el pueblo, recorriendo la distancia de sólo 25 kilómetros en su viejo Dyane 6 de color azul. Juan seguía sin tener un empleo fijo y definitivamente alejado de su mujer e hijo, trataba de inmiscuirse en la existencia de los tres jóvenes que había tutelado desde su más tierna adolescencia. Paralelamente dentro de sí había alimentado una pasión irrefrenable que le arrastraba: se había enamorado perdidamente de María del Carmen. Y hubo un tiempo, allá en el pueblo, cuando ella apenas tenía margen de maniobra, en el que Juan Medina sin conseguirlo del todo, más o menos se salía con la suya. Pero ya en la capital, la joven iba a su vez tomando vuelo lejos del cerrado y asfixiante ambiente del pueblo. En Burgos capital se notaba más el abismo de la edad, pero sobre todo se ponía de relieve que el intenso amor que ella despertaba en Medina no podía ser correspondido. No obstante continuaba la vieja intimidad familiar del pueblo y Medina frecuentaba el piso de los jóvenes en la calle Vitoria del barrio del Gamonal, a sólo tres portales del suyo, con tanta asiduidad que muchos vecinos pensaban que era allí donde vivía. Pero esto no era obstáculo para que María del Carmen hubiera decidido darle un giro a su existencia al margen del dominio que él quería imponerle. Hasta se atrevió a echarse novio, un compañero de trabajo con el que empezó a salir ante el creciente enfado de Medina. En abril de 1996, atormentado por sus pasiones, ya no podía más: se plantaba en el portal de la casa y vigilaba a la joven. Llegando a amenazarla de muerte. A ella y a su novio. Por eso, ella lo denunció a la policía. Medina fue detenido, pero al no tener antecedentes se le puso en libertad. Desde entonces nada volvió a ser lo mismo. Medina seguía manteniendo un trato amable, poniéndose a disposición de los jóvenes para llevarlos al pueblo en su coche, pero tramando en silencio la que se descubriría una gran tragedia.

El 27 de noviembre de 1996, muy temprano, María del Carmen quiso advertir telefónicamente a sus familiares del pueblo para que estuvieran muy atentos porque algo muy grave podía pasarles. Su aviso no serviría de gran cosa. Probablemente Juan Medina la había amenazado de nuevo y había hecho extensible esa amenaza a sus padres y hermanos. Las últimas horas habían sido especialmente tensas. Sobre las cuatro de la tarde, Medina, llevando oculta una escopeta de caza se presentó en el domicilio de los jóvenes. Llamó insistentemente porque tardaron en abrirle. Penetró en la vivienda y disparó sobre María del Carmen, el objeto de sus amores imposibles, y sus dos hermanos, Rosa y Antonio. Los vecinos escucharon gritos y detonaciones. Asustados llamaron a la policía, pero el criminal actuó tan rápido que ni siquiera pudieron verle huir. A continuación subió a su piso, a unos cincuenta metros del lugar del crimen. Es difícil retomar la historia desde el punto de vista de un asesino múltiple pero es el que aquí interesa. Juan Medina descargó sus iras golpeando la escopeta que quedó rota en su domicilio. Pero allí mismo tenía otra, esta convertida en retaco con los cañones recortados. Comprendió que lo que había hecho no tenía marcha atrás y que sería cuestión de horas que la policía atara cabos y diera con él. Decidió seguir su escalada de horror. En su coche recorrió los kilómetros que le separaban de San Millán. Nada más llegar se dirigió a la casa de su suegra, Antonia de la Torre, de noventa años, quien casualmente se encontraba en la cocina acompañada de Juliana Juez, de sesenta y cinco años, madre de los tres hermanos a los que ya había dado muerte. Las mujeres se asustaron al verle empuñando la escopeta. Se abrazaron aterrorizadas. Los disparos las destrozaron a la vez. Pero Medina no tenía bastante. De allí salió deprisa dirigiéndose al domicilio de su cuñada Ángela Porras sobre la que disparó dejándola herida de muerte. Unos obreros que asfaltaban la calle escucharon los disparos. Luego vieron salir al hombre pero no le vieron la escopeta que debía de llevar oculta. La mujer apenas susurró unas palabras cuando la recogieron los trabajadores en la puerta de su casa: «Mi cuñado me ha matado.» Murió más tarde en el hospital. Medina ya había desaparecido. En el pueblo hubo un momento de pánico. El asesino andaba suelto y aunque nadie lo sabía entonces buscaba a otro de sus cuñados que no encontró. Mientras la Guardia Civil y la policía le seguían los pasos, él regresó sigilosamente a su vivienda de San Millán, se acostó en su cama y se disparó en el corazón.

Descubiertos los cadáveres y apenas asumida la magnitud de la tragedia, el pueblo entero, loco de dolor, se negó a que el asesino de seis de sus vecinos fuera enterrado en su cementerio. El cuerpo, reclamado por la madre, recibió sepultura en la Línea de la Concepción. Hasta el autor de tanta desgracia y tanto llanto tuvo al final una madre que lloró sobre su ataúd. En San Millán están convencidos de que todo esto quiere decir algo que no es fácil interpretar.

CRÍMENES DE INTRIGA

El crimen del Expreso de Andalucía

Un tren que transporta fuertes cantidades de alhajas y dinero. La ambición de un oficial de Correos. La muerte de los dos empleados. Los cinco miembros de la banda. José Donday, «Pildorita», les devuelve a Madrid. Tres condenas y tres ejecuciones en el palo.

El crimen del Expreso de Andalucía fue muy famoso en su época. El impacto que provocó en una sociedad aparentemente acostumbrada al orden y sometida a la dictadura de Primo de Rivera hizo que se empezaran a cantar coplas de ciego, se generara una novela y al menos una importante película. En la actualidad, en el Museo de Cera de la plaza de Colón de Madrid se conserva una cuidada reconstrucción del mismo. El hecho consistió en el asalto y robo del coche-correo en el que viajaba toda la correspondencia privilegiada, certificados y pliegos de valores para las capitales andaluzas y norte de África, así como despachos precintados del extranjero llegados de la frontera francesa, vía Hendaya, con destino a Gibraltar y Tánger. Cualquiera que conociera el servicio podía imaginarse que en dinero y valores se transportaba mucho más de un millón de pesetas, cantidad muy jugosa en aquellos tiempos.

Los encargados del coche-correo eran aquel día, 11 de abril de 1924, el oficial primero Santos Lozano León, de cuarenta y cinco años, y Ángel Ors Pérez, de treinta. Lozano era de estatura normal, amable y cumplidor. Tenía a su cargo el servicio Madrid-Cádiz. Y Ors, alto, fornido, un auténtico atleta de carácter extrovertido, estaba al frente del servicio Madrid-Málaga. Estaba previsto que viajaran en el mismo coche hasta Córdoba, donde se separarían para continuar sus rutas, pero aquel viaje, por muchas razones, se saldría de lo previsto.

En la estación de Aranjuez, a la llegada del Expreso, tres hombres se acercan al coche-correo por el lado contrario al de los andenes. Aunque nada haga sospecharlo se disponen a desvalijar el tren. Uno de ellos, el que parece llevar la iniciativa, es José Sánchez Navarrete, de treinta y tres años, elegante y estirado, de profesión oficial de Correos, por lo que conoce bien las costumbres de sus compañeros que van al cargo de los envíos del Expreso. Está acompañado por Antonio Teruel López, treinta y cinco años, tez morena y bigote, y por Francisco de Dios Piqueras, de treinta y cuatro años, de complexión recia, al que la sífilis le ha dejado una nube de nata en la pupila del ojo izquierdo. Estos dos son ocasionales jugadores de ventaja, sin profesión conocida. Navarrete da unas voces llamando a Lozano. Lo hace en voz alta para que se le oiga bien. Cuando el ambulante de Correos le responde le pregunta por su compañero Ors. Avisado este, del que habría de sospecharse una posible participación en el plan inicial del robo, consigue que les dejen subir al coche. Lo hacen entrando por la ventana, porque la puerta del vagón de ese lado del tren no se abre. Poco después el convoy se pone en marcha y pasa un buen rato hasta que los ladrones se deciden a actuar, después de Castillejo, camino de Alcázar de San Juan.

Lozano estaba trabajando de espaldas al retrete y Ors descansando tumbado en su colchoneta. De improviso, Antonio Teruel que sale del retrete, empuña las pesadas tenazas de marchamar y sin previo aviso descarga un golpe mortal en el cráneo de Lozano, atacándole por detrás. Acto seguido le vuelve a golpear con saña hasta que está seguro de que no se levantará nunca más de la posición en la que lo deja, tendido en decúbito supino con la cabeza hacia la puerta del evacuatorio. El otro oficial, Ángel Ors, se remueve inquieto en su lecho y está a punto de incorporarse porque el jaleo dentro del coche ha acabado por despertarle, cuando Teruel se sitúa sobre él con las temibles tenazas de marchamar y le descarga un golpetazo en medio de la frente. Alguien con el cráneo menos duro que Ors —el forense descubriría que los huesos de su cabeza tenían un espesor muy superior al normal— habría resultado muerto al instante. Las tenazas rebotan en su hueso frontal y Ors consigue incorporarse y echarle las manos al cuello a su agresor. Teruel se enfrenta entonces a toda la fuerza de un atleta que le pone una resistencia para la que no estaba preparado. En la pelea pierde las tenazas y golpea a su víctima con la culata de su pistola. El forcejeo habría acabado mal para el asesino si sus cómplices no se hubieran decidido entonces a ayudarle. Entre los tres consiguen sujetar a Ors. Mientras sus compinches le mantienen inmovilizado, Teruel busca su pistola, una vez que la encuentra la apoya en el pecho de Ors pasando su brazo por encima de la cabeza del caído, y acto seguido le dispara. Luego da la vuelta, se sitúa frente al cuerpo y le vuelve a disparar. Esta vez la bala le entra por el labio superior. El segundo oficial de Correos está listo. Sin pérdida de tiempo, Navarrete, Piqueras y Teruel comienzan a destripar sobres y paquetes. Es tal su precipitación y atolondramiento que se dejan olvidados algunos de los envíos de mayor valor.

El tren se acerca a Alcázar de San Juan, el lugar donde los bandidos tienen establecida la cita para su regreso a Madrid. Han recogido todo el dinero en metálico y joyas que han podido. Son casi las once de la noche. Se preparan para saltar a tierra antes de que el convoy entre en la estación. Apagan los quinqués de trabajo del vagón y el farol de la parte central. A oscuras, con el botín convenientemente empaquetado aguardan a que el tren atraviese lentamente el paso a nivel de Quero, frente a las bodegas del marqués de Mudela. Siempre por el lado contrario al de los andenes, los tres asesinos descienden y van al encuentro del cuarto miembro de la banda, José Donday, «Pildorita», llamado así por su afición al pastilleo, que les espera con un taxi para llevarles a Madrid.

El tren Expreso, con el coche-correo convertido en carroza fúnebre sigue su viaje sin que nadie repare en lo ocurrido. La pareja de la guardia civil que viaja en el tren no tendrá conciencia de la gravedad de lo ocurrido hasta llegar a Córdoba. Allí se enterará también el periodista de sucesos Francisco Serrano Anguita, recién casado, que con tanto acierto profesional ha elegido este tren para su viaje de luna de miel.

Los asesinos de la banda del Expreso retornan a la capital y recién llegados deciden repartirse el botín, cosa que hacen en el domicilio de Antonio Teruel, en la calle Toledo. Navarrete se encarga de llevarle su parte al quinto miembro del grupo y cerebro del golpe, Honorio Sánchez Molina, hombre de negocios que había sido candidato a concejal con los mauristas.

Los dos brutales asesinatos, una vez descubiertos a la llegada del tren a la estación de Córdoba, provocaron un gran escándalo que evolucionó hacia una delicada situación política. Por ello la policía preparó una gigantesca operación en la que activó a todos sus confidentes. Dentro de ese despliegue, el sereno de la calle Toledo alertó a los agentes de la extraña actividad de un vecino, Antonio Teruel, que vive en la finca número 105. Dos agentes suben a la casa e interrogan a Carmen Atienza, la esposa del sospechoso. Como la mujer no se muestra convincente con sus respuestas, los policías se la llevan a comisaría. La casa se queda bajo una discreta vigilancia. Antonio Teruel, que se escondía en un guardillón de la finca, no pudo soportar la detención de su esposa ni el cerco de la policía. Sintiéndose acosado y a punto de ser detenido, resolvió quitarse la vida. El lunes 21 de abril de 1924, la portera de la finca, sospechando de luces y ruidos en el piso tercero, que debía estar vacío desde que los policías se llevaron a Carmen Atienza, da aviso a los guardias que fuerzan la entrada. En seguida encuentran a Teruel con un tiro en la sien encima de la cama de matrimonio. En los tubos metálicos de la estructura de esa cama que es hueca, los investigadores encuentran escondido parte del botín del robo del tren Expreso.

Una vez relacionado el suicida Teruel con el crimen, surgen nuevas pistas que llevan a los investigadores al resto de los componentes de la banda. En la casa encuentran una papeleta de empeños a nombre de Francisco de Dios Piqueras, y la mujer del suicida, muerto su marido, ya no tiene nada que ocultar a la policía. El hombre que tuvo la idea de llevar a cabo el asalto al tren, conocedor de las fuertes cantidades de dinero que transportaba, José Sánchez Navarrete, es detenido en la casa de sus padres; Honorio Sánchez Molina, el cerebro del plan, «cae» en la finca en la que reside su padre, en Calzada de Calatrava, Ciudad Real; Piqueras es capturado en Almorchón, cuando intenta escapar en tren a Portugal; y José Donday, «Pildorita», se entrega en la embajada de París donde había huido.

En el reparto sólo tocaron a tres mil y pico pesetas cada uno, dejando el grueso de las alhajas para dividirlas después. Fue poca cosa para el castigo que habría de caerles. Sometidos a Consejo de Guerra, el juicio empezó el 7 de mayo a las ocho de la mañana. Al concluir, las condenas diferían poco de lo esperado: pena de muerte para José Sánchez Navarrete, Honorio Sánchez Molina y Francisco de Dios Piqueras. Veinte años de prisión para José Donday y absueltas las dos mujeres: la hermana de Honorio, que fuera acusada de guardar parte del botín y la mujer de Teruel, acusada de encubrimiento. Las penas de muerte fueron ejecutadas en la entonces cárcel Modelo, situada en el distrito madrileño de Moncloa. El primero en morir en el garrote fue Honorio, con poco ánimo y lloroso. Le siguió Piqueras, sin muestra alguna de debilidad. El tercero fue Navarrete, sostenido entre hermanos de la Caridad y llevado prácticamente en volandas hasta el palo. A las 6,30 de la mañana del 9 de mayo, viernes, fue izada bandera negra en el mástil de la Modelo. Los asesinos estaban tan muertos como las víctimas del Expreso.

El crimen de la encajera

Dos pastores encuentran un cadáver degollado. El misterio precipita un aluvión de anónimos que abruman al teniente Osorio. Un tremendo error policial y judicial. Los verdaderos asesinos fueron capturados en el transcurso de la investigación de otro horrible crimen.

El domingo 13 de marzo de 1932, a primera hora de la mañana de un día que amaneció despejado, dos pastores del barrio de Campamento del pueblo de Carabanchel, Eutiquiano y Benito Martín, llevaban sus rebaños a los rediles cuando al pasar por la llamada Vereda del Soldado encontraron en una zanja un cuerpo tapado con una toquilla. Al destaparlo descubrieron que se trataba del cadáver de una mujer con el cuello cortado. Las ropas que vestía la identificaban sin ninguna duda como una aldeana de la provincia de Toledo —lagartera— de las que según era costumbre iban a Madrid a vender encajes y bordados artesanales. Estas mujeres usaban faldas y medias de colores, corpiños y grandes pañuelos en la cabeza, lo que suponía un modo peculiar de vestir que las identificaba plenamente.

Los pastores, muy impresionados por lo que habían encontrado, lo comunicaron a la Guardia Civil, que se personó inmediatamente, avisando a su vez al juez correspondiente que era el de Getafe. Las primeras indagaciones establecieron que la mujer muerta era Luciana Rodríguez Narros, una aldeana que efectivamente había llegado a la capital a vender su trabajo y el de sus hermanas. El primer dato que llamaba la atención en su comportamiento era que aunque tenía familia en Madrid, había preferido alojarse en una posada de la Cava Baja de la que salió a sus obligaciones, el día anterior, sin que volviera a saberse nada de ella hasta ser encontrada degollada. El teniente Miguel Osorio, de la Benemérita, encargado de la investigación, realizó todo tipo de comprobaciones, interrogatorios y registros, logrando reunir abundante información. Primero: Luciana aprovechaba sus viajes a la capital para visitar a su hijo, soldado de Artillería, internado en el hospital militar de Carabanchel, con quien se encontraba en la Plaza Mayor, pero en esta ocasión el hijo no sabía nada de su madre. Segundo: los trabajos que vendía Luciana alcanzaban precios que rondaban las quinientas pesetas cada uno, lo que en aquel tiempo significaba una cantidad apreciable de dinero. Tercero: examinado minuciosamente el cadáver se comprobó que presentaba dos heridas en la parte izquierda del cuello, que rompieron la yugular, y que habían sido inferidas por un objeto cortante probablemente de pequeñas dimensiones. Cuarto: las relaciones de Luciana con su familia en la capital eran escasas y tirantes. Con aquellos datos, el teniente trató de dar satisfacción a cuantos exigían una rápida solución al misterio, pero no era nada fácil. Las investigaciones sólo podían avanzar paso a paso, al margen de la ansiedad creada.

El teniente logró establecer que el cuerpo de la mujer había sido registrado, una vez caído en el suelo, hasta despojarlo de toda clase de objetos de valor que pudiera llevar. En la zona en la que fue asesinada, un despoblado de tierra húmeda, se apreciaron hasta tres tipos distintos de huellas de pies. Unas correspondían sin lugar a dudas a las alpargatas que llevaba puestas la víctima, otras eran de bota larga, y las terceras, por su pequeño tamaño, podían pertenecer a una mujer. Por tanto las personas que habían dado muerte a la encajera eran dos. El teniente avanzaba en su indagación, pero la necesaria lentitud de sus averiguaciones precipitaba la inquietud ciudadana que mostraba su interés en un verdadero aluvión de anónimos, con toda clase de confidencias, que llegaron a abrumar al investigador. El teniente Osorio se vio obligado a realizar unas manifestaciones públicas para evitar que le siguieran mandando cartas y comunicaciones anónimas con supuestas informaciones sobre el crimen que se había convertido en una intriga muy popular. El tamaño de la popularidad alcanzada en su tiempo por este suceso obligó a participar en la investigación a la Brigada Criminal que practicó gestiones paralelas a las que llevaba el teniente Osorio.

Las fuerzas policiales efectuaron numerosas detenciones de sospechosos, realizaron pesquisas entre las personas del círculo íntimo de la víctima, se desplazaron al pueblo de la mujer asesinada y recorrieron Madrid descartando posibilidades hasta que las sospechas se centraron en los dos primos de Luciana con los que ésta no se llevaba bien. Se trataba de Leoncio Alia y su hermana Bienvenida. Sometidos a repetidos interrogatorios incurrieron en numerosas contradicciones que hicieron pensar que estaban implicados en el asesinato. Los indicios circunstanciales contra ellos fueron de tanto peso que el juez de Getafe ordenó su encarcelamiento. Esta detención no convenció plenamente a la opinión pública. De hecho, la prensa la puso en entredicho, pero durante casi cinco meses, lo que acabaría demostrándose como un tremendo error judicial y policial, permanecería inalterable.

Tuvo que llegar el 5 de agosto para que se resolviera todo. A las nueve de la mañana de aquel día, dos individuos llamaron a la puerta de una humilde vivienda, la situada en el número 5 del Arroyo de las Pavas, en Carabanchel. Les abrieron rápidamente y penetraron en el interior. Apenas habían pasado unos minutos cuando se escuchó ruido de lucha y gritos de auxilio. Un vecino alarmado por el estruendo dio aviso a la Guardia Civil que llegó a tiempo para sorprender a Julián Ramírez Expósito, de veintisiete años, que acababa de dar muerte a un hombre que yacía a sus pies. Había sangre por todas partes. El asesino todavía empuñaba el hacha con la que cometió el crimen. Los guardias encontraron también a su cómplice, Leandro Iniesta González, de veinte años, que se había escondido cobardemente debajo de una cama.

El hombre que acababan de asesinar, y cuyo cuerpo permanecía sobre un charco de sangre, fue identificado como Mariano Megino, de cuarenta y dos años, nacido en Cubilos, Guadalajara. Megino era el dueño de una taberna de mala nota situada en la madrileña calle

Bastero y se dedicaba a turbios negocios de poca monta, lo que a veces disfrazaba con la compra de chatarra. Era muy conocido en el barrio de la Fuentecilla porque solía hacer ostentación de dinero y joyas que llevaba siempre encima. Según la reconstrucción policial, la mañana de su muerte había sido acompañado hasta la vivienda del Arroyo de las Pavas por Leandro con la excusa de venderle una camioneta para atraerle hasta aquel lugar donde tenían planeado robarle y matarle.

Una vez en la casa donde fueron capturados los detenidos, mientras Megino trataba con Julián la compra de la inexistente camioneta, aprovechando que aquel estaba distraído, inmerso en el regateo, este le hizo de repente dos cortes debajo de la barbilla con una afiladísima navaja barbera. La víctima, que no resultó herida de gravedad, se lanzó sobre su agresor a la vez que pedía socorro, produciéndose el alboroto denunciado por los vecinos. Al ver la imposibilidad de su compinche para hacerse con la situación, intervino Leandro sujetando a la víctima, mientras Julián se hacía con el hacha con la que golpeó repetidas veces a Megino hasta dejarlo prácticamente irreconocible.

En sus hábiles interrogatorios posteriores, los policías lograron descubrir que aquellos dos peligrosos individuos eran también los autores del sensacional suceso del «crimen de la encajera». Los hechos habían sucedido de la siguiente forma: El día 11 de marzo, muy temprano, Julián Ramírez trabó amistad con la mujer cuando estaba en un banco del paseo del Prado, aguardando la llegada de Leandro. Sentada a su lado, Luciana se quejó de lo mal que estaban las cosas y lo difícil que resultaba vender su género. Según dijo, acababa de salir del palacio de Buenavista, sede del Ministerio de la Guerra, y apenas había reunido mil pesetas por todo lo que había vendido cuando siempre sacaba mucho más. Aprovechó entonces Julián para decirle que conocía a una tal «Blasa», persona de buena posición, a la que seguramente podrían hacerle buenas ventas. Luciana le ofreció una comisión sobre lo que lograran vender y quedaron al día siguiente en Puerta Cerrada para intentarlo.

Al encontrarse con Leandro, Julián le contó su conversación con la encajera, coincidiendo con que este venía muy disgustado por no haber conseguido dinero de una mujer a la que explotaba, por lo que propuso acudir a la cita con la vendedora de encajes para robarle. El 12 de marzo, los dos compinches se subieron a un taxi en la calle Toledo con el que pasaron a recoger a Luciana que se había creído el cuento y esperaba muy confiada. Ni siquiera se sorprendió al verles llegar juntos. Los tres se dirigieron a unas señas confusas que facilitó Julián al chófer para ir de camino a la Colonia de Ferroviarios, aunque terminaron en un descampado de la llamada Colonia de la Paz, donde abandonaron el coche y los tres siguieron a pie campo a través. El propósito de los delincuentes, que decían conocer bien el camino, era que llegara la noche para acometer su plan. Cuando oscureció, ya a la vista de Campamento, Leandro arrebató el paquete de encajes a la mujer, mientras Julián le echaba su abrigo por la cabeza para impedirle gritar, buscándole el cuello que hirió con un pequeño estilete. Rápidamente le quitaron la cartera que llevaba oculta en la que sólo tenía ciento quince pesetas, así como otros objetos de valor. La víctima se movió en el suelo y Julián volvió tras sus pasos y le asestó un nuevo corte mortal. Luego huyeron hacia el paseo de Extremadura donde tomaron un taxi para volver a Madrid. Más tarde, asustados por la enorme polvareda informativa levantada por su crimen, decidieron deshacerse del envoltorio de encajes enterrándolo en la Casa de Campo donde finalmente sería recuperado por un perro policía.

EL CRIMEN DE «EL MONCHITO»

El recadero con un mensaje urgente. Una casa con teléfono. La mujer estaba sola. En el armario guardaba más de setenta mil pesetas. Después del crimen, el asesino se comió un bocadillo de jamón. Adelantó la fecha de su boda. Fue incapaz de ir por su propio pie al patíbulo.

Madrid, jueves, 11 de enero de 1951. Las 7,30 de la tarde. La señora estaba planchando en una habitación interior habilitada como comedorcito. Aquel día tenía varias preocupaciones que no eran usuales. Últimamente su esposo estaba especialmente sobrepasado por el trabajo y lo pagaba con ella. Algún día la cosa no iba a terminar bien porque algo estallaría. Hasta ahora aguantaba porque lo primero era el hijo que ya era mayor y tenía derecho a hacer su propia vida. Aunque la existencia que llevaba tendría que cambiar. Al fin y al cabo el marido lo ganaba bien y problemas había en todas las casas, en todos los matrimonios desde que el mundo es mundo. Ella se limitaba a estar allí para lo que hiciera falta, desde limpiar hasta hacer la comida, como había hecho siempre. Aunque quizá ya había llegado el momento de contratar a alguien que la ayudara porque tampoco se trataba de ser la más rica del cementerio. Las tareas de la casa daban mucho trabajo y mucho agobio, por eso había llegado el momento de descansar. Su marido no se daba cuenta de lo que ella bregaba para que se lo encontrara todo a punto. Estaba demasiado metido en las necesidades de su negocio. Pero ella tendría que plantear el problema aunque se uniera a todos los problemas que tienen los matrimonios, a las malas rachas que se sufren, a las discusiones y a las peleas. Que menos mal que al final todo son momentos malos que pasan y después se van. Pero ella llevaba muchos años al pie del cañón y ahora que su marido estaba ganando un fortunón, que bien lo sabía ella porque podía contar los billetes que se acumulaban en el armario, era el momento de disfrutar de lo bueno, que luego el tiempo se pasa y cuando uno quiere las cosas agradables que tiene este mundo ve que el tiempo se le ha acabado.

La señora oyó ruido en la puerta y se sintió contrariada. Pensó que podía ser el pesado de antes, al que no le había abierto aunque venía preguntando por su marido. Normalmente no abría a nadie nunca y, si le traían algo, pedía que lo dejaran en la portería hasta que pasara a recogerlo o lo subieran su marido o su hijo. Estando sola prefería no atender llamadas de ningún tipo. Pero aquella le picó la curiosidad. Dejó la plancha y salió a ver qué querían. Al otro lado el mismo hombre de antes dijo que tenía que localizar a su marido, que era urgente, que le dejara usar el teléfono: traía un mensaje que no podía esperar. Ella dudó. Había algo que la llenaba de desconfianza. No le gustaba la voz del que estaba pidiéndole que le dejara entrar, ni le gustaba que trajera un recado o un mensaje urgente. Tampoco le gustaba que viniera a buscar a su marido. No obstante la voz era suplicante, insistente. Recordaba esa voz. Tal vez fuera cierto que traía algo que no podía esperar. Poniendo a prueba sus nervios se decidió a abrir la puerta. Inmediatamente entró un hombre bajo, vestido con una gabardina, que le pidió que le llevara hasta el teléfono, dándole mientras conversación sobre su hijo y la fecha en la que pensaba este contraer matrimonio. Hasta que de repente cambió de actitud y la apartó a un lado empujándola hacia el fondo sin darle tiempo a nada y sin ninguna consideración. Ella gritó, pero fue en vano. El hombre la llevó hasta el comedorcito donde estaba la plancha. Ella volvió a gritar. Pero el hombre, despiadado, la golpeó en la cabeza con un objeto contundente que llevaba abriéndole una tremenda herida. Trató de golpearla también en el vientre, pero la mujer consiguió evitarlo a la vez que se deshacía en gritos de socorro e iniciaba la huida hacia la calle. Los gritos de la infeliz fueron oídos por unos pintores que realizaban trabajos de reparación en el piso inferior, así como por la inquilina del superior, Jovita Vian Gómez, que se asomaron a las ventanas del patio, pero que no consideraron el hecho lo suficientemente fuera de lo normal para ir a ver qué pasaba. O tal vez tuvieron miedo de lo que pudieran encontrarse. El caso es que no dieron la voz de alarma.

El criminal la alcanzó en el pasillo y de un certero tajo le cortó el cuello, seccionándole la yugular. Cayó al suelo en el pasillo prácticamente muerta. El asesino llevó a cabo un detenido registro de la vivienda y se apoderó de setenta mil trescientas pesetas, en billetes, que estaban guardados en el armario ropero de la alcoba conyugal y también de mil trescientas pesetas que estaban en la cartera del hijo del matrimonio, en uno de los bolsillos de una americana colocada en una silla del cuarto donde planchaba la señora.

Los policías identificaron a la víctima como Juana Arribas García, de cuarenta y siete años, ama de casa, natural de Bailén. El crimen no fue descubierto hasta las once menos veinte de la noche. El cuerpo fue encontrado por el hijo de la víctima, Julio Caballero Arribas, al regresar a casa. Como tenía llave de la vivienda, la introdujo en la cerradura y al intentar abrir la puerta observó que aunque cedía, una vez entreabierta tropezaba con algún impedimento extraño que obstruía la entrada. Era el cadáver de su madre.

El asesino sabía que la víctima se encontraba sola. Sabía que las personas que convivían con ella, el marido, Rafael Caballero Quiroga y el hijo, Julio, habían salido de su domicilio a las tres y media de la tarde hacia su trabajo, en el taller mecánico que el primero tenía en la calle de Andrés Mellado, 88, dato del que se había asegurado por medio de un niño que jugaba en el portal y que les había visto salir.

Convencida por la insistencia del supuesto recadero y su tono apremiante, la mujer abrió la puerta. Las investigaciones policiales se orientaron desde el primer momento al descubrimiento del posible autor del hecho entre los miembros de la familia, las amistades de esta y el personal del taller mecánico propiedad del marido. Las pesquisas policiales empezaron a ir por buen camino cuando los agentes tuvieron conocimiento de que en el taller había trabajado un joven que no figuraba en las listas de empleados y que ayudaba en las faenas de pintura de los automóviles.

Este crimen es uno de los que mayor impresión causaron en su época. Lo cometió un joven de veintidós años, Ramón Oliva Márquez, a quien apodaban «el Monchito». Era un hombre que necesitaba urgentemente dinero «porque quería casarse pronto» y que no había vuelto a tener un empleo decente desde que abandonara el trabajo ocasional que desempeñó en el taller mecánico del marido de la víctima. Suponía que su antiguo patrono tenía dinero guardado en casa, por lo que pudo llegar a saber mientras estuvo a sus órdenes, y por eso se presentó en la calle Écija, 6, 2.º B. El propósito era el robo y no dejar testigos que pudieran reconocerle, así que atacó a la mujer que se defendió con uñas y dientes dejándole la cara marcada y resistiéndose con desesperación. Pero finalmente sucumbió a la juventud del «Monchito», aunque este era pequeño y no demasiado fuerte. Una vez la mujer caída en el suelo, se apoderó del dinero y las joyas. Incluso tuvo tiempo para retirar del fuego de la cocina un cazo con leche que estaba a punto de derramarse. El criminal dejó también huellas de sangre en el grifo de la cocina.

Efectuado un registro en el domicilio del presunto asesino mediante un mandamiento judicial, fue encontrada una bolsita que contenía un reloj, una pulsera de oro y dos plumas estilográficas, objetos reconocidos como propiedad de la víctima. La policía encontró también cincuenta y una mil pesetas en billetes, y asimismo, detrás de un armario, una gabardina con rastros de sangre. También fue hallado un traje que había sido sometido a una cuidadosa limpieza.

El presunto asesino fue detenido poco después en el domicilio de su novia. Serían las tres y media de la tarde del sábado, 20 de enero, cuando lo encontraron en el patio de la vivienda donde se dejó prender sin oponer resistencia. En aquel hogar humildísimo fueron halladas ropas y sábanas de ajuar por valor de ocho mil pesetas que «Monchito» había regalado a su novia. Ante tales pruebas, el acusado confesó su crimen. El traje que llevaba puesto durante el crimen lo había limpiado su propio padre, Ricardo Oliva Álvarez, de cincuenta y ocho años, que había trabajado en una tintorería. Los funcionarios policiales detuvieron a los padres del «Monchito», Ricardo y Rosa Márquez Cubella, a su novia, Elisa Alba Mejía, de veinte años, y al padre de esta, Vicente Alba Carpio. Entonces se supo que aquel día, después del crimen, «Monchito» se fue para la casa de la novia a pie y comiéndose un bocadillo de jamón que había comprado en un bar. Al llegar no pudo disimular un gran hematoma en la cara y varios arañazos, lesiones que le había causado la víctima al tratar de defenderse, por lo que inventó una historia: que se había peleado con su patrón para conseguir cobrar unos atrasos. Después del crimen fijó precipitadamente la fecha de la boda para el 22 de julio siguiente y así lo dejó marcado en una hoja de calendario. También se compró un acordeón, instrumento que siempre había querido poseer.

A Ramón Oliva, «el Monchito», algunos le tenían por retrasado mental, pero el tribunal que lo juzgó lo encontró imputable del crimen que se le atribuye y fue condenado a la pena máxima. «Monchito» comentó a uno de los policías que lo custodiaban que «si me indultan no volveré a matar, porque ahora sé que se puede robar sin matar». A pesar de tan buenos propósitos fue ejecutado en la prisión provincial de Madrid la madrugada del 21 de marzo de 1952, teniendo que ser transportado hasta el palo en volandas, desfallecido y medio muerto de miedo. Su ejecución causó una inolvidable impresión en la memoria de las gentes.

El crimen de las quinielas

El descubrimiento de un método para acertar trece resultados. La angustia del fracaso. Una idea desesperada con la que convence a su mejor amigo. Las chicas inexistentes de la casita de Vistahermosa. Un cadáver con muchos problemas que acabaría delatando al asesino.

Julio López Guixot, el «asesino de las quinielas», nació en Murcia de padre desconocido. Fue entregado en la Beneficencia, donde le impusieron el nombre de Julio Meseguer Linares, pero andando el tiempo, su madre, compadecida de él, lo reconoció y le dio sus apellidos. Quizá este comienzo marcó toda su vida. Algunos de sus amigos opinaban que Julio se pasó toda su existencia rumiando la afrenta de su nacimiento, por lo que odiaba a la sociedad y había generado un carácter áspero. Desde muy pequeño fue acogido por Teresa, una mujer bondadosa que fue su verdadera madre, de la que sólo se separó para casarse. En septiembre de 1943, Julio ingresó como voluntario en el Ejército del Aire y pocos días más tarde fue objeto de un expediente por ser el autor de una carta en la que se incitaba a la rebelión militar. El proceso iniciado por este asunto terminó en una condena de diez años de prisión. Cuando fue puesto en libertad se le informó erróneamente de que había sido expulsado, por lo que no tendría que realizar el servicio militar.

Instalado en Elche, se hizo muy amigo de un joven empleado de banca, José Segarra. Su relación se hizo más intensa al conocer a la hermana de este, Asunción, con la que estableció una apasionada historia de amor. Julio necesitaba destacar, asombrar al mundo, y ya que no por otros motivos, un día descubría una fórmula que, según él, le permitiría acertar con frecuencia trece resultados en las quinielas. Entusiasmado por su hallazgo convenció a Segarra y otros dos amigos con el fin de fundar una peña quinielística. Para seguir el plan se vieron obligados a pedir créditos, algunos a muy alto interés, siempre espoleados por Julio. Consiguieron poner en marcha la experiencia que resultó un enorme fracaso. A consecuencia del mismo, los amigos de Julio y la propia familia de su novia quedaron en mala situación económica, viéndose obligada esta última a hipotecar la casa en la que vivían. Julio resultó muy afectado. Se prometió perfeccionar su sistema para recuperar todo lo invertido. Pero le esperaba una desagradable sorpresa: la Guardia Civil fue a buscarlo para llevarle a un batallón disciplinario donde se vio obligado a terminar el período de servicio militar interrumpido por los diez años de condena. Durante ese tiempo que tuvo que pasar en África obligado por las circunstancias, perfeccionó su sistema ganador de las quinielas. De manera que una vez licenciado, en diciembre de 1952, volvió a Elche dispuesto a reemprender sus intentos para conseguir ser millonario. A los treinta años, Julio era ambicioso y soberbio y se encontraba asqueado de la vida. Sin embargo, se negaba con todas sus fuerzas a ser una víctima de la sociedad. Por eso trató de mostrarse más que nunca inteligente y dominante, apareciendo como auténtico enamorado de sí mismo, física e intelectualmente. Cultivaba su cuerpo practicando artes marciales y afinaba sus dotes aplicando su sistema quinielístico para el que era necesario llenar todas las semanas un mínimo de doscientos boletos. Aunque era difícil, consiguió socios capitalistas, logrando demostrar la eficacia de su método ganando varios premios, uno de ellos de sesenta y cuatro mil pesetas. Aquel éxito arrastró a Julio que enfebrecido por su deseo de ganar aumentaba la inversión cada semana sin obtener los resultados apetecidos. Algunos amigos desistieron y el socio capitalista se decepcionó por los resultados abandonando a Julio que quedó lleno de deudas y otra

SUCESOS

La supuesta homicida de León

Como un témpano

- Confesó el crimen con desconcertante frialdad
- Covadonga, después de la agresión, destruyó todas las pruebas y alternó en su bar
- Un sobrino de quince años la ayudó en la ocultación de los restos de la víctima

Covadonga Sobrino Alvarez, presunta autora del homicidio

Carlos Fernández Guisuraga, la víctima

LEON, 29. (De nuestro enviado especial.)

POR encima de todas las conjeturas que pasaron por la mente de los hombres de la B. R. I. C. y de los investigadores del Servicio de Información de la Guardia Civil de esta ciudad estaba el convencimiento de que las personas que habían intervenido en la comisión de este crimen, que se presentó como misterioso y que ha sido plenamente aclarado, estaban hechas de una «pasta» especial. Efectivamente, Covadonga Sobrino Alvarez, detenida como presunta autora del homicidio cometido en la persona de Carlos Fernández Guisuraga, tiene un temple muy peculiar. Según ha trascendido, los hombres que llevaron a cabo el interrogatorio la definieron como fría y calculadora. Una mujer de un temple muy «sui generis» que, ante la seguridad de los inspectores de que ella era la autora del brutal crimen, confesó con una pasividad que dejó asombrados a sus interlocutores. Sus palabras surgieron sencillas, pero rotundas: «Sí, he sido yo.» Incluso pudo percibirse en sus labios una descolorida sonrisa.

DURANTE la conversación con los investigadores se mostró Covadonga tranquila y fría. Comenzó a reconocer los hechos ante la gran cantidad de pruebas aportadas por los hombres del Servicio de Información de la Guardia Civil. Pero nunca se frotó las manos para sacudirse los nervios. Y nadie vio una lágrima. En este sentido afirman personas allegadas a las fuentes policiales que al serle mostradas las fotos que fueron tomadas por la B. R. I. C. en el momento del hallazgo de los restos de la parte superior del cadáver de Carlos Fernández, señaló con el dedo en una de ellas el parietal derecho de la víctima, y en la calavera descarnada, no tuvo reparo en precisar:

—Sí, éste fue el primer hachazo.

Y mientras su sobrino de quince años, que vivía con ella en las dependencias destinadas a vivienda en el bar Ayl, en el barrio de El Portillo, que posiblemente vivió junto a su tía todos los acontecimientos del homicidio, se deshacía en lágrimas, pudo conservar los modales, la tranquilidad, como si aquella conversación sostenida para la recapitulación de los hechos no fuera con ella.

● «¡TE MATO!»

Pero esta actitud distante, serena, toma toda su trascendencia cuando se tiene noticia de la noche dantesca que protagonizaron los personajes de este tremendo suceso. Covadonga Sobrino, el pequeño de quince años y la víctima llevaron a cabo escenas propias del más tremendo episodio de terror: la noche del 3 del mes en curso cobraría un trágico significado entre las paredes del bar Ayl. Carlos Fernández, de profesión soldador, de carácter violento y vida un tanto irregular, se personó en el lugar del que no saldría vivo. Llevaba bajo el brazo un paquete de detergente y comenzó una violenta discusión con la dueña del bar, con la que mantenía relaciones desde hace unos cuatro años. Presenciando esa larga discusión, que terminó, al parecer, cuando Covadonga empuñó un hacha afilada y la hundió en el cráneo de su víctima, estaba el joven sobrino de Covadonga.

Los últimos instantes de la tragedia se desarrollaron con escalofriante rapidez: Carlos, exaltado, fuera de sí, se había abalanzado contra el sobrino de Covadonga, y ésta, que había cogido un hacha en previsión de que aquello terminara con la agresión de la víctima, al ver que el pequeño iba a sufrir daños, golpeó mortalmente a Carlos, que cayó al suelo de la cocina del bar Ayl, ensangrentado, con estertores de muerte. Pero seis hachazos más caerían sobre él, dados por el brazo musculoso de Covadonga. Cuando se lo enseñó a los que la interrogaban lo hizo acompañando el gesto con estas palabras:

—Toquen, toquen aquí... ¡Verán qué fuerte es mi brazo!

Ese brazo fuerte que Covadonga mostró a los inspectores no dejó que Carlos se levantara del sitio en que había caído. Sin embargo, la juventud y fortaleza de la víctima le permitieron unos minutos de agonía en los que, según sabemos, murmuró:

—¡Te mato!

Sin embargo, no había vida ya en el cuerpo del joven, que fue arrastrado hasta la bodega-despensa del establecimiento de bebidas en el que tuvieron lugar los hechos. Allí sería depositado por Covadonga, que le descuartizaría de madrugada, después de haber alternado con los clientes de su bar hasta más tarde de las seis de la mañana.

● NO LE AYUDO NADIE

Los inspectores encargados del caso han descartado, por lo que hemos podido saber, la posible colaboración de terceros en este acto sangriento. Sólo el sobrino de Covadonga estuvo en la casa esa noche, y aunque estuvo al tanto de todo lo que ocurría no parece que colaborara en el homicidio. Porque, según se cree, mientras su tía ocultaba el cuerpo, fue a despachar a un cliente que acababa de ponerse tras la barra del bar. Luego se acostó. Su tía, sin embargo, limpió a fondo las terribles huellas de lo ocurrido. Minuciosamente restregó todos los salpicones de sangre que habían manchado las paredes, y quemó el pantalón, que se le había manchado también. En el mismo fuego destruyó los documentos de la víctima. También hizo desaparecer una cobertura que tapaba un tresillo, y luego se fue a atender su negocio. Nadie la encontró diferente aquella noche y, sin embargo, en las dependencias destinadas a viviendas estaba el cuerpo, aún caliente, de un joven de veintiocho años con el cráneo hundido, muerto.

● «VAMOS A DAR UN PASEO»

La mañana del domingo, día 4, después de la terrible noche en que el pobre pequeño de quince años tuvo tiempo de pasar en el insomnio una y otra vez las escenas de lo ocurrido, Covadonga llevó a su sobrino a jugar un partido de fútbol en su automóvil (Renault - Gordini, M-474.639). Cuando le dejó en el campo de juego se marchó a acabar su tarea: colocó, ayudada con el arma homicida y un cuchillo, las dos partes del cadáver en los sacos de plástico donde sería encontrado y los ató. Cuando el muchacho terminó su compromiso deportivo, Covadonga le fue a recoger y le dijo: «Vamos a dar un paseo.»

En la parte de atrás del vehículo, colocados en el asiento, y no en el portamaletas iban el cuerpo seccionado de Carlos en las dos sacas. La mujer llevó a su sobrino a dar varias vueltas, siempre por caminos vecinales, buscando el momento propicio y el lugar adecuado para desprenderse de los restos. Estos quedarían en las cunetas de los dos caminos poco transitados en los que fueron hallados. Pero el «reparto» no se hizo de forma continua, sino que entre el momento en que fue arrojado el primer bulto, conteniendo la parte superior del cuerpo, en la carretera de la Vid a Vegacervera y el instante en que fue abandonada la otra saca transcurrieron varias horas y tuvo lugar un pinchazo en una de las ruedas del Gordini, y Covadonga fue ayudada por un taxista a cambiar el neumático, que no se apercibió de la macabra bolsa conteniendo las extremidades y las caderas del cadáver.

En todo momento, la actuación de Covadonga estaba encaminada a desprenderse del cuerpo de Carlos, y por ello, según fuentes policiales, golpeó «posmortem» a la víctima más arriba del codo y en las rodillas, para que se acomodara en el interior de las sacas. Sin embargo, hay algunas incógnitas por aclarar y tenemos noticia de que las investigaciones van a seguir. Se trata de esta forma de encontrar el brazo derecho del cadáver que tenía un tatuaje —conocido por todos los amigos de Carlos—, de un par de centímetros de ancho, con sus iniciales y también se intentará esclarecer si los dedos de la mano izquierda fueron seccionados para evitar la identificación o mordidos por las alimañas. Sin embargo, este caso insólito que se presentaba como difícil para los investigadores ha sido resuelto brillantemente. Y todos coinciden en que en este homicidio hay dos víctimas: la otra es el sobrino de Covadonga de quince años, que no podrá jamás olvidar la noche del 3 de mayo del presente año.

ABELLAN

BENIDORM: Seis muertos y diez heridos

APLASTADOS POR UNA MARQUESINA

- Las víctimas, casi todas extranjeras, se resguardaban de una tromba de agua

BENIDORM, 29.—Seis personas han muerto y otras diez han resultado heridas de diversa consideración cuando, hacia las doce menos cuarto de ayer, se desplomó la marquesina de un edificio en el centro de Benidorm, donde se resguardaban de la tromba de agua que caía en esos momentos.

La marquesina de cemento, desplomada a consecuencia de la acumulación de agua sobre el mismo, tiene dos metros de anchura y unos veinte de largo. Al desplomarse atropó a las dieciséis personas que había debajo. Cinco de ellas murieron en el acto, y otra, al ingresar en la clínica local Virgen de Fátima, donde también fueron trasladados los diez heridos.

Según ha informado a Europa Press el director en funciones de la clínica, doctor Escrivá, cuatro de los muertos en el acto son turistas extranjeros (alemanes casi todos), y el quinto es el español señor Calvo Blanquer, natural de Callosa de Eusarria (Alicante) y propietario de uno de los negocios próximos al lugar de la catástrofe.

La sexta persona fallecida, al poco tiempo de ingresar en la clínica, donde se le practicó una intervención quirúrgica de urgencia, es Johanna Catarina Baas, holandesa, madre de Joost, de cinco años, y de Susana, de dos años, quienes han sido atendidos respectivamente de heridas leves y graves. (Europa Press.)

BARCELONA: Por temor al contagio de meningitis

POCA ASISTENCIA A CLASES

BARCELONA, 29.—Dos casos de meningitis se han producido últimamente en un colegio de esta ciudad. Se trata de unos niños de cuatro y ocho años, y su estado, tras los correspondientes tratamientos, es satisfactorio. Por su parte, la Jefatura Provincial de Sanidad ha procedido al suministro de sulfamidas a todos los alumnos del colegio; pero la alarma ha cundido entre los padres, y en los últimos días ha decrecido sensiblemente el nivel de asistencia a las clases. (Pyresa.)

● SABADELL: NOTA DEL AYUNTAMIENTO

SABADELL, 28.—En relación con los casos de meningitis aparecidos últimamente en diversos sectores de la ciudad, el Ayuntamiento ha facilitado una nota, en la que, entre otras cosas, dice:

① Al no existir vacuna contra esta enfermedad se han venido realizando quimio-profilaxis con sulfamidas a los contactos directos o convivientes, cuando se ha presentado un caso. Estas medidas son las indicadas por la Jefatura Provincial de Sanidad, siguiendo las normas de la O. M. S. (Organización Mundial de la Salud).

② La medida más eficaz en el diagnóstico y tratamiento precoz de la enfermedad, siendo conveniente acudir al médico en los casos en que un enfermo presente síntomas de fiebre elevada, vómitos intensos y dolores de cabeza. (Logos.)

La descuartizadora de León (1975). Artículo sobre el crimen y retrato de Covadonga Sobrino Álvarez

El crimen de los Urquijo (1980). Rafael Escobedo, «Rafi», en la cárcel

El crimen de la «Dulce Neus» (1981). Neus Soldevilla a la salida de los juzgados

La desaparición de «el Nani» (1983). Una de las búsquedas del cadáver, en el pantano de Guadalix

La matanza de Puerto Hurraco (1990). Las hermanas Izquierdo

El crimen de las niñas de Alcásser (1992). (De izquierda a derecha) Desirée Hernández, Míriam García y Antonia Gómez

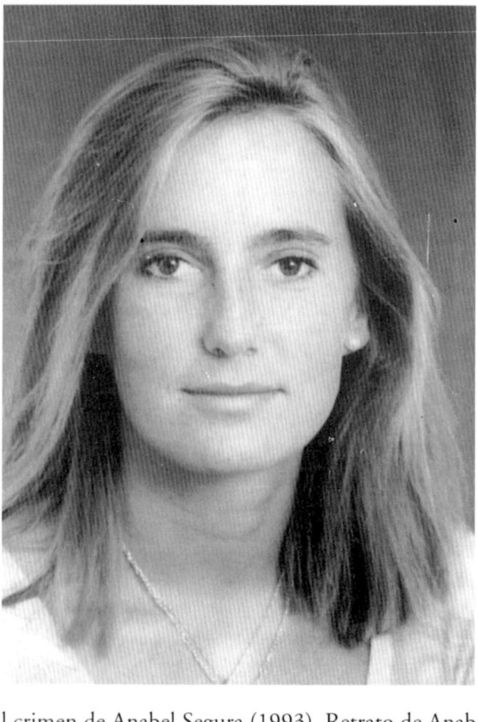

El crimen de Anabel Segura (1993). Retrato de Anabel

vez desesperado. Es en ese momento cuando alumbra en su cerebro la vieja idea del crimen.

Aprovechando el ascendiente que tenía sobre Segarra, un hombre que le admiraba ciegamente, le planteó la posibilidad de atracar a uno de los habilitados del banco en el que trabajaba, concretamente a alguno de los encargados de transportar dinero desde la central de Alicante hasta la sucursal de Elche. Después de varias conversaciones Segarra aceptó y acordaron desvalijar a Vicente Valero Marcial aprovechando sus frecuentes viajes de transporte de dinero, porque siendo un viejo amigo y compañero de Segarra parecía hasta cierto punto fácil engañarle. El plan era simple: alquilar una casita para veraneantes donde habrían de cometer el crimen, pues cada vez más, aunque sin hablarlo expresamente, se daban cuenta de que eran incapaces de robar al habilitado sin tener que darle muerte. Y se encargaron de escribir una carta dirigida al propio Segarra en la que supuestamente una chica conocida de otros tiempos había decidido pasar el verano en Alicante y le animaba a visitarle pidiéndole que llevara un amigo para una compañera que estaba con ella, lo que era la trampa para Valero, a quien tenían por aficionado a las mujeres. Ya sólo quedaba esperar la ocasión más propicia.

Julio se desplazó a la colonia Vistahermosa de la Cruz, cercana a Alicante, y allí alquiló una casita «para una familia de Albacete», dejando una señal de quinientas pesetas, obteniendo a cambio la llave. Al mismo tiempo avisó a un amigo de Logroño que habría de intervenir en caso de que algo saliera mal. Por su parte, Segarra se hizo el encontradizo con Valero al que le mostró la carta invitándole a ser su acompañante, lo que el otro aceptó y quedó en que llegado el momento le avisaría. Mientras tanto Segarra, que se aprovechaba de la total confianza que tenía Valero en él, pues se conocían desde niños, se frecuentaban y habían sido ambos padrinos en la respectiva boda del otro, preparó las cosas en el banco diciendo que estaba enfermo y que le habían dicho que tenía que ir a menudo a Alicante a la consulta del médico.

Por fin, el viernes 30 de julio de 1954, al incorporarse al trabajo, Segarra escuchó que a Valero le enviaban a recoger dinero a Alicante por lo que vio llegada la ocasión que esperaba. Se apresuró a pedir permiso para ir al médico que, según él, le había citado urgentemente, avisando después a Julio que se trasladó en moto a Alicante junto a un cómplice llegado de Logroño. Segarra subió en el mismo autobús que tomó Valero y al final del trayecto volvió a hacerse el encontradizo felicitándose por su buena suerte. Según le expuso a su viejo amigo aquello era el destino que los unía para que pudieran visitar a las chicas que les esperaban en Vistahermosa. Quedaron citados a las once en la puerta de la consulta del médico. Acto seguido, mientras Valero iba al banco a por el dinero que tenía que recoger, Segarra se encontró con el cómplice y fueron juntos a la consulta que sería en cualquier caso su coartada. Al darse cuenta de que no conseguiría número hasta después de las once, dejó encargado a su compinche y bajó a esperar a su víctima. Una vez juntos tomaron un taxi para dirigirse a la urbanización. Ya en el chalet, entró primero Segarra, seguido de Valero, quien fue sorprendido por Julio que lo esperaba desde hacía una hora. Sin darle tiempo a reaccionar, le golpeó en la nuca con un pequeño yunque de zapatero envuelto en trapos. Al darse la vuelta tambaleante recibió otro golpe en la frente que le hundió el cráneo. Segarra, sin conmoverse, recogió la cartera en la que sólo encontró cuarenta mil pesetas. Ninguno de los dos asesinos cayó en la cuenta de que el resto del dinero, hasta un cuarto de millón, estaba oculto en las ropas de la víctima.

Minutos después salía Segarra montando en el taxi que les había llevado hasta allí, al que había pedido que le esperara para asistir a su cita con el médico. En la casa quedaba Valero herido de muerte que sufriría una larga agonía y Julio López, su asesino, obligado a presenciarla, que recordaría para siempre el tiempo que aquel tardó en morir, asistiendo paralizado por el terror, mientras trataba de concentrarse en la tarea de limpiar las huellas. Precisando comprar una manta y un saco grande para envolver el cadáver, el criminal tuvo la necesidad de salir. Al cerrar la puerta se le rompió la llave, con lo que tuvo que hacer acopio de valor para pedirle otra a la administradora. A la vuelta sufrió un acceso de miedo al ver que el cuerpo se había movido de donde lo dejó, pese a lo cual tuvo el suficiente ánimo para desnudarlo y envolverlo con la manta y el saco. Aunque había quedado encargado de hacer desaparecer el cadáver no se atrevió a llevarlo a cabo. Y en uno de sus intentos, pues volvió varias veces al lugar del crimen, perdió la llave de la casa sin atreverse a solicitar por segunda vez otra nueva. Optó por decirle a Segarra que se había desprendido del cuerpo donde nadie lo encontraría y fue capaz de vivir cuatro meses despreocupadamente e incluso llegó a casarse con la hermana de Segarra, mientras el cadáver permanecía en la casita de Vistahermosa. Finalmente la administradora descubrió el hedor que salía de aquella vivienda alquilada que nadie había ocupado y avisó a la Guardia Civil. Los restos encontrados, especialmente un trozo de papel blanco con una huella dactilar y la punta de un pañuelo, ambos semiquemados, encaminaron la investigación hacia el empleado del banco de Elche desaparecido con un buen puñado de dinero. Aquello llevó fácilmente a la detención de Segarra y la búsqueda incesante de Julio López que disfrutaba de su luna de miel. Decididamente Julio nunca tuvo suerte con las quinielas: su mayor premio fue la causa de su detención. Se supo que había acertado un boleto al que correspondían nada menos que ciento veintisiete mil pesetas que sólo podría cobrar en Murcia o Cartagena. Y fue en Murcia donde los policías le detuvieron cuando entraba en la oficina de apuestas. Iba del brazo de su mujer que estaba ajena a todo el entramado del crimen. Se tomó la detención con cierto alivio, porque según dijo vivía angustiado, y lo confesó todo con gran lujo de detalles. Tanto él como su cuñado fueron condenados a muerte, pero mientras Segarra alcanzó la gracia del indulto, Julio fue ejecutado en el garrote vil en el verano de 1958, en Alicante.

EL CRIMEN DE «LOS GALINDOS»

El fuego descubre la matanza. Dos cadáveres en el cobertizo. La mujer del capataz con el rostro destrozado a golpes. El tractorista que trató de escapar. Se busca a Zapata como autor del crimen; luego culpan a José González. Al final, un poco de justicia en veinte años.

Por los tiempos en los que sucedió el crimen, el cortijo Los Galindos era una propiedad rentable y bien cuidada. Estaba al cargo de Manuel Zapata Villanueva, de cincuenta y nueve años, el capataz, y de su mujer, Juana Martín Marcías, de cincuenta y tres. Igualmente contaba con tractoristas y jornaleros fijos. La propiedad estaba situada a 3 kilómetros de la localidad sevillana de Paradas, entre las poblaciones de Marchena y Carmona, por la carretera llamada de El Palomar. Paradas es un típico poblado andaluz de calles limpias, muy embellecidas por sus moradores, que muy poco antes habían logrado el primer premio en el concurso convocado para galardonar a los pueblos mejor cuidados. La localidad de Paradas está situada a 500 kilómetros de Madrid y a 53 de Sevilla. El último censo que precedió al rosario de muertes que acabaría con cinco de sus vecinos fue de 10.106 habitantes.

Los Galindos era una propiedad de unas 400 hectáreas de tierra agradecida que daba buenas cosechas de trigo, cebada, girasol y aceituna. A los entonces propietarios, los marqueses de Grañina, les había llegado a través de la compra por el hermano de la marquesa, Francisco Delgado Durán, que la adquirió en 1950, cuando apenas tenía veinte años. A su muerte, ocurrida trágicamente en un accidente de automóvil en Portugal, el 19 de febrero de 1969, pasó a manos de sus padres, que la cedieron a su hija casada con Gonzalo Fernández de Córdoba y Topete, marqués de Grañina. Al cortijo se accedía por un camino de tierra rojiza que tenía algunos árboles. Al entrar, la vista se topaba al fondo con el cobertizo con balas de paja apiladas. A la izquierda estaban las viviendas, la más cercana y mejor surtida, la de los marqueses; y un poco más a la derecha, mucho más modesta, la que ocupaban el capataz y su mujer. Al otro lado de un patio cerrado con una tapia estaba la Casa de máquinas, donde se guardaban los aperos de labranza y junto a ella el granero, todo dispuesto alrededor de un patio por el que circulaban sin dificultad los tractores.

La mañana del 22 de julio de 1975, el tractorista José González, de veintisiete años, trasladó la orden de Zapata al recadero del cortijo, Antonio Fenet, para que marchara al campo con los otros labradores a «acuchillar» a los pies de los pinos, lo que no era muy habitual. Quedaron en el cortijo solos Zapata, Juana y José hasta pasado el mediodía, cuando José fue requerido probablemente a instancias del asesino para ir al pueblo a recoger a su mujer, Asunción Peralta, de treinta y cuatro años, que había trabajado como temporera en Los Galindos antes de casarse. Seguramente aquel encargo tenía como objetivo aclarar algún sucedido en la finca o debatir un secreto del que Asunción participaba. Mientras José González se dirigía a su casa en su coche Seat-600 color crema, en Los Galindos se desató la tragedia. Zapata, que confiadamente hablaba con el asesino, sentado en su despacho, no esperaba en modo alguno que este le agrediera con el trozo de la pieza rota de la empacadora con la que jugueteaba hacía un rato. Inesperadamente, el criminal atacó al capataz por la espalda golpeándole el cráneo hasta destrozárselo. Debía obedecer a un plan preconcebido porque acto seguido se dirigió en busca de Juana a la que conocía de sobra, que le había visto entrar y conversar con su marido, por lo que no podía dejarla viva. La atacó con la misma arma. Pero esta vez de frente, golpeándole el rostro varias veces hasta que le quedó aplastado, con el aspecto de una máscara de goma. El asesino no actuaba solo y así quedó patente al observar el rastro de sangre que dejó en el suelo. Primero un enorme manchón correspondiente a un cuerpo arrastrado pesadamente y después un goteo que marca cómo el cuerpo fue izado, probablemente sujeto por pies y axilas hasta ser depositado en el dormitorio, donde también dejaron la pieza de la empacadora con la que la habían matado. Al salir, los asesinos cerraron la puerta con un candado. Instantes después regresó González que venía con Asunción. Fueron recibidos por los criminales que les apuntaban con la escopeta de Zapata. Sin intercambiar apenas palabras —los crímenes se sucedieron de forma muy rápida, probablemente entre las tres y las cuatro de la tarde—, nada más salir del coche, la pareja fue empujada hacia el cobertizo. Allí fueron vilmente asesinados a tiros y golpes así como rociados de gasolina y gas-oil. En ese momento debió llegar alguien inesperado: era el tractorista Ramón Parrilla, de cuarenta años, que se había quedado sin carburante. De repente se vio encañonado por una escopeta. Trató de huir pero inmediatamente le dispararon. Se protegió con los brazos donde recibió dos descargas. Sangrando y con los brazos destrozados dejó un reguero de sangre por el itinerario de su escapada imposible, primero hacia el interior del caserío y, finalmente, hacia la salida de la finca, por el camino de tierra roja. Pero no pudo ir muy lejos: en una zanja, junto a un árbol, se derrumbó herido de un disparo que le entró por la espalda. Allí caído fue rematado sin piedad. Debían de ser las cuatro de la tarde pasadas. Los asesinos cubrieron el cadáver de Parrilla con paja, siguiendo un extraño ritual que les llevó a ocultar el cuerpo de Zapata, a encerrar el de Juana con un candado, y finalmente a quemar los del matrimonio González. A las cuatro y media, una espesa columna de humo se levantaba del caserío de Los Galindos alarmando al recadero Fenet y a los otros trabajadores que corrieron hacia la casa porque pensaron que estaba ardiendo. Al llegar descubrieron la paja del cobertizo que se quemaba con extraña violencia. Se acercaron y notaron que debía estar empapada en combustible porque ardía de una forma especial. Además, de las pacas se desprendía un denso y sospechoso olor. Buscaron al capataz sin encontrarlo, pero en seguida vieron la sangre, casi a la vez que descubrían los cadáveres consumidos del matrimonio

González. Ni siquiera podían imaginar que eran ellos. Inmediatamente fueron al pueblo a dar aviso a la Guardia Civil. El comandante del puesto, un cabo, acompañado de un número, se desplazó al cortijo donde pudo comprobar el extraño caso que se le presentaba. Tras recorrer las dependencias de la vivienda del capataz siguiendo los rastros de sangre llegaron ante la puerta cerrada con el candado. Sin saber qué podían encontrarse al otro lado, descerrajaron el candado de un tiro. Una vez abierta la puerta se encontraron con la macabra escena de Juana tendida en la cama con el rostro aplastado. Había mucha sangre, y ya los vecinos del pueblo, que se habían acercado en gran cantidad al saber que algo raro sucedía en Los Galindos, habían descubierto que el reguero que iba hacia fuera terminaba junto al camino de acceso, exactamente en un lugar oculto por un montón de paja. Fue suficiente trastear un poco allí para que quedara al descubierto el cadáver del tractorista Parrilla, el único que resultaba reconocible.

El crimen de Los Galindos fue un asesinato complicado, lleno de matices que no habría sido difícil de resolver si hubiera ocurrido en una gran urbe con toda clase de medios para la investigación criminal, pero en Paradas, un pueblecito desprevenido, con un pequeño cuartel de la Guardia Civil, resultaba casi imposible enfrentarse a tanta complicación. Además, los vecinos andaban toqueteándolo todo: la pieza de la empacadora que fue el arma criminal, el Seat-600 de donde sacaron la escopeta que los asesinos habían abandonado allí tras los crímenes, las ropas y cuanto podía ser susceptible de ofrecer una pista a los investigadores. Quedaron conculcadas todas las reglas que es preciso seguir para salvar huellas y además se sacaron conclusiones precipitadas.

Tanto los vecinos como la Guardia Civil encontraron cuatro cadáveres mutilados y fríamente asesinados y echaron en falta al capataz de la finca, Manuel Zapata. No aparecía por ninguna parte. Así las cosas parecía lógico pensar que era el responsable de tanta muerte. Por eso todos los efectivos se pusieron inmediatamente a buscarlo. Mientras se había dado aviso de lo que había ocurrido a los marqueses, presentándose en seguida el marqués, Gonzalo de Córdoba, y el administrador de la finca, Antonio, su mano derecha. Pero en aquel momento lo único que importaba era encontrar a Manuel Zapata, a quien se le creía perdido en el campo, loco y armado. Aunque lo buscaron incansablemente, no lo encontraron. Peinaron la finca, revisaron las construcciones del caserío y patrullaron los alrededores sin resultado. Sorprendentemente, al llegar la oscuridad, el marqués y su administrador pasaron la noche solos en Los Galindos. Durante el día 23 se siguió buscando sin resultado. No fue hasta la mañana del 25 cuando el cuerpo de Manuel Zapata fue finalmente hallado, aparentemente en el mismo lugar donde lo habían arrojado los asesinos: detrás de la Casa de máquinas, muy cerca de la pared, en el hueco de un árbol, cubierto de paja. En un lugar imposible para estar oculto tanto tiempo. Precisamente allí había orinado entre tanta búsqueda un policía municipal de Paradas sin percartarse de que estaba el cadáver de Zapata, aunque a lo peor fue puesto allí con posterioridad. Podemos considerar casual la última muerte, la de Parrilla, pero los dos matrimonios estaban relacionados. Estos cuatro sabían algo comprometedor que se llevaron a la tumba.

Más de veinte años después, ninguna de las numerosas incógnitas que rodean el quíntuple asesinato de Los Galindos ha sido aclarada, aunque el tiempo no ha transcurrido en vano: la hipótesis policial que señalaba como autor material al tractorista José González, que según esta habría matado a los demás y se habría suicidado después, fue desmontada y desmentida. Es la única justicia que se ha hecho en el caso Los Galindos.

El crimen de los Urquijo

La madrugada sangrienta. Simulando un asalto nocturno. La romería de asesinos. Todo preparado y se les escapa un tiro. El marqués murió mientras dormía, la marquesa murió porque se despertó. La investigación dejó mucho que desear. El crimen fue casi perfecto.

Aquella madrugada del 1 de agosto de 1980 quedará para la historia. Habían estado esperando a que fuera noche cerrada. Eran cuatro. Llegaron en dos coches. Rápidamente se dividieron el trabajo. Uno de los dos de más edad, quedaría de vigilancia mientras los otros saltaban la verja. Si le veían no sospecharían nada. Consultaron sus relojes que marcaban las tres y media de la mañana. Sabían que no había peligro alguno. Se dirigieron a la parte de atrás para simular el asalto. Tenían estudiado entrar por la parte acristalada de la piscina. El que llevaba la bolsa con los utensilios la depositó en el suelo. Dentro había un soplete, un martillo, una linterna y un rollo de esparadrapo. El más alto y delgado sacó el martillo cubierto de tira adhesiva y dibujó un triángulo con esparadrapo en la superficie del cristal. Luego golpeó rápido justo en el centro. Los trozos de cristal quedaron unidos por el esparadrapo. Entraron apartando la puerta rota. Los tres hombres convertidos en sombras, que se mueven rápida y silenciosamente, se encuentran la cristalera interior abierta por lo que pasan al interior de la vivienda. El joven moreno que sostiene la pistola la acaricia con nerviosismo. Es del calibre 22 y está cargada con balas de alta velocidad, marca Winchester, Long Rifle, para tiradores exigentes. Van muy bien de tiempo y, según lo previsto, se encuentran ante una puerta de madera maciza, cerrada, que les corta el paso a la planta baja de la lujosa mansión. Dos de los intrusos, el de mayor edad y el joven alto que parece un extraño pájaro, se turnan con el soplete. Mientras, el tercero desprende el esparadrapo y borra las posibles huellas para lo que guarda por unos instantes la pistola en la cintura.

En unos minutos logran un agujero suficiente para que el joven delgado que tiene un perfil de ave introduzca su brazo. Sabe que al otro lado está puesta la llave en la cerradura y que bastará con girarla para superar el último obstáculo que los separa de su objetivo. La puerta quemada se abre con un chasquido y los tres la cruzan sin detenerse en la siguiente puerta que no está cerrada. Ya en el hall de la planta baja se guían con la linterna muy cerca del suelo para que no los delate el resplandor y se encaminan sin ruido hacia la escalera de acceso a la planta superior donde están los dormitorios. El joven que empuña la pistola aprovecha para asegurar el tubo del silenciador a la vez que se empareja con el hombre de mayor edad que le dirige una mirada cómplice. Van derechos al dormitorio principal, donde descansa Manuel de la Sierra y Torres, de cincuenta y cinco años, marqués de Urquijo, quien ocupa la ancha cama solo y duerme plácidamente, seguramente pensando que dentro de unas horas estará en su casa veraniega de Sotogrande, Cádiz. Pero los asesinos están en su casa para quitarle de golpe todos sus sueños. El que empuña la pistola se dirige a la cabecera de la cama y le apunta detrás de la oreja derecha. Apenas un segundo después suena un ruido amortiguado y el marqués muere sin despertarse. Su asesino se deja llevar por un odio escondido y se arroja sobre él apretándole el cuello. En su garganta quedan raspaduras y hematomas del brutal trato hasta que el acompañante de más edad consigue desprenderlo de las manos como garras de su asesino. En ese forcejeo entre los criminales, la pistola que está preparada como arma de precisión en la que el gatillo queda «al pelo», suelta otro tiro que se incrusta en un armario. El revuelo de la habitación despierta a la marquesa, María Lourdes Urquijo Morenés, que duerme en un cuarto vestidor habilitado como dormitorio. La marquesa padece una enfermedad que le provoca trastornos de lenguaje y motricidad. Oficialmente ha abandonado la cama conyugal para no molestar a su esposo cuando se queda leyendo por la noche. El ruido en la alcoba la ha sacado de su sueño ligero y difícil. Se ha incorporado en su cama y llama a su esposo. El asesino de mayor edad, sin formular palabra, le arrebata el arma al otro y a la tenue luz de la mesilla de la marquesa le dispara mientras no se inquieta por la mirada de reconocimiento y sorpresa de la mujer que abre la boca, justo por donde le entra la bala zumbando. Un instante después recibe otro balazo, esta vez en la yugular, como el tiro de gracia que se les da a los animales de caza mayor. Un tiro que hace que se derrumbe muerta manchando de sangre las paredes.

Los dos asesinos se marchan sin llevarse nada. No registran los muebles y ni siquiera se entretienen en revisar la cartera con el dinero y la documentación que queda abandonada sobre la mesilla del marqués. Abajo se reúnen con el tercer hombre que se parece a un ave y, en la calle, con el encargado de vigilar para que nadie les moleste. La huida de la romería de asesinos que ha hollado la paz y llevado la muerte a la casa del Camino Viejo de Húmera, 27, de Somosaguas (Madrid) es tan rápida y eficaz como su llegada, perdiéndose en las sombras de una noche quieta y calurosa. Para las sospechas policiales serían cinco los asesinos. Los cuatro que fueron a la casa la noche del crimen y el cerebro o inductor.

Los personajes de este drama, uno de los más conocidos, pero también de los más misteriosos de la historia criminal española son:

Los hijos y herederos.—Miriam y Juan de la Sierra, que entonces tenían veinticuatro y veintidós años de edad respectivamente. Su padre era muy severo y les daba el dinero con cuentagotas. Con Miriam estaba especialmente disgustado por el matrimonio de esta que se llevó a cabo contra su voluntad. Y según parece fue una fuerte discusión con su madre lo que hizo que Juan fuera obligado por su padre a desplazarse a estudiar a Londres, donde aparentemente se encontraba el día de los asesinatos.

El yerno.—Rafael (Rafi) Escobedo Alday, casado con Miriam, que tenía veintiséis años, odiaba a su suegro al que hacía responsable del fracaso de su matrimonio.

El administrador.—Diego Martínez Herrera, de cincuenta y dos años, que estaba al servicio del marqués desde mucho antes de que este conquistara título y fortuna con su boda.

El consuegro.—Miguel Escobedo Gómez-Martín, padre de Rafael y gran aficionado a las armas de fuego.

El mayordomo.—Tradicional culpable en las novelas policiacas, pero fuera de toda sospecha en este crimen. Vicente Díaz Romero, que tenía entonces treinta y siete años, llevaba siete meses al servicio de los marqueses. Gracias a él se conocieron muchos detalles sobre las difíciles relaciones de padres e hijos en la familia Urquijo.

El Americano.—Richard Dennis Rew, que entonces tenía 41 años, estaba divorciado y tenía dos hijos, era la pareja sentimental de Miriam de la Sierra que se había separado de Rafi.

El amigo.—Javier Anastasio de Espina, compañero del alma de Rafael Escobedo desde la infancia, estuvo cenando con él y luego tomando copas la noche del crimen. Cuando este fue detenido y acusado formalmente del asesinato de sus suegros hizo un viaje relámpago a Londres que aún hoy resulta inexplicable a no ser que fuera pura y simplemente una huida abortada.

El marqués de Torrehermosa.—Mauricio López Roberts, marqués de Torrehermosa, que trabajó con Escobedo y con Miriam en Golden, una empresa de venta piramidal, afirmaba sentirse una especie de «padre adoptivo de Escobedo».

Prácticamente desde las primeras horas, la policía tuvo muy claro quién era el principal sospechoso del crimen de los marqueses: Rafael Escobedo Alday, quien odiaba a su suegro, que primero se opuso a su boda y luego le retiró su ayuda económica amenazando con desheredar a su hija. Desde luego, Escobedo tenía un móvil. Aunque esto aparecía tan claro, el sospechoso no fue detenido y acusado hasta pasados ocho meses del doble crimen. Y la detención se debió a un elemento extraño a la investigación oficial. Fue un policía que estudiaba Derecho, José Romero Tamaral, quien siguió a Escobedo a una finca de Moncalvillo de Huete (Cuenca) donde recogió unos casquillos que se demostró que habían sido disparados con la misma arma que mató a los marqueses. Las pesquisas de este policía permitieron acusar al amigo de Rafi, Javier Anastasio, como coautor, y a Mauricio López Roberts, en calidad de encubridor del crimen. Por medio, y tirando del hilo de a quién beneficiaba económicamente la muerte de los marqueses, los hijos, Juan y Miriam, tuvieron que padecer el peso de la sospecha, aunque nunca fueron formalmente acusados ni se encontró ninguna prueba contra ellos.

Los esfuerzos policiales y la investigación periodística permitieron saber con bastante aproximación cómo se produjo el crimen, pero han pasado los años sin que pueda determinarse quiénes acompañaban a Rafael Escobedo aquella madrugada y cuál fue verdaderamente el móvil. Rafi Escobedo fue juzgado a finales de junio de 1983 y la sentencia que se conoció el 7 de julio le condenó como autor de dos asesinatos a cincuenta y tres años, cuatro meses y dos días de reclusión. En octubre de ese mismo año se abrió un segundo sumario en el que fueron procesados Javier Anastasio y Mauricio López Roberts. En diciembre de 1987, Anastasio, tras cumplir el tiempo máximo en prisión preventiva, aprovechó que fue puesto en libertad para fugarse a un país de Sudamérica. Unos meses más tarde, el 27 de julio de 1988, Rafi Escobedo, que se encontraba cumpliendo condena en el penal de El Dueso (Santoña), apareció misteriosamente ahorcado en su celda. En febrero de 1990, López Roberts fue juzgado y condenado a una pena de diez años como encubridor. Pese a todo lo avanzado, en lo sustancial, el crimen de los Urquijo sigue siendo un enigma.

El asesinato del matrimonio Gardner

Habían regresado de Norteamérica sólo cuatro días antes. La señora tenía una impresionante colección de joyas muy valiosas. La última vez que se les vio vivos estaban paseando el domingo por la mañana. Los cadáveres fueron encontrados literalmente cosidos a cuchilladas.

El triple asesinato cometido en el número 50 de la calle Alcalde Sáinz de Baranda fue uno de esos crímenes que marcan época, fruto de una situación convulsa en la que miles de jóvenes atrapados por la droga están dispuestos a cualquier cosa por conseguirla.

Amelia López del Moral, natural de Madrid, de sesenta y dos años, casada con el ingeniero norteamericano William Gardner, de sesenta y siete, había heredado de sus padres el piso segundo derecha de la citada finca, donde el matrimonio residía, una vez vuelto a España después de muchos años de haber vivido en Arabia Saudita obligados por el trabajo del esposo. William Gardner, nacido en Nueva York, que estuvo empleado en una compañía petrolífera, estaba jubilado y solía emprender largos viajes por el extranjero con su esposa, puesto que no tenían hijos que les ataran ni dificultades económicas que les impidieran cumplir sus deseos. No obstante, decididos a pasar el resto de su vida en su hogar madrileño habían ordenado una reforma a fondo del piso, que se llevó a cabo el verano anterior al momento del crimen, amueblándolo y acomodándolo con exquisito gusto. Los Gardner, con fama de buenas personas en todo el barrio, pese a que podrían habérselo permitido, no tenían una vida social muy intensa. En su piso, cuando no estaban de viaje, llevaban una existencia recogida, asistidos en todas las tareas de la casa por la sirvienta Benita Carretero Martínez, de sesenta y tres años, que contaba ocho a su servicio. María Amelia era una mujer que se conservaba excelentemente para su edad y que, aunque no le gustaba prodigarse en actos sociales, sin embargo sí se complacía en arreglarse y cuidarse, tanto como en lucir, cuando había motivo para ello, sus valiosas joyas de las que tenía una impresionante colección. Los domingos por la mañana, no demasiado pronto, los Gardner bajaban a la iglesia a pocos metros de su casa, asistían a misa y solían comprar el periódico en el quiosco situado frente a su portal, junto al madrileño parque del Retiro. Eso hicieron la última vez que fueron vistos con vida, precisamente el domingo 24 de enero de 1988, cuando hacía sólo unos días que acababan de regresar de una estancia de dos meses en los Estados Unidos.

La noche del martes, 26 de enero, la portera de la finca, María Doñoro, muy preocupada porque había observado que hacía dos días que los Gardner no sacaban las bolsas de basura al descansillo de la escalera como hacían siempre, revisó con detenimiento la puerta del segundo derecha y se dio cuenta de que aunque nadie respondía a sus insistentes llamadas había luz encendida en el interior. Alarmada por esta situación tan irregular bajó a comunicarle sus sospechas de que algo grave podía haber sucedido a Mateo Carretero, conserje del número 33 de la misma calle Alcalde Sáinz de Baranda, que se daba la casualidad de que era hermano de Benita, la sirvienta de los Gardner. Mateo y Juliana, su mujer, disponían de un duplicado de llaves del piso en el que trabajaba Benita que les había confiado ésta por si se presentaba un caso de necesidad. Acompañados de los porteros de la finca, Mateo y su mujer acudieron a la vivienda de los Gardner y después de abrir con notable nerviosismo recorrieron la casa. Al llegar al pasillo que permite el acceso a la cocina se llevaron el mayor susto de su vida: tendida en el suelo, boca arriba y descalza, estaba Benita con el cuerpo cruzado de cuchilladas y manchada de su propia sangre. Su posición revelaba que podía haber intentado escapar cuando fue herida por la espalda. Junto a ella sus asesinos habían abandonado un cuchillo de 23 centímetros de hoja, y 12 de empuñadura, que presentaba signos de haber sido utilizado para asesinarla y después lavado para limpiar las huellas. Completamente aterrados, los dos matrimonios siguieron su inspección de la vivienda encontrándose el cadáver de William Gardner, vestido con pantalón beige y camisa de cuadros en el salón, caído junto al sofá, en el centro de lo que parecía un campo de batalla, observándose algunos muebles derribados y la alfombra arrugada, como si Gardner hubiese luchado hasta el final. El cuerpo de María Amelia López del Moral fue hallado en el comedor, envuelto en su bata roja. Los dos estaban cosidos a cuchilladas, presentando heridas en el pecho, el vientre, el cuello y las manos. Una de las habitaciones tenía encendida la luz eléctrica y en el cuarto de Benita sonaba un aparato de radio. En el fregadero, sucias, fueron encontradas tres tazas de café. Y en un cenicero, aplastadas, dos colillas de Bisonte, una marca de cigarrillos rubios.

Puesto el hecho en conocimiento de la policía, los agentes comprobaron que los asesinos debían ser al menos dos y que habían revuelto toda la casa en busca de alhajas, dinero y objetos de valor. También concluyeron en seguida que debían de ser muy especiales, o haber actuado con enorme precipitación, porque despreciaron una parte importante del botín. Encima de la cama del dormitorio principal dejaron un lote de joyas que a primera vista parecía importante, y un poco más allá, repartido por el suelo, otro lote de joyas igualmente valiosas. Todas seguramente pertenecientes a la colección de alhajas y objetos de auténtico capricho que María Amelia, que sólo cuatro días antes había regresado de Norteamérica con su esposo, no había tenido tiempo de llevar donde siempre las guardaba: la caja fuerte de su banco. Los asesinos también se habían olvidado de otro cuchillo de 15 centímetros de hoja, este lleno de sangre, que no había sido lavado como el otro, hallado por los agentes en el cuarto de baño.

La detenida observación de las personas que por uno u otro motivo tenían relación con los fallecidos, llevó a los policías a sospechar de María Ángeles Carretero, de veintidós años, una sobrina de la sirvienta asesinada. Los investigadores manejaban dos datos esenciales:

tanto el matrimonio Gardner como Benita eran muy desconfiados y la puerta de la vivienda no presentaba signos de haber sido violentada, lo que indicaba que debían haber dejado entrar a las personas que les asesinaron porque las conocían y confiaban en ellas.

Poco tiempo después de haberse ordenado el seguimiento de María Ángeles, se supo que era adicta a la heroína, como su novio, Francisco Sánchez Medina, de veintiocho años, y que los dos, «que estaban muy pillados» por la droga, necesitaban inyectarse entre un gramo y un gramo y medio de heroína cada día, lo que suponía una enorme cantidad de dinero al mes. La investigación también descubrió que la chica había empeñado algunas joyas en un local de compraventa llamado Comercial Castellana, en el barrio de Vallecas, y que recientemente había cambiado dólares por pesetas. Un dato extraño pero que no llegó a despistar a los agentes fue el descubrimiento de que María Ángeles acompañó a su padre y a otros familiares hasta el Instituto Anatómico Forense para formalizar el entierro de los restos de su tía, mostrándose allí muy afectada por lo que le había pasado. Cuando estuvieron seguros de tener pruebas suficientes para inculparles, los encargados de la investigación detuvieron a la chica y su novio. Los dos confesaron su participación en el triple crimen.

El domingo 24 de enero, María Ángeles y Francisco Sánchez, conocido como «el Orejas», se presentaron en la vivienda del matrimonio Gardner sobre las 10,30 de la mañana, con el pretexto de ir a visitar a la sirvienta Benita, que al reconocer a su sobrina, les abrió la puerta del portal y les esperó en la escalera a que subieran al segundo donde les franqueó la entrada al piso. Una vez en la cocina, les ofreció una taza de café. La pareja le explicó entonces que necesitaban urgentemente dinero para droga, pero Benita se negó a dárselo. La pareja volvió a exigirle dinero que ésta volvió a negar. Finalmente, exasperados por no conseguir lo que querían, perdieron los nervios y entraron en una espiral de violencia. Aprovechando que Benita les había dicho que no tenía nada que poder darles, la forzaron a que le pidiera dinero a los Gardner, y como seguía negándose, Francisco empuñó un cuchillo de cocina al tiempo que María Ángeles extraía de su bolso un machete con filo de dientes de sierra, con lo que la obligaron a dirigirse a las habitaciones de sus patronos. Al darse cuenta de lo que estaba sucediendo, William intentó llegar al teléfono para avisar a la policía, y fue entonces, según el relato de los inculpados, cuando Francisco se lanzó tras él y comenzó a darle cuchilladas. Tanto María Amelia como su sirvienta contemplaron el asesinato, de William llenas de pavor, abrazadas y sin saber qué hacer. Pero la pareja de criminales no las dejó en paz: tal vez bajo el síndrome de abstinencia, o simplemente impulsados por un arrebato asesino, se dirigieron entonces contra las dos mujeres y las apuñalaron. A pesar del trance enloquecido en el que estaban, uno de ellos fue a la cocina para proveerse de otro cuchillo porque el machete entraba en el cuerpo de las víctimas y debido a su filo de sierra costaba gran esfuerzo sacarlo para volver a apuñalarlas. Las tres víctimas fueron rematadas en el suelo sin piedad. Una vez que se aseguraron de que habían fallecido, los dos asesinos recorrieron la casa, cuidadosamente protegidos con guantes de lana, abriendo los cajones y apoderándose de un botín estimado en cuatro o cinco millones de pesetas aunque dejaron abandonado otro tanto. Rápidamente, y ante el temor de ser descubiertos, escaparon vestidos con sus ropas vueltas del revés para disimular las salpicaduras de sangre. En el juicio al que fueron sometidos, Francisco fue condenado a cuarenta y cuatro años de prisión y María de los Ángeles a cincuenta y uno, por no estimarse en ella como en su compañero la eximente incompleta de trastorno mental transitorio.

El Descuartizador de Cádiz

Dos jóvenes que leían mucho la Biblia. Una desaparición que parecía una travesura. La prueba de acústica musical que acabó en asesinato. No podía resistir la visión del rostro muerto. La forma en la que se deshizo del cadáver. Una confesión fría, completa y sorprendente.

Eran amigos desde la infancia. Se encontraron en las clases del Instituto de Cortadura, en la carretera de Cádiz a San Fernando. Habían congeniado muy bien por lo que se visitaban con frecuencia. La presencia de Juan Martín Montañés, de veintidós años, era muy familiar en casa de Javier Suárez Samaniego, de la misma edad, hijo del arquitecto gaditano José Luis Suárez Cantero. Un muchacho simpático, inteligente, aunque tímido. Los dos jóvenes habían tenido etapas muy similares e incluso habían pasado por una profunda crisis religiosa que les había empujado a pertenecer a una secta muy radical. Hacía muy poco que Javier había atravesado un período místico, de introversión, durante el que pasaba largas horas enfrascado en la lectura de la Biblia. Su padre, que sentía debilidad por él, para intentar comunicarse y sacarlo de su hermetismo se vio obligado también a intensas lecturas de la Biblia. Pero aquello había pasado y Javier retornaba poco a poco a las actividades normales de un joven de su edad mostrándose más alegre y comunicativo. Había estudiado Derecho hasta el año anterior en que abandonó la carrera para ingresar en la Facultad de Ciencias Empresariales quizá debido a sus crisis. Su amigo Juan Martín estudiaba Medicina en la Universidad de Cádiz y era también un gran lector de textos religiosos. Hijo de un subinspector de policía jubilado, vivía emancipado de su familia en un apartamento situado en el piso noveno del número 3 de la calle Villa de Paradas, donde llevaba una existencia muy espartana, precisamente en un bloque de viviendas construido por el padre de Javier, muy cerca de donde este vivía en el paseo Marítimo. El domicilio de Juan estaba en un gran edificio de apartamentos destinado a alquiler para los veraneantes por lo que en enero de 1989, momento de esta historia, se encontraba semivacío, ocupado por muy pocos vecinos que apenas se conocían. El día 21, a eso de las cuatro y media de la tarde, Javier se despidió de sus padres, a los que nunca volvería a ver, aparentemente para dar una vuelta en bicicleta. En la puerta se encontró con su amigo Juan que le comentó algo de una mesa de ping-pong que al parecer había comprado invitándole a montarla entre los dos. Una vez en la vivienda de Juan este le propuso realizar una prueba de acústica sentándole frente al equipo de música, tras servirle una copa, y vendándole los ojos para aislarle de forma que pudiera percibir con más pureza el sonido. Subió el volumen del aparato y llevó a cabo lo que había planeado.

Mientras Javier trataba de concentrarse en lo que escuchaba para satisfacer a su amigo, Juan sacaba de su escondite la pata metálica de una mesa que había rellenado de arena para hacerla más pesada y contundente. Se situó a espaldas del joven que no podía ver nada y le golpeó en la cabeza con todas sus fuerzas. Javier se fue de bruces al suelo malherido. Inmediatamente después el agresor se le echó encima y valiéndose de sus estudios de Medicina le clavó un cuchillo de larga hoja entre la tercera y la cuarta costilla intercostal buscándole el corazón. Pensó que le produciría una muerte suave y silenciosa, pero Javier no murió inmediatamente y los movimientos de su cuerpo, quizá involuntarios, exasperaron a su asesino que le acuchilló varias veces hasta romper la hoja de acero. Cuando estuvo seguro de que había muerto se dio prisa en traer una bolsa de basura para taparle la cabeza porque no soportaba ver su rostro. Una vez cubierto le arrastró hasta el cuarto de baño metiéndolo en la bañera. Tras limpiar las huellas del crimen salió a depositar en el correo dos cartas, escritas a máquina, dirigidas a la familia de Javier en la que afirmaba que el muchacho había sido secuestrado y exigía para su liberación un rescate de doce millones de pesetas, que debían ser ingresados en la cuenta de una caja de ahorros, en entregas semanales de medio millón. Se advertía que en caso de no ceder a las exigencias, Javier sería asesinado. Y si se interrumpían los plazos de entrega de dinero los padres recibirían el dedo seccionado de una mano del secuestrado por cada semana sin pagar. En las cartas se expresaba siempre en plural queriendo dar la impresión de que se trataba de la acción de un grupo.

De vuelta en su domicilio, Juan, con enorme frialdad, pacientemente, poniendo en juego todos sus conocimientos del cuerpo humano, se impuso la horrible tarea de trocear el cadáver. Durante mucho tiempo, inclinado sobre la bañera, desmembró el cuerpo y lo descuartizó en pedazos que fue introduciendo en cinco bolsas de plástico, salvo las manos que guardó en un frasco de formol. Con ello seguía el plan que se había trazado, no olvidando que necesitaba los dedos de su amigo para presionar y aterrorizar a sus padres en caso de que se negaran a darle el dinero que les pedía. Según tenía pensado si fuera necesario iría serrando uno a uno los dedos de las manos guardadas en formol para remitirlos por correo.

A la mañana siguiente muy temprano, Juan inició una serie de tres viajes al puerto, concretamente a un lugar llamado la Punta de San Felipe, que es terreno de relleno ganado al mar, llevando los trozos del cadáver en una mochila. Empezó a primeras horas de la mañana y poco antes del mediodía ya había acabado. Una vez en la dársena extraía las sacas de plástico y las iba echando al agua de la laguna para desprenderse de ellas. Confiaba en todo momento en que los escombros que irían depositando encima las harían desaparecer por completo. Cada uno de los viajes lo hizo a pie simulando que estaba haciendo deporte, con una gran tranquilidad, saludando a los guardias civiles destinados en los muelles.

En casa de Javier su padre imaginó en un principio que dado el extraño comportamiento de su hijo podía tratarse de un secuestro simulado, por lo que dudó en ponerlo en conocimiento de la policía.

Pero a medida que pasaban las horas aumentaba su angustia y preocupación por lo que finalmente acudió a denunciarlo. La policía le pidió que confeccionara una lista de sospechosos capaces de atentar contra el muchacho. En esa lista José Luis Suárez no pensó ni por un momento en incluir el nombre de Juan a quien tenía por el mejor amigo de su hijo.

Dos días después de la desaparición de Javier apareció abandonada su bicicleta en un camino vecinal de las afueras. Por entonces algunas llamadas telefónicas y las cartas recibidas del supuesto secuestrador habían persuadido al arquitecto Suárez de que debía seguir las instrucciones que le habían dado, por lo que había depositado cierta cantidad de dinero en la cuenta corriente indicada. Pasaron once angustiosos días durante los cuales lo más significativo fue el cobro por parte de un desconocido del dinero depositado en diversos cajeros automáticos mediante una tarjeta. Extrajeron dinero cuatro veces. Nunca más de treinta y cinco mil pesetas cada vez. La policía que estaba siguiendo los pasos al misterioso individuo logró descubrirle con las manos en la masa en un nuevo cajero. Juan había introducido la tarjeta y comenzado a operar cuando varios agentes le rodearon colocándole las esposas. Tras realizar un registro en su domicilio fueron descubiertos los dos botes de formol en los que había conservado las manos que examinadas por los forenses confirmaron que se trataba de las de Javier Suárez.

Desde el momento mismo de su arresto, Juan dio muestras de una serenidad y entereza tales que los funcionarios que le detuvieron, interpretaron que poseía una sangre fría nada normal. En seguida apreciaron que se encontraban en presencia de una persona culta con amplios conocimientos de Derecho. Él mismo se dio a conocer como un estudiante que, aunque emancipado de su familia, dependía económicamente de ella. Llevaba una vida muy moderada y le interesaban mucho los temas filosóficos. Apenas ofreció resistencia, confesando muy pronto. Igualmente durante su interrogatorio reveló que empleando también el procedimiento de falsificar una identidad para abrir una cuenta corriente se había propuesto el chantaje a un industrial para obtener dinero por medio de amenazas. Pero afortunadamente no llegó a poner en marcha este plan. El secuestro y muerte de su amigo era por tanto su segundo intento. Siempre firme y con una gran seguridad, Juan se prestó a llevar a los investigadores hasta el sitio donde se había desprendido del cadáver. El lugar era utilizado habitualmente como escombrera. Dentro del mismo señaló un punto en el que había una especie de cruz de hierro que le sirvió de referencia porque había querido dejar los restos lo más próximos posible unos de otros, como si quisiera que el cuerpo de su amigo se mantuviera unido. Los buceadores de la policía tardaron dos días en encontrar lo que buscaban. Apareció a seis metros de profundidad. Primero fueron encontradas las ropas que vestía el desaparecido, luego los envoltorios con la cabeza, las caderas, el torso, los brazos y las piernas.

Los investigadores retuvieron a Juan Martín setenta y dos horas, lo máximo que les permitía la ley antes de pasarlo a disposición judicial. A medida que avanzaba el largo interrogatorio, los encargados del caso pudieron establecer que junto a un móvil que parecía claro como era el de obtener dinero extorsionando a la familia de la víctima, podían entrever extrañas motivaciones que nunca se aclararon del todo. Según lograron averiguar, el crimen había sido preparado minuciosamente durante las dos semanas anteriores al mismo. En medio de las largas conversaciones con los policías Juan concluyó que no sabía distinguir el bien del mal. Pero sin embargo se mostró muy preocupado por saber si por lo que había hecho tendría que pasar más de veinte años en la cárcel.

El crimen de los novilleros

Tres jóvenes fueron asesinados cuando se disponían a celebrar una sesión de toreo nocturno. Después del crimen se sucedieron las versiones contradictorias y las acusaciones entre el dueño de Charco Lentisco y sus empleados. Por medio hubo un extraño suicidio.

En la finca Charco Lentisco de Cieza (Murcia), donde el empresario papelero Manuel Costa Abellán, de cuarenta años, había cumplido su sueño de convertirse en ganadero de reses bravas, se vivía desde hacía mucho la obsesión de cortar las incursiones de los maletillas y novilleros que saltaban la cerca de los corrales para torear a la luz de la luna. El propio ganadero había dado orden a sus empleados José Manuel y Pedro Antonio Yepes, de diecinueve y quince años, respectivamente, de estar alerta para impedir que esto siguiera sucediendo.

Manuel Costa tenía una relación muy especial tanto con sus empleados como con el padre de éstos, José Yepes, cabeza de una familia de ocho hijos, el menor de dos años, en cuya casa se hablaba de Costa como del «amo». La noche del 30 de noviembre de 1990, madrugada de luna llena, empleados y amo fueron al domicilio de José, no lejos de Charlo Lentisco, que había matado un cordero e invitado a cenar a todos ellos. Paralelamente, en Albacete, a una hora de camino en automóvil, Juan Lorenzo Franco Collado, de veintidós años, «el Loren»; Andrés Panduro Jiménez, de veinte, y Juan Carlos Rumbo Fernández, tres jóvenes novilleros, valoraban la posibilidad de aprovechar la buena noche que hacía para «hacerse una luna», esto es, realizar una sesión de toreo nocturno bajo la luna llena, sin el permiso del propietario de las reses. A tenor de lo hablado, pensaron que lo más apropiado sería correr la aventura en la finca Charco Lentisco con cuyo dueño, uno de ellos, «el Loren», había tenido mucho trato por haber sido durante mucho tiempo su apoderado taurino. No obstante últimamente y según declararía Fernando Franco, padre de «el Loren», las relaciones con Manuel Costa se habían enfriado, llegando este a deberle una importante cantidad de dinero y a prohibirle a su hijo la entrada en la finca ganadera. De todas formas, los tres novilleros subieron al coche Talbot Solara propiedad de «el Loren» y se dirigieron a Charlo Lentisco convenientemente provistos de trastos de torear: estoques, capotes y muletas, primando en ellos la osadía de la juventud y el romanticismo del riesgo sobre la prohibición legal de estas prácticas que tratan de impedir que los toros salgan toreados a las plazas porque en seguida aprenden a distinguir la figura humana despreciando el engaño del capote.

Se supone que llegaron a la finca, en la que sorpresivamente encontrarían la muerte, sobre las tres de la madrugada. Aparcaron el vehículo no lejos del paraje de Las Lomas y se adentraron a pie. Al poco de comenzar la tienta, fueron descubiertos. Sin que pudieran esperarlo se desató entonces contra ellos una implacable «caza del hombre». Aunque todo resulta bastante confuso, al menos participaron en dicha caza Manuel Costa y sus dos empleados, portando uno de ellos una escopeta de repetición marca Franchi, intentando acorralarles mientras los jóvenes emprendían la huida en dirección al lugar donde tenían aparcado el coche. Antes de llegar, a unos 300 metros de Charco Lentisco, les dieron alcance. Bajo la amenaza del arma de fuego, los novilleros se detuvieron y probablemente sin darles tiempo a reaccionar, allí mismo, puesto que los expertos señalan que fueron asesinados a pie firme y no a la carrera, ni intentando escapar, les dispararon a corta distancia en lo que fue un auténtico fusilamiento, recibiendo entre los tres nueve tiros. Juan Carlos Rumbo fue alcanzado por dos tiros, uno de ellos en la cabeza. Las versiones de los implicados difieren, pero a tenor de las pruebas encontradas, lo más verosímil es que el autor material de los disparos fuera José Manuel Yepes, reputado como buen tirador y participando como «cooperador necesario» Manuel Costa.

Tras producirse las muertes, los implicados celebraron un conciliábulo para deshacerse de los cadáveres. Barajaron varias posibilidades: entre ellas enterrarlos en cal viva y meterlos dentro del coche en el que habían llegado para prenderles fuego. Incluso buscaron durante un rato el vehículo sin encontrarlo. Finalmente Costa llamó a su abogado a Murcia y se presentó a la Guardia Civil.

La primera versión de los implicados fue la inculpación del menor Pedro Antonio Yepes, de quince años, exento de responsabilidad criminal, que aceptó ante el juez ser el único culpable de las muertes, con lo que en teoría su hermano mayor y el dueño de la finca habrían de quedar a salvo. Incluso confeccionó un relato perfectamente argumentado en el que perseguía a los novilleros, les disparaba y acababa con ellos tras haber recargado dos veces la escopeta de repetición, según contaba. Pero después de algunos acontecimientos y por consejo de su padre, cambió la declaración, inculpando directamente a Manuel Costa en los hechos e incluso haciéndole responsable de haber terminado con la vida de uno de los tres asesinados. Precisamente de Juan Lorenzo, que le suplicaba: «No me tires, soy "el Loren", por Dios, que me matas», a quien el menor confesaría haber herido pero al que se negaba a rematar porque le conocía y había tenido con él cierta amistad. Fue entonces cuando según la nueva declaración, Costa le incitó a acabar con él, «Pedro, tírale», y al no obedecerle, le arrebató la escopeta y disparó sobre «el Loren» limpiándola luego con un pañuelo y devolviéndosela. Esta versión fue radicalmente alterada cuando se descubrieron en la escopeta huellas de José Manuel, el hermano mayor, lo que obligó a cambiar la versión en la que este se declaraba inocente aceptando haber sido quien efectuó los disparos. Pero siguieron acusando al dueño de la finca, lo que el padre de los implicados justificaba por haber incumplido este un trato con la familia Yepes: darles su cuadra de caballos y veinte millones de pesetas si los chicos se declaraban culpables dejándole a él al margen. José Yepes, antes uña y carne con Manuel Costa, al que admiraba hasta «considerarle una especie de dios», a raíz del supuesto engaño le había declarado pública enemistad.

Los detalles de lo que pasó aquella noche trágica en Charco Lentisco quedarán para siempre en la confusión más absoluta. Para el fiscal y las acusaciones particulares, en la muerte de los tres novilleros debieron de participar dos tiradores y dos escopetas porque es la única forma en la que se entiende que permanecieran quietos, sin intentar escapar, pese a su complexión atlética y su buena forma física, mientras los asesinaban con una escopeta que necesariamente tendría que dispararles a uno detrás de otro permitiendo que alguno consiguiera zafarse de la muerte. Sólo si se les apuntaba simultáneamente con una segunda arma podrían haberles tenido inmovilizados. En apoyo de esto, los investigadores encontraron en un registro en casa de los Yepes dos cartuchos de postas disparados con una escopeta distinta de la Franchi incautada en Charco Lentisco. Sin embargo, esta teoría de los dos tiradores con dos escopetas acabaría siendo archivada por el juzgado de Cieza, tres años después de los crímenes, al no encontrar nuevas pruebas para inculpar a nadie.

Pero mucho antes, en abril de 1991, unos meses después de las muertes, se produjo un hecho que añade nuevas zonas oscuras a toda la investigación. Sin que pueda explicarse por qué, fue encontrado ahorcado Jesús Saorín Guillamón, de cuarenta y nueve años, el propietario de la escopeta utilizada en el crimen. El arma, aunque seguía siendo legalmente de su propiedad, le había sido comprada según testigos por el patriarca José Yepes, en una visita a su casa en la que iba también Manuel Costa. Poco después de probar su buen funcionamiento, Yepes le ofreció treinta y cinco mil pesetas, pero Saorín se negó a dejársela hasta que pudiera traspasarla legalmente. Más tarde debió de cambiar de opinión puesto que la escopeta y una canana con cartuchos era utilizada frecuentemente por los hermanos Yepes, que la noche del crimen la llevaban en prevención de un posible encuentro con los que venían a molestar a las reses bravas. Pese a la aparente falta de responsabilidad en los hechos, Jesús Saorín aparentemente se colgó de un árbol en el paraje conocido como Los Casones de la Atalaya, en Cieza, y su cadáver fue encontrado horas antes del careo que debía haber celebrado con el dueño de Charco Lentisco.

Finalmente, los jueces, tras la vista oral, dictaminaron que la intervención de Manuel Costa, el hombre que mantenía fuertes y especialísimas relaciones de autoridad con los Yepes, fue determinante en el asesinato de los tres novilleros. Se le encontró culpable de transportar la escopeta en el maletero de su coche y seguir a los asesinados en su coche con las luces apagadas para lograr sorprenderles al regreso de la cena en el domicilio de los Yepes. Igualmente fue hallado culpable de no intervenir para salvar sus vidas cuando los jóvenes fueron acorralados en un cruce de caminos y empezaron a dispararles. Según el tribunal que le juzgó, Costa permitió que siguieran disparando pese a escuchar la voz de uno de ellos que suplicaba que no le mataran. Por todo ello fue condenado por tres delitos de asesinato a otras tantas penas de veintisiete años de reclusión mayor y a indemnizar a las familias de las víctimas con setenta y cinco millones de pesetas. Igual pena le correspondió a su empleado José Manuel Yepes, y aunque era convicción general que su hermano Pedro Antonio participó en los hechos, no recibió todo el peso de la ley por ser menor de edad. Manuel Costa, que estaba en libertad bajo fianza, mientras que el otro implicado se hallaba recluido en prisión, fue sorprendido el 7 de enero de 1994 en la cama de su vivienda de Molina de Segura por las fuerzas del orden que cumpliendo la orden de los jueces fueron a buscarle para ingresarle en la cárcel de Sangonera donde empezaría a cumplir su condena.

El crimen del rol

Cruzando la frontera de la ficción. Unas normas que obligan a matar. El «Rolmaster», señor de voluntades. La víctima debía ser una mujer pero se acabó el tiempo. Un relato estremecedor. Los jugadores tratan de captar nuevos adeptos. Una llamada revela el gran secreto.

Odiaba los días que salía tan cansado de trabajar. Tenía una sensación difusa de que la vida se le escapaba. Caminaba con prisa para llegar a la parada del autobús. Carlos Moreno Fernández, de cincuenta y dos años, empleado de una empresa de limpiezas, deseaba aquella madrugada más que nunca llegar a casa. No se sentía seguro. Era final de mes y llevaba dinero encima. En sus bolsillos tenía más de sesenta mil pesetas y por tanto se mostraba receloso. Sentía la angustia de cada madrugada en la que tenía que atravesar las calles solitarias a una hora incierta, cercana al amanecer. Era consciente de que el peligro de que le pasara algo aumentaba con dinero en el bolsillo. Carlos Moreno enfiló la calle de Bacares hacia la marquesina de la parada de los autobuses 7 y 129. Contaba con una argucia secreta: el grueso del dinero estaba disimulado en uno de los bolsillos y tenía una pequeña cantidad preparada por si aparecían los siempre posibles asaltantes. Al y fin y al cabo, él era un simple trabajador. Posiblemente si alguna vez llegaba la ocasión, los atracadores se dieran por satisfechos con el señuelo que les tenía preparado, mientras conseguía salvar los billetes escondidos, que rozó con su mano para asegurarse de que seguían allí. Con esta preocupación llegó hasta la marquesina y se recostó en seguida en el asiento. Había sido una jornada especialmente dura y Carlos estaba notando el paso de los años, ya no era un chaval, y también el exceso de kilos, necesitaba quitar grasa de la cintura, pero ahora lo importante era no dejarse ganar por la modorra, permanecer alerta hasta que llegara el autobús. Estaba tan cansado que era capaz de quedarse dormido. Ayudaba el buen tiempo, la noche tan agradable que hacía. Aquella madrugada del 30 de abril de 1994, que parecía tan indicada para echar una cabezadita, posiblemente cerró los ojos durante unos segundos. Antes de dejarse abatir por el sueño había mirado el reloj y eran las cuatro y cuarto de la mañana. Cuando abrió los ojos de nuevo tuvo la sensación de que había pasado sólo un instante. Se sorprendió al ver lo que le había sobresaltado. Eran dos jóvenes que se acercaban con gesto amenazador. Cuando estuvieron sólo a unos pasos sacaron unos cuchillos enormes. Carlos no podía apartar la mirada de uno de ellos, pues era una pieza afilada y descomunal que le daba un miedo terrible. Aunque quizá lo que más miedo le daba era la sonrisa del joven. Aquel chico parecía no tener entrañas. Le dijeron que era un atraco, que pusiera las manos a la espalda. Carlos se movió rápido y les ofreció el señuelo que llevaba preparado. Tres mil pesetas en billetes. Bastante para dos colgados, dos yonquis, dos «lo que sea» que buscan pasta en la madrugada. Pero aquellos dos no se daban por satisfechos. Insistieron en que pusiera las manos en la espalda. Y cuando inició el movimiento, el del cuchillo descomunal le atrapó las muñecas por detrás. Fue cuando Carlos se dio cuenta de que venían a matarlo. Sintió cómo el muchacho de más edad —¿tal vez veinte años?— se agachaba para cachearle. Y si hubiera sido sólo eso, se habría dejado hacer, pero notó cómo el chico sólo simulaba que le estaba buscando en los calcetines y los bajos de los pantalones para iniciar desde allí un ataque, subiendo rápido como movido por un resorte y clavándole su cuchillo en el cuello. Carlos sintió cómo le invadía una oleada de pánico. «Dejadme, hijos de p...», gritó mientras trataba de resistirse. Sus posibilidades de huir eran pocas, pero Carlos se dispuso a luchar por su vida. Sintió cómo la sangre le resbalaba por la garganta. Apenas le dio tiempo a reparar en ello porque el muchacho más joven le había hundido su arma en el vientre. Notó cómo le pinchaba una, dos veces. Gritó «no, no» y les empujó hasta deshacerse de ellos y empezar a correr. Durante unos metros tuvo la ilusión de que podría escapar. Pero sintió cómo le agarraban por detrás y otra vez sufrió el cuchillo rasgándole la piel del cuello. Se aferró con desesperación a aquella mano que trataba de degollarle y notó el desgarro de un guante de látex. Carlos se vio empujado hacia el terraplén, detrás de la marquesina de la parada de autobús. «Tíralo hacia el parque», oyó. Carlos se dio cuenta de lo que pretendían: aislarlo para matarle. Se rebeló con todas sus fuerzas. Uno de los chicos resbaló por el terraplén y se dio un golpe que le dejó fuera de la pelea durante unos segundos. Pero el otro, el del cuchillo descomunal, seguía apuñalándole sin piedad. Carlos sangraba por varias heridas pero se notaba fuerte. Ninguna de las cuchilladas parecía grave. Intentó sacudirse al chico que tenía encima cuando el otro le sujetó por la espalda. El cuchillo le buscó de nuevo las entrañas. Se agitó, sacudió su cuerpo. Con la mano izquierda agarró por el pelo a uno de los agresores con tanta desesperación que en sus uñas se quedaron muchos de los cabellos. Gritó de nuevo: «No me matéis» y mordió con rabia la mano del chico mayor que trataba de taponarle la boca. Pero el otro le atacó otra vez en la garganta. Perdió la conciencia de golpe. Le habían dado veinte puñaladas. Se desangraba por todas las heridas, caído y desparramado. Los agresores le dejaron allí mientras la vida se le escapaba...

El crimen había ocurrido en Madrid, en el barrio de Manoteras. A la mañana siguiente, un empleado de la Empresa Municipal de Transportes, encontró el cadáver y quedó horrorizado por el aspecto lastimoso que presentaba. El informe de la policía destacó que bajo la pierna izquierda del cadáver fue encontrado un reloj de pulsera que no correspondía al fallecido, que llevaba puesto el suyo. También señalaba que la mano derecha tenía restos de un guante de látex y que entre las uñas de la mano izquierda había cabellos de su asesino o asesinos. Todos aquellos restos mostraban a las claras la feroz pelea que el muerto había librado por su vida. Pero, ¿qué era aquello? ¿Un simple atraco? ¿Un ajuste de cuentas? El hecho de encontrar en los bolsillos de la víctima sesenta mil pesetas en billetes ponía en duda que el móvil del asesinato hubiera sido el dinero.

Ninguna hipótesis encajaba. La policía reconstruyó los últimos días de la vida de Carlos Moreno e investigó sus relaciones, pero sin conseguir arrojar luz sobre el suceso. La investigación llevaba camino de quedarse estancada, cuando la policía recibió una extraña llamada.

Un joven informó de que un grupo de sus conocidos del barrio de Chamberí eran fanáticos del juego del rol, un entretenimiento de simulación, desarrollado a partir del tradicional «imaginemos que yo soy un...», en el que los jugadores a las órdenes de un «Rolmaster» o director de juego, verdadero señor de voluntades, adoptan papeles diferentes, es decir, «asumen un determinado rol». Este juego de moda en el momento de cometerse el crimen tiene una variedad «en vivo», además de la norma de tablero y dados, que suele transcurrir encima de una mesa. Esa variedad «en vivo» propone desarrollos como el de «Killer» (Asesino) en el que el objetivo es, siempre en la ficción, matar a alguien. El comunicante de la policía afirmó que dos de sus conocidos habían llevado el juego al límite convirtiéndolo en realidad.

Había pasado más de un mes desde el crimen cuando la noche del domingo 5 de julio, los agentes encargados del caso detuvieron a Javier Rosado Calvo, de veinte años, estudiante de tercero de Químicas y a Félix M. R., de diecisiete años, alumno de COU, en la rama de letras, acusados de la muerte del trabajador de la empresa de limpiezas, Carlos Moreno, casado y con tres hijos. Se supo entonces que este había sido una víctima elegida al azar. Su muerte era contada con todo lujo de detalles en un escalofriante relato escrito por el «Rolmaster», Javier Rosado. Este era un joven obsesionado por el juego de rol, que había llevado su pasión por este entretenimiento, en principio inofensivo, hasta convertirlo en un delirio criminal. Así había creado el desarrollo «Razas» por el que aquella noche aciaga, según las normas que lo regían, había que matar a una mujer antes de las 4,15 de la madrugada. Para cumplir su objetivo, Javier y Félix afilaron sus cuchillos, se procuraron unos guantes para no dejar huellas y salieron de cacería pasada la una. Si no conseguían matar a una mujer antes de la hora señalada, el «Rolmaster» del juego «Razas» indicó que entonces la víctima tendría que ser un hombre «con cara de tonto, mayor y gordito». Primero pasaron gran parte de la noche buscando «una mujer joven y bonita». Eligieron una morena que se escapó impremeditadamente al subirse a un coche y, después, otra joven a la que dejó su novio a unos metros de su casa. Sin saber que huía de la muerte, esta segunda muchacha cerró por unos segundos de ventaja la puerta de su portal. Entonces se fijaron en una anciana que bajó a tirar la basura y que milagrosamente escapó. De esta forma desecharon hasta siete víctimas consumiendo un tiempo precioso que les hizo atravesar la hora límite del juego. Más allá de las 4,15, la víctima tenía que ser un hombre «mayor y gordito». Al rato encontraron a Carlos Moreno sentado en la parada del autobús esperando al 7 y se abalanzaron sobre él.

Días después, Javier Rosado comentó su hazaña con amigos del barrio con la intención de reclutarlos para el sangriento juego. La muerte del empleado de la contrata de limpiezas le había excitado sobremanera. Uno de los muchachos que intentó convencer para sus fines, aterrorizado, le contó todo a sus padres que decidieron llamar a la policía. Eso permitió que Javier y Félix fueran detenidos cuando al parecer acababan de iniciar otra partida mortal. Esta vez, sin ninguna excusa, la víctima debía ser una mujer. En el momento de la detención se dirigían a coger los enormes cuchillos con los guantes de látex en los bolsillos. Pero no había por qué preocuparse: sólo era un juego.

CRÍMENES PASIONALES

El crimen de Don Benito

Dos mujeres honradas. El pueblo se subleva por el crimen. Detención de sospechosos sin pruebas solventes. Aparición del único testigo. Los inocentes salen en libertad. Identificado el segundo criminal. Condenas a muerte. El verdugo convierte a un asesino en víctima.

La localidad extremeña de Don Benito, que por entonces tenía 20.000 habitantes, fue durante muchísimos años la ciudad del crimen. Allí se produjo un hecho horroroso que catalizó todas las tensiones de la época. Lo que no parecía en principio más allá de un deplorable suceso se convirtió en un importante problema político debido a la indignación del pueblo.

Las muertes ocurrieron el 19 de junio de 1902 en una casa situada en la calle Padre Cortés, cerca de la esquina con la de Valdivia. Se trataba de una vivienda modesta con un comedor-sala de estar y dos pequeños dormitorios. La lechera que iba repartiendo su mercancía llamó reiteradas veces sin obtener respuesta. Nada más entrar se encontró con la tragedia.

En el suelo yace el cadáver de Catalina Barragán, de alrededor de sesenta años en medio de un charco de sangre. La lechera, espantada por el hallazgo sale en busca de ayuda. Al regresar con la Guardia Civil se descubre la verdadera dimensión del drama: en el segundo dormitorio encuentran muerta a la hija, Inés María Calderón

Barragán, una joven de unos dieciocho años muy atractiva. Su cuerpo estaba con la cabeza debajo de la cama, las ropas en desorden y las manos entre los muslos en la actitud característica de una mujer que se defiende de un ataque sexual. Le habían dado veintiuna puñaladas.

En el lugar había muchas señales de violencia y sangre en las paredes. La madre también había sido apuñalada y tenía la cabeza destrozada a golpes. En la inspección ocular los agentes anotaron como datos de interés los restos esparcidos por el suelo de una copa de loza y un maletín médico caído a los pies del primer cadáver, en el zaguán.

Las asesinadas, privadas de los hombres de la casa, el padre que había muerto recientemente, y el hermano, que se encontraba cumpliendo el servicio militar en Sevilla, se procuraban lo necesario para salir adelante cosiendo y planchando para fuera y con el alquiler de una de las estancias al médico oculista de la vecina Villanueva de la Serena que atendía allí a sus pacientes cuando giraba visita. Las sospechas se dirigen inmediatamente hacia el oculista, Carlos Suárez, de quien alguien protegido por el anonimato deja dicho que miraba con deseo a la hermosa Inés María. Detenido, en lo que será uno de los errores mayúsculos de la historia del crimen, la actividad policial se encamina de nuevo erróneamente hacia un enamorado que tenía la virtuosa asesinada: un mozo llamado Saturio Guzmán que también es detenido.

En aquellos tiempos era frecuente la aplicación del «tercer grado» a los sospechosos. Siempre, eso sí, que no tuvieran una posición social relevante. Un criado, un sereno y hasta un modesto médico de los ojos que trabajara en un pueblo, podían ser objeto de malos tratos. Incluso se les podía introducir astillas en las uñas de manos y pies. Pero aunque a los detenidos se les hubiera torturado hasta la muerte jamás se habría aclarado el doble crimen de Don Benito. El malestar creado por el doble asesinato y los nervios y presiones del Gobierno, que temía un levantamiento popular dado el grado de indignación creado por el suceso, hizo que los investigadores se precipitaran. Habrían seguido por un camino equivocado si no hubiera acudido en su socorro el clamor popular. En las calles resonaba una acusación: «Ha sido el García Paredes.»

Todas las indagaciones se dirigieron hacia las personas que habían mostrado interés por la joven Inés, una preciosidad de criatura, la encarnación de la decencia y la moralidad, según sus vecinos, que murió por defender su virtud. Pero, ¿quién era García Paredes? ¿Por qué el pueblo le acusaba?

Carlos García de Paredes era un caciquillo soltero, alto, estirado, fanfarrón, borrachín, sin oficio ni beneficio, final de especie de señoritos extremeños cuando Extremadura era un desierto cultural olvidado por Madrid. Tenía treinta y dos años, el rostro apepinado, gastaba imponente mostacho y distraía sus ocios con el juego. En los meses previos al asesinato había estado asediando hasta producirle pesadillas a la hermosa Inés que siempre le había rechazado. Pero Paredes, al que llamaban «don Carlos», sobre todo por las propiedades e influencias de su familia, era alguien muy importante en el pueblo. Es posible que eso pesara en la autoridad que tardó en decidirse a interrogarle. No obstante su comportamiento y su pasado —se le suponía autor del apaleamiento de un sereno, de la violación de una deficiente y de haber propinado una puñalada a su madre—, le habían granjeado la enemistad de los dombenitenses que por primera vez en mucho tiempo tenían la oportunidad de acusar a un cacique. Así que el clamor en su contra no cesaba, aunque él se sintiera a salvo, protegido por el poder de los Paredes. Al final los agentes no tuvieron más remedio que ocuparse de él. El día 3 de julio de 1902, eran cinco los sospechosos detenidos: García de Paredes, su criado Juan Rando, al que se acusaba de haber querido limpiar las manchas de sangre encontradas en un traje de su señorito, el médico Carlos Suárez que además de la prueba circunstancial del maletín que le acusaba vivía en el pueblo rival, Villanueva, a 5 kilómetros de Don Benito, lo que remarcaba su sino de principal sospechoso; el enamorado de Inés, Saturio Guzmán, y el sereno Pedro Cidoncha. Todos negaban su participación en el crimen y proclamaban su inocencia.

A los cuarenta y cuatro días de haber sido hallados los cadáveres, el 1 de septiembre, sin que desde entonces hubiera descendido un ápice la tremenda presión popular que exigía justicia con la velada amenaza de amotinarse, se presentó un testigo sorpresa. Uno que dijo haberlo visto todo. No se sabe si había tardado tanto tiempo en aparecer por temor, porque su madre estaba delicada de salud, como dijo, o porque en un principio no le había conmovido la recompensa de quinientas pesetas, con la que si no se era muy exigente se podía comprar hasta una finca en aquella época. El caso es que el joven labrador Tomás Benito Alonso Camacho afirmó ante el juez haber visto a los asesinos, que eran dos, penetrar en la casa de Catalina Barragán. Pasada la una de la madrugada de aquella noche aciaga, Tomás Benito regresaba a su casa por la calle Valdivia cuando se fijó en que delante de él marchaba el sereno Pedro Cidoncha que se encontró con dos hombres y después de convenir algo entre los tres se dirigieron a la calle Padre Cortés donde se pararon delante de la casa de la viuda. Tomás siguió su camino y saludó al pasar pero los otros ni le contestaron. El comportamiento le pareció tan extraño que le picó la curiosidad y se puso a observar oculto tras un carro de esteras.

Desde allí pudo ver cómo doña Catalina se resistía a abrir la puerta y cómo el sereno la convencía diciéndole que el recado que traía era urgente. Al parecer, el sereno le había solicitado el maletín del médico porque, según le dijo, don Carlos lo reclamaba. Cuando finalmente la mujer abrió la puerta, el sereno le pidió un poco de agua y aprovechó que iba a buscarla para hacer una señal con el farol a los que estaban escondidos en la esquina que sin hacer ruido se metieron en la vivienda. El sereno cerró la puerta tras ellos y siguió tranquilamente su ronda.

Había buena luna y Tomás pudo ver claramente la cara de los tres hombres. Enfrentado a una cuerda de presos, reconoce sin ninguna duda a Carlos García de Paredes como el que primero se coló en la casa y también al sereno Cidoncha. Su testimonio deja en libertad a dos inocentes: Saturio Guzmán y el médico Carlos Suárez. El médico quedó muy afectado y no volvió a ser el mismo de antes del suceso. Saturio nunca pudo olvidar a Inés a quien, pasados los años, le dedicó una habanera muy sentida que empezaba: «Lenguas infames quisieron mancharte...»

El testigo precisa que el otro presunto asesino era un hombre maduro, gordo y con el pelo blanco. Cuando se le pone delante a un cincuentón, de buena posición económica y cierta mala fama, Ramón

Martín de Castejón, de quien se sabe que mantiene buena amistad con Paredes, pese a ser mucho mayor que él, le reconoce como el acompañante del presunto asesino. Al practicarse el registro en su casa se descubre un par de pantalones que conservan rastros de manchas de sangre que no han cedido a pesar de haber sido lavadas varias veces. Y se sabe también que en otro tiempo Castejón pretendió a la viuda asesinada.

Los acusados fueron sometidos a un largo juicio. El 18 de noviembre de 1903 recibieron Paredes y Castejón dos penas de muerte. El sereno fue condenado a cadena perpetua y el criado de Paredes puesto en libertad sin cargos. Después de varios intentos humanitarios de salvar la vida a los condenados, las ejecuciones se cumplieron en Don Benito el 5 de abril de 1905. El verdugo de Cáceres, designado para darles muerte en el garrote vil, que tenía una experiencia de quince ejecuciones cumplidas, hizo con Paredes, que llegó tan mal al patíbulo que le fallaron los esfínteres y manchó los pantalones, su trabajo sin contratiempo; pero cuando le tocó el turno a Castejón se encontró con que éste tenía el cuello muy grueso por un padecimiento de bocio y falló con él hasta tres veces, mientras el reo se revolvía, se quejaba y le insultaba. El verdugo, con su torpeza, hizo de un asesino una víctima. Éste, con todos sus ingredientes, es el crimen que Pío Baroja no escribió porque según cuenta en sus memorias: «Para dramatizar el crimen de Don Benito me faltaban nervios.»

El crimen de «Ricardito»

Un cajón con restos humanos. Falta la cabeza del cadáver. La pelea entre el amo y el criado. Muerto con una plancha eléctrica. Un cuchillo y un serrucho, las herramientas para descuartizarlo. Pablo Casado, mundano y elegante. El móvil no fue el robo sino el odio.

No eran aún las doce de la mañana del 1 de mayo de 1929 cuando estaba a punto de producirse un espectacular suceso que habría de mantener en vilo a la opinión pública durante mucho tiempo. En la madrileña estación de Mediodía (Atocha), en las dependencias en las que se acumulaban los bultos no recogidos por los destinatarios se había procedido a la apertura de varios paquetes no retirados a fin de sacarlos a pública subasta. Al llegar a uno de ellos, una enorme caja de madera de un metro de altura por 60 centímetros de ancho, que aparentemente contenía maquinaria, el mozo Pedro Vicente observó que de ella salía un líquido y que se desprendía un profundo hedor insoportable. Reclamó la atención de los presentes y se dispuso a abrirla.

Al levantar la tapa se agudizó el mal olor y se descubrió que bajo unos periódicos arrugados y un lienzo de arpillera había una espesa capa de algodón en rama. Se apartaron los trozos de algodón con unas pinzas y quedó a la vista en el lado izquierdo un trozo que desde el primer momento se tuvo la sospecha de que era de carne humana y que parecía corresponder a un adulto. A la izquierda se distinguía una pierna seccionada por encima de la rodilla. Ante el hallazgo se decidió dar aviso al Juzgado de Guardia.

De la caja surgió un torso de varón, con la mano derecha crispada conteniendo un mechón de pelos, desprovisto de las extremidades abdominales y descabezado. Las uñas de las manos estaban increíblemente pulidas y cuidadas. Como las piernas, la cabeza había sido aserrada a raíz del cuello por lo que había desaparecido la nuez. Al fondo de la caja y envuelta como las demás partes del cuerpo apareció la otra pierna igualmente cortada. ¿Quién era el muerto? ¿Por qué le habían matado? ¿Dónde estaba su cabeza?

Meses antes, en Barcelona, en la calle Ortéu, 55, con el tiempo prolongación de la calle Balmes, en una casa que en la planta baja tenía una pequeña fábrica de bolsas y cajas de cartón de lujo y en la planta primera la residencia del dueño, Pablo Casado de las Navas, quien compartía la vivienda con un criado, Ricardo Fernández Sánchez, a eso de las once de la noche del sábado 8 de diciembre de 1928, fiesta de la Purísima Concepción, se producía una enconada discusión entre amo y criado. Era Pablo Casado un hombre muy cuidadoso de su persona y excesivamente atildado, de complexión fuerte y mediana estatura. Por el contrario, el criado al que llamaban «Ricardito» era de aspecto afeminado, bajo, de complexión delgada y vestía con cierta vulgaridad. El reciente atropello de un camión le había dejado algunas secuelas.

En varias ocasiones Pablo Casado había manifestado su intención de despedir al criado porque atravesaba por una situación económica inestable y porque las relaciones entre ellos se habían deteriorado. El criado tenía también cuentas pendientes con el amo. Principalmente que le debía el sueldo de varios meses, así como quejas de que le trataba mal y le tenía muy abandonado. En su poder tenía una foto de tiempos mejores en la que están los dos muy juntos, como no acostumbraban a fotografiarse los señores y los criados. Pero aquella noche el recuerdo de la foto quedaba muy distante, la discusión entre ambos había degenerado en pelea y dice el criado que Pablo Casado le agredió, le golpeó e insultó a su hermana, por lo que al verse perdido, se defendió con una plancha eléctrica propinándole un fuerte golpe en la cabeza que le produjo la muerte. A lo largo de la investigación, sin embargo, habría de enderezarse la hipótesis de que «Ricardito» atacó a su amo cuando este estaba dormido matándole sobre su colchón de varios golpes con la plancha. Una vez hecho esto, las versiones coinciden en que se retiró a dormir a su cuarto donde no se sabe si pegó ojo.

A primeras horas del día siguiente, fue a la habitación de su señor que yacía cadáver. Le tocó para cerciorarse y lo encontró helado. «Pensé la forma de ocultarlo y hacerlo desaparecer», rememoraba en su confesión. Resolvió decapitarlo para que nunca pudieran identificar el cuerpo y así lo hizo. «Con un cuchillo seccioné las piernas hasta llegar al hueso y luego utilicé un serrucho. Cuando terminé, bajé al sótano de la casa y cogí uno de los cajones que allí se amontonaban para embalar bolsas de la fábrica. Después recogí trapos y algodones para empapar la sangre, pero no fueron bastantes y tuve que comprar varios paquetes en una farmacia. Luego me dediqué a embalar los restos con todo cuidado.»

Le había cortado las piernas para que encajara mejor dentro del embalaje. Cuando lo tuvo todo a su gusto y creyó borrados los rastros que le pudieran delatar, cerró la caja y con gran esfuerzo la arrastró por la escalera. «Creí que me fallaban las fuerzas —rememora en su confesión—. Hubo momentos en que creí que me moría. Pero pude sobreponerme y lo bajé a la planta donde trabajaban las obreras. Lo coloqué en un rincón situado detrás de la puerta principal, a la izquierda. Allí lo dejé cubierto con unos papeles y varios muestrarios para que pasara desapercibido.» El cajón con los restos habría de quedar expuesto durante toda la mañana del lunes, ante el trasiego de las obreras y visitantes. Hasta que pudo sacarlo con el carretón y llevarlo a facturar. El bulto tiene fecha de facturación del 10 de diciembre de 1928.

Pero, ¿y la cabeza? ¿Qué fue de ella? «Ricardito» la cubrió de algodón y luego hizo un cuidadoso envoltorio con papeles de periódico y de envolver, asegurándose de que quedara disimulada y no hubiera peligro de manchas delatoras. Una vez tuvo el paquete a su plena satisfacción se lo puso debajo del brazo derecho y se fue a la plaza de Molina, cercana a la casa y cogió el tranvía 16, que va a la plaza Cataluña, donde cogió otro, el 29, de la línea de circunvalación y por la ronda de San Antonio, San Pablo y Paralelo, llegó hasta la aduana del puerto. Allí se bajó y aunque estaba lloviendo se dirigió hacia los muelles con un lento paseo. Pasó por delante del Club Náutico y a unos 100 metros encontró amarrado un barco de nacionalidad extranjera, *El Montevideo,* anclado de estribor pegado al muelle. La lluvia había dejado todo el entorno despejado. «Ricardito» seguía simulando despreocupadamente su paseo y así se acercó al agua. Una ojeada distraída le informó de que estaba solo a excepción de un tripulante del barco que estaba en cubierta pero vuelto en dirección contraria. Junto al buque, y en un momento a salvo de todas las miradas, sin interrumpir su paseo por el borde del muelle, sobre el agua, levantó el brazo y soltó el paquete con la odiosa cabeza de Casado.

Al caer golpeó en una barca que no había visto y su corazón casi se paralizó porque pensó que había quedado sobre ella, pero la cabeza había caído al mar por el espacio de unos 30 centímetros que había entre el muelle y el barco. Hubo un leve chapoteo y el paquete se hundió en las profundidades. El marino del *Montevideo* se giró alertado por el ruido, pero la tranquilidad de «Ricardito» le hizo despreocuparse. El criado volvió a la casa de Ortéu a proseguir la limpieza hasta borrar todas las huellas comprometedoras.

El cuerpo contenido en la caja hedía muy poco, por lo que se supuso que había sido embalsamado con sustancias contra la descomposición. Vestía una camiseta y unos calzoncillos, ambas prendas de gran calidad, de seda finísima. El muerto era un hombre de treinta años, elegante y mundano. Junto al cuerpo había discos de cartón, guata y papel cortado y la factura de un cliente. A las pocas horas de difundirse estos datos, y aunque en principio pareciera una identificación muy difícil, Vicente Cristelly, que tenía una tertulia en el Café Comercial de Madrid, se personó ante el temor de que el descuartizado fuera su amigo Pablo Casado. En el depósito lo identificó porque el asesinado había sido operado de una enfermedad de tipo tuberculoso por lo cual padecía monorquidia. El lado derecho del bajo vientre era el de la castración.

Identificado el cadáver, fueron detenidos en Barcelona el criado de la víctima, Ricardo Fernández Sánchez, de veinticinco años, al que entre otras cosas se le incautó en su habitación «una caja conteniendo varias barritas de *rimmel* con un cepillito de los que utilizan las señoras para arreglarse las pestañas y otros objetos de la misma naturaleza» y el joven de veintidós años José María Figueras Jaumandrea, hijo de una acaudalada familia. Se dieron informaciones contradictorias en la prensa barcelonesa en el sentido de que los dos detenidos «son invertidos y tienen una gran amistad». La contradicción estaba sobre todo en esto último: era difícil la amistad entre señoritos y criados en la Barcelona de finales de los años veinte. En un principio se creyó culpable del crimen a Figueras y pasaron más de veinte días antes de que «Ricardito» se confesara único autor, librando a un inocente. En el interregno, el legendario César González Ruano entrevistó a expertos criminólogos y hasta al doctor Marañón en busca de una explicación del misterio. Aunque las pruebas se amontonaban en contra de «Ricardito» —se habían encontrado en su poder varios trajes y la cartera del muerto—, no fue hasta la reconstrucción del crimen ordenada por el juez Sánchez Oñate en la casa de Ortéu cuando al verse delante de la caja que había contenido los restos de su víctima, hábilmente dispuesta como si todavía los ocultara dentro, simulando la policía que iba a sacar los miembros descuartizados de Casado cuando se «derrotó»: «¡Que no lo destapen!», dijo: «¡Que no quiero verlo!», dijo. Y confesó.

El crimen de Tardáguila

La pareja no funcionaba. La llegada de un joven criado enroscó en el corazón del ama el deseo vehemente de matar a su marido. La víctima estaba quemando la hacienda en las timbas de juego. La noche del crimen, la mujer y su amante se pusieron de acuerdo en todo.

Domingo Laso de Vega era un labrador propietario de tierras, casas, pajares y dinero. Estaba casado con su prima carnal, Ramona Laso Laso, con la que tenía una hija. La pareja había contraído matrimonio el 7 de septiembre de 1940, aportando los dos abundantes bienes a la nueva sociedad conyugal. Según habría de explicar Ramona, este matrimonio se celebró en contra de su voluntad, por egoísmos y compromisos familiares. Fueron a residir al pueblo de Tardáguila, de donde Ramona era natural, a una veintena de kilómetros de Salamanca, por la carretera de Toro. Su existencia era tranquila, presidida por las buenas relaciones, hasta el año 1951 en el que Domingo, de una forma alarmante, se dio al juego y la bebida. A poco de esto entró a su servicio como criado de labranza un hombre joven, Lino Herrero Rodríguez, de veintitrés años, natural de Zamayón, que trajo el desequilibrio entre los esposos. Y esto enroscó en el corazón de Ramona el deseo vehemente de matar a su marido.

Siguiendo la tradición de muchos labriegos castellanos, Lino comía y dormía en el domicilio conyugal, presenciando y participando en los pormenores de la vida familiar. Esto facilitó que se entablaran relaciones sentimentales entre la mujer y el criado, amancebándose a espaldas del marido que permanecía ajeno a lo que pasaba. Estas relaciones surgieron a iniciativa de Ramona, entonces de unos treinta y seis años de edad, «mujer extremadamente lujuriosa y de muy complicada psicología», según la sentencia que habría de dictarse contra ella. Fue el domingo antes de Santa Teresa, 15 de octubre de 1951, estando ama y criado en la cocina de la casa, y con el pretexto de enseñarle unos «moratones» que, según decía, le habían salido en la pierna, la mujer se levantó las faldas mostrando un semidesnudo que excitó al joven sobremanera, ya muy trabajado por el efecto de otras provocaciones e insinuaciones de las que le había hecho objeto, consumándose allí mismo el acto carnal. Ama y criado sostuvieron oculta su pasión, que fue interrumpida únicamente unos meses en los que Lino dejó de prestar servicios en la casa. Vuelto a contratar, se reanudaron entre Ramona y Lino los apasionados encuentros siempre sin que el marido llegara a enterarse. Por su parte, Domingo, envuelto cada vez más en la bebida y el juego, se vio forzado a poner en venta algunos bienes, lo que generó disgustos y mayor distanciamiento en el matrimonio. Ramona, notando extinguido totalmente el amor por su esposo y dándose cuenta de que las enormes deudas de juego acumuladas por éste llevaban camino de arruinarla, planeó el modo de matar a Domingo para lo que requirió la ayuda de Lino. Tomando una vez más la iniciativa, aprovechándose del carácter apocado y tímido del criado, Ramona planteó a su amante varias formas de cometer el crimen. La primera de ellas era matar al marido y luego poner el cadáver en las vías del tren para simular así un accidente. Otra, pegarle un tiro a la salida de una casa del pueblo donde Domingo tenía tertulia con sus amigos. Una tercera posibilidad planteada por Ramona era golpearle con un destral, un hacha pequeña que se maneja con una mano para cortar leña u otras tareas de la casa, y luego hacerle pasar por encima el carro de vacas aparentando que había muerto atropellado. Pero ninguno de aquellos fabulosos planes fue puesto en práctica debido a la resistencia del criado. Mientras tanto, las relaciones entre Ramona y su marido empeoraban a medida que este quemaba el patrimonio familiar en las timbas de juego. Las discusiones entre la pareja se hicieron frecuentes por la urgente necesidad de Domingo de vender un pajar propiedad de Ramona para hacer frente a sus agobios. En medio de todo esto, a las 22 horas del 7 de abril de 1952, después de haber ordenado al criado que escribiera una carta a un saludador o curandero para que fuera a cuidar un buey al que el criado había picado en exceso, provocándole una herida, tras haber cenado juntos amos y criado, y mientras Ramona preparaba garbanzos para la comida del día siguiente, Domingo se quedó dormido en una silla en la cocina al amor del fuego. Al darse cuenta de esto, según el relato del fiscal de la causa, Ramona vio llegado el momento de dar muerte a su marido, por lo que acompañada de Lino se dirigió por un pasillo al corral donde recogieron el hacha pequeña y volvieron a la cocina. Ramona empuñó el hacha, se situó a espaldas de su marido que no llegó a despertarse y le descargó un tremendo golpe en la cabeza. Lino le animó a que le diera un segundo hachazo una vez caído en el suelo con el fin de asegurarse, cosa que la mujer hizo. No obstante, ya como consecuencia del primer golpe, Domingo recibió una lesión occipito-parieto-temporal-derecha fracturándole conjuntamente estos huesos y produciéndole estallido de cráneo con salida casi total de masa encefálica, lo que le supuso la muerte inmediata.

Una vez que comprobaron que estaba muerto, Ramona y Lino decidieron deshacerse del cadáver, acordando enterrarlo en la cuadra. Para ello trasladaron el cadáver en una manta, cavaron un hoyo profundo y le dieron sepultura. A continuación, la mujer se encargó de limpiar la sangre que había manchado la cocina debido a la gran hemorragia producida. Posteriormente se pusieron de acuerdo sobre lo que debían decir para justificar la ausencia de Domingo, llegando a la conclusión de que lo mejor sería fingir que se había marchado de la casa para no volver. Con el fin de despejar las dudas que pudieran surgir, Lino haría un viaje a Madrid desde donde pondría un telegrama, haciéndose pasar por Domingo, con el siguiente texto: «Llegué ayer Madrid 5,30. Salgo hoy destino Lisboa. Estáte tranquila. Estoy bien. Domingo.» A pesar de que el minucioso plan preparado por la pareja dio resultado durante casi cinco meses, el papel preponderante que en la casa empezó a tomar Lino, manejando la hacienda como si fuera suya, y dándose aires de ser el sucesor del desaparecido, levantaron tales sospechas que terminaron en denuncia el 23 de agosto por lo que comenzaron las indagaciones judiciales para averiguar el paradero de Domingo.

A cambio de someterse a las exigencias de Ramona, Lino había obtenido fuertes recompensas económicas, pero esto no fue bastante para mantenerlo de su parte. Ante el tribunal que les juzgó, los dos amantes, que después del crimen habían acabado separándose, posiblemente por diferencias en torno a cómo repartirse los bienes que había dejado el fallecido, o por no poder sobrellevar la culpa, tuvieron comportamientos muy enfrentados a lo largo de la vista oral. Estas fueron sus declaraciones principales:

—Fiscal: ¿Había discusiones en el matrimonio?

—Lino: Antes de ocurrir los hechos, nunca.

—F: ¿Cuándo comenzaron?

—L: Ocho días antes del crimen.

—F: ¿Habló Ramona con usted de las discusiones con su marido?

—L: Me tenía mareado con mil tonterías.

—F: Explique qué tonterías eran esas.

—L: Pues que había que matar a su marido.

—F: ¿Usted qué contestaba a esas insinuaciones?

—L: Se las quitaba de la cabeza, ya que yo a Domingo le quería como a un padre.

—F: ¿No vio usted cómo lo mataba?

—L: Yo no vi nada.

—F: Lo que dice ahora se contradice con declaraciones anteriores. Ramona le dijo: «Vamos a matarle.»

—L: Aquel día Ramona no me dijo nada. Antes sí, pero no le hice caso.

—F: ¿No le extrañó que utilizara el destral?

—L: No, señor. Lo utilizaba todos los días para partir los huesos que echaba en la comida.

—F: Cuando entró de nuevo en la cocina, ¿qué ocurrió?

—L: Vi a Domingo en el suelo lleno de sangre. Ramona estaba en la puerta de la sala. Me quedé helado.

Aunque las declaraciones de Lino causaron sensación, el público que llenaba la sala de la audiencia se excitó mucho más, sin punto de comparación, con la presencia de Ramona que fue respondiendo a todas las preguntas del fiscal.

—Fiscal: ¿Cuándo dieron comienzo las relaciones entre Lino y usted?

—Ramona: Jamás tuve relaciones con mi criado.

—F: ¿Expuso usted a Lino que iba a matar a su marido?

—R: Eso lo dice él. Yo jamás pensé en matar a mi marido. Eso lo hizo este criminal. (Ante una gran expectación señala a Lino que se levanta para enfrentarse con Ramona: «¿Cómo te atreves a culparme de lo que tú has hecho?»)

—Fiscal: Entonces, ¿quién mató a Domingo?

—Ramona: (Señalando a Lino): ¡Este! Este criminal que quería apañar todos mis intereses.

—F: ¿Vio usted cómo se cometió el crimen?

—R: No. Yo estaba acostada hacía media hora y llegó él despertándome y diciéndome: «Ramona, acabo de matar a tu marido.»

Las palabras de la mujer sonaban convincentes. Las decía con aplomo y una expresión de gran seguridad en los ojos, pero el tribunal no debió de creerla a pesar del magnetismo de su mirada porque la condenó a la pena de muerte por parricidio con alevosía y en caso de indulto, que podía librarla del patíbulo, lo que ocurrió finalmente, a la sustitutoria de treinta años de reclusión mayor. En cambio a su cómplice, Lino, le debió encontrar un punto menos culpable porque le condenó por asesinato a «sólo» treinta años de cárcel.

Los crímenes de Jarabo

La historia de amor de Beryl y su carta comprometedora. Una noche en vela con tres cadáveres. Madrugó para volver a asesinar. Las muertes de dos mujeres, una de ellas embarazada, hizo especialmente odiosos los crímenes. El último ejecutado por la jurisdicción ordinaria.

El sábado 19 de julio de 1958, José María Jarabo, que contaba treinta y cinco años, estaba pasando una de las peores épocas de su vida. Entregado por completo a las drogas y el alcohol, vivía con domicilio simultáneo en dos pensiones a las que iba a descansar de largas noches de mujeres y alcohol. Seguía gastando a manos llenas, pero cada vez tenía menos posibilidades de obtener dinero para su vida de crápula y desatado. Había hipotecado fuertemente el hotelito familiar de Arturo Soria y el dinero que su madre le mandaba desde Puerto Rico no le llegaba para sus cuantiosos gastos. Él mismo calculaba que desde mayo de 1950 que había llegado a Madrid bien podía haber dilapidado una fortuna de casi quince millones de pesetas de la época. Sin haber tenido jamás un empleo, habituado a residir en hoteles, con salidas nocturnas diarias en las que se permitía rumbosas invitaciones, todo lo que gastaba salía del patrimonio familiar, ya muy disminuido.

Además, las relaciones amorosas de José María eran muy complicadas. Sus insaciables necesidades sexuales le hacían cambiar constantemente de pareja, alternando sus historias de amor profundo con amigas de una noche o con prostitutas. Desde hacía dos años arrastraba las consecuencias de un intenso enamoramiento por una inglesa, Beryl Martin Jones, casada, que había puesto en peligro por él su matrimonio y su existencia regalada. A José María, hombre viril, elegante, recriado en Estados Unidos, por lo que hablaba un inglés excelente, las mujeres le adoraban. La leyenda dice que gran parte del atractivo que ejercía sobre el eterno femenino era que tenía una enorme verga de la que disponía en inagotables juegos amorosos. A ese secreto final unía una gran capacidad de seducción, una simpatía natural que sabía dosificar hábilmente, y un afán de dominación con el que a lo largo de su existencia reunió una larga colección de enamoradas de toda clase y condición. El sábado aquel, no obstante, Jarabo se sentía angustiado por la falta asfixiante de dinero, la amenaza de sus familiares que pensaban venir de Puerto Rico con lo que descubrirían su juego, y la insistencia de su antiguo amor, Beryl, que le reclamaba un anillo de brillantes que habían empeñado para pagar algunas de aquellas noches de amor interminable que vivieron en los mejores hoteles con los caprichos más exquisitos. La joya era un regalo del marido de Beryl que ahora la reclamaba. Sin poder saber jamás la parte que de cierto hubiera en este asunto, a esta sortija se le atribuye el desencadenante de los horrorosos crímenes que habrían de iniciarse aquel sábado sangriento.

El anillo de Beryl había sido pignorado en la tienda Jusfer, situada en la calle Alcalde Sáinz de Baranda, 19, propiedad de los socios Emilio Fernández Díez y Félix López Robledo por cuatro mil pesetas, aunque su valor era mucho mayor. Para rescatarla, siempre según la versión que daría el propio Jarabo, los prestamistas le exigían además del dinero una autorización de la propietaria. Desde Inglaterra, Beryl había mandado una carta en la que además de autorizar a recuperar la alhaja, hacía a su amante confidencias y declaraciones comprometedoras. José María le mostró aquel documento a los propietarios de Jusfer pero desgraciadamente entonces no tenía la cantidad necesaria para recuperar la joya porque la había dilapidado en algunas de sus frecuentes salidas nocturnas. Por ello decidió dejarles la carta en prenda hasta que reuniera el dinero necesario. Repentinamente, aquel sábado, José María decidió recuperar la carta y el anillo de Beryl. Seguía sin tener el dinero pero eso los prestamistas no lo sabían. A media tarde llamó a la tienda anunciando su propósito. Habló con Emilio, con el que quedó en cerrar el trato, pero aunque le estuvieron esperando hasta muy tarde, no se presentó. Sus planes eran otros.

Pasadas las nueve de la noche, después de haber estado haciendo tiempo en compañía de una mujer con la que había trabado amistad en el Metro, José María se dirigió no a la tienda, como había quedado, sino al domicilio de Emilio, en la calle Lope de Rueda, 57, cuarto exterior izquierda. Al llegar, como lo tiene todo planeado abre las puertas del ascensor valiéndose de los codos y aprieta el botón del piso al que va con la uña del pulgar derecho para no dejar huellas. Pulsa el timbre de la vivienda con las falanges segunda y tercera del dedo índice. Le abre la criada Paulina Ramos Serrano, de veintiséis años, que según el relato del fiscal le acompaña hasta donde se encuentra el dueño de la casa, pero que según parece más probable debió suceder de otro modo: cuando Jarabo llega al piso está sola la criada. Pregunta por Emilio y Paulina le lleva al salón donde queda a la espera. Al rato, José María, que tiene todo decidido, se encamina a la cocina donde la criada está pelando judías. Convencido de que debe eliminar testigos molestos, la golpea con una pesada plancha en la cabeza, y cuando atontada por el golpe la muchacha trata de gritar y defenderse, la sujeta por detrás apretándole fuertemente nariz y boca con la mano izquierda, mientras que con la derecha le parte el corazón hundiéndole en el pecho, hasta la cruz, el cuchillo de pelar judías. Traslada el cuerpo de la infortunada joven hasta su cuarto donde la arroja demadejada sobre la cama.

Apenas tiene que esperar unos minutos la llegada de Emilio que abre la puerta con su llave. Se dirige al cuarto de baño, en todo momento ignorante de que en la casa está oculto José María, algo extrañado por no haber visto a Paulina. Y mientras se asea, José María le sorprende sujetándole al más puro estilo de Brooklyn tirándole de la chaqueta hacia abajo. Inmovilizado de esta manera, le descerraja un tiro con la pistola F.N. del 7,65 de fabricación belga que guardaba en la parte izquierda de la cintura. El tiro le entra a Emilio por la nuca matándole en el acto. Cae derrumbado con la cabeza entre el retrete y el bidet. Le despoja de la chaqueta, que registra, tal vez buscando la carta comprometedora de Beryl que, según él, los prestamistas se negaban a darle. Pero parece más seguro que lo que hace es despojarle de cuanto el muerto tiene de valor. Luego se pasea por la casa abriendo armarios y muebles buscando la caja fuerte. Cuando se siente cansado se sirve una copa en el barecito americano del salón. Está tranquilamente sentado cuando vuelve a escuchar el llavín en la cerradura. Es Amparo Alonso, la mujer de Emilio. Llega en el momento en el que pasa el portero recogiendo los cubos de basura por lo que apenas le da tiempo para dejar un paquetito de fiambre para la cena que lleva en la mano y sacar el cubo, preguntándose fastidiada dónde estará Paulina que siempre falta cuando más falta hace. Acto seguido se encamina a su alcoba para cambiarse. No sabe que su marido está muerto, que la criada está muerta. En el salón se encuentra de pronto con un desconocido que le pide que no se asuste.

El desconocido le explica que es inspector de Hacienda y que Emilio y Paulina han salido con unos compañeros suyos, también inspectores, para aclarar un asunto de tráfico de divisas. Amparo queda muy extrañada, pero el hombre la envuelve en un parloteo que tiene cierta coherencia hasta que de pronto se da cuenta de que su aspecto no se corresponde con lo que está hablando. Pero lo que la pone en alerta son las manchas de sangre que ha podido distinguir en el traje del desconocido. Sin valor para gritar emprende una loca carrera hacia su dormitorio con la vana intención de protegerse. Cae desesperada a los pies de la cama. El desconocido la atrapa allí, la intimida con su pistola, la sujeta con el edredón como si fuera una camisa de fuerza y antes de que pueda darse cuenta, le dispara en la nuca. Amparo muere en el mismo instante. José María revisa el dormitorio, se cambia de camisa, porque la suya está empapada de sangre, tomando una del ropero de Emilio, y conocedor de que el portal debe estar ya cerrado por la hora que es, pasan de las doce de la noche, decide quedarse en aquel piso convertido en panteón hasta la mañana siguiente. Tiene tiempo entonces de ordenar a su gusto la escena del crimen. En el salón dispone copas y botellas, incluso manchando un vaso de carmín para simular una tragedia por disputas amorosas. En el cuarto de la criada, rasga el sujetador y la braga del cadáver de Paulina para crear una atmósfera de abuso sexual. Limpia huellas y reúne cuantos objetos de valor encuentra. Al día siguiente, domingo, en cuanto abren el portal, sale y pasa la mañana en un cine de sesión continua. Por la tarde realiza su habitual recorrido por bares y establecimientos de bebidas. Aunque se acuesta ebrio y drogado, el lunes 21 madruga para esperar en la misma tienda Jusfer al otro prestamista. Abre con el juego de llaves que había sustraído en casa de Emilio y espera escondido a Félix que entra confiado cuando con el truco habitual le sujeta por detrás tirando hacia abajo de su chaqueta y le dispara dos veces en la nuca. Luego busca la carta y el anillo de Beryl sin encontrarlos y se lleva varios objetos de valor. Antes de huir se cambia el traje que queda muy manchado de sangre. Pero no podía salir con bien de tanta muerte. José María Manuel Pablo de la Cruz Jarabo Pérez Morris, acosado por la policía que le descubre por sus relaciones con los asesinados es detenido a las doce del mediodía del martes 22, cuando intentaba recoger en una tintorería de la calle Orense aquel traje tan manchado de sangre que había dejado a limpiar.

Las muertes de las dos mujeres, una de ellas embarazada —Amparo Alonso— hizo especialmente odiosos sus crímenes. Jarabo resultó condenado a la pena capital y fue el último ejecutado en cumplimiento de sentencia dictada por la jurisdicción ordinaria.

El crimen de Velate

El burgués gentilhombre. El descubrimiento de una pasión arrebatadora. La muerte como el mejor de los negocios. Uno de los contratados se niega a cumplir su parte. El instigador repite su plan. El crimen por encargo más chapucero de la historia española.

Pilar Cano Peralta, esposa de Jaime Balet Herrero, de treinta y cinco años, delegado de Tráfico del Ayuntamiento de Zaragoza, concejal por el tercio sindical, fue asesinada la noche del 29 de abril de 1973 en un desvío de la vieja carretera del Puerto de Velate, en Pamplona. Murió por la ambición sin límites de un hombre aparentemente brillante, representante de la burguesía, que tenía una importante empresa en sus manos y que estaba enamorado de otra. Al criminal no sólo le movía el amor, sino el deseo de apoderarse de la fortuna de su víctima.

Sobre las diez y media, el coche Seat 1500 que conducía Balet y en el que viajaba su esposa penetraba en un recodo oscuro con el pretexto de descansar del largo viaje de ida y vuelta a Biarritz realizado por la pareja en el mismo día. La mujer se había resistido hasta el final a hacer este desplazamiento, que tenía por objeto disfrutar de apenas una hora de juego en el casino, tal vez porque tenía un mal presentimiento.

Pocos minutos después de haber detenido el vehículo una sombra armada con una barra de hierro se aproximó al coche. Era un súbdito alemán, Peter Simeth, contratado por el marido para matar a la mujer. Seguramente ayudado por el instigador, al que le quedarían sospechosas marcas de uñas en la cara, Simeth acabó con la vida de Pilar Cano de cuatro golpes que le aplastaron el cráneo, muy probablemente fuera del coche. Acto seguido introdujeron el cadáver en la parte delantera del automóvil que conducido con gran frialdad por el marido y seguido por el sicario autor material del crimen en otro vehículo —un Morris de color rojo— cedido a propósito por Juan Midón, también implicado, descendió el puerto hasta cerca de las ventas de Arraiz. En ese lugar que les pareció a propósito, el alemán Simeth para dar apariencia de un asalto a lo que no era sino un crimen por encargo, golpeó a Balet en la cara con la barra de hierro, esta vez recubierta de gamuza, y huyó llevándose el bolso de la muerta. No sería el primer fallo del crimen, pero en su huida dejó olvidadas las joyas que llevaba puestas la víctima, casi medio millón de pesetas, y otras trescientas mil pesetas en metálico en el coche. Si se trataba de simular un asalto, los errores cometidos eran de bulto.

También resultó pésimo el traslado del cuerpo desde el lugar de los hechos hasta un punto de la carretera más adecuado para llevar a cabo la segunda parte de la tragicomedia. Todo este trajín levantaría sospechas que acabarían descubriendo al parricida.

El crimen se había planeado dos meses atrás en el entonces bar polinesio Kon-Tiki de Madrid, según afirmaría el fiscal de la causa. El 8 de febrero, Jaime Balet se reunía con otro español, su cómplice, Juan Midón, y le adelantaba el plan y parte del dinero prometido por eliminar a su esposa —7.000 dólares, unas 417.500 pesetas de entonces—. En el crimen iba a intervenir en un principio el también súbdito alemán Helmunt Pach que acabaría negándose a tomar parte. Pero, ¿qué llevó al rico y afortunado Balet, triunfador en los negocios y en la política, con un fabuloso futuro por delante, a eliminar a su mujer?

Dos años y pico antes de reunirse para preparar el crimen, a finales de 1970, Balet había perdido totalmente la cabeza por la secretaria de su padre en la Papelera Saica, la empresa familiar de los Balet, Ana Álava Causave, de dieciocho años, con la que había establecido relaciones íntimas. Tras muchos meses de llevar una doble vida, que además tenía que conjugar con la representación pública de su cargo, Jaime había decidido separarse de Pilar Cano, pero se encontró con una negativa sin fisuras por parte de ella. Pilar seguía estando muy enamorada de su marido. Además, una vez planteada la imposibilidad de separarse sin montar una tragedia, pesó en el ánimo del parricida la idea de no perder la enorme fortuna de la esposa, hija de unos ricos terratenientes de Los Monegros. El matrimonio Balet tenía cuatro hijos y una sólida posición económica. Si la esposa desaparecía en algo parecido a un accidente, el marido se quedaría con todo y libre para contraer nuevas nupcias con la que era su amante.

Así las cosas, Balet encargó a Juan Midón que le librara de su mujer, lo que este emprendió con cierta calma. Transcurrido un mes de la entrevista en Madrid, Midón y Pach, con los que Balet tenía oscuros negocios de tráfico de divisas, se desplazan a Barcelona para conseguir un pasaporte falso. Allí entran en contacto con el cuarto implicado y finalmente autor material del asesinato, Peter Simeth. Con él viajan de Barcelona a Zaragoza. Ya en la capital aragonesa, Midón plantea a Simeth en presencia de Pach que el trabajo para el que le reclutan consiste en «dejar libre a Balet». Entre todos determinan que tratarán de fingir un atentado etarra y fijan una fecha para realizarlo: el domingo 15 de abril. Desde el principio el lugar será un recodo de la vieja carretera de Velate a la vuelta de un viaje relámpago a Biarritz.

Con la intención de cuidar todos los detalles acuerdan coincidir dos días antes del fijado en un restaurante de Zaragoza para que los asesinos conozcan de cerca a su víctima. Cumpliendo lo acordado, al entrar los alemanes, Balet se puso de pie para que se viera sin lugar a dudas a su esposa, produciéndose un hecho tan extraño que sería recordado por Pach al ser detenido: no podía explicarse cómo Pilar Cano, sin conocerle de nada, le miró fijamente con una expresión de pánico en la cara. Esa alarmante visión le haría desistir de participar en el crimen.

El día 15, según lo planeado, a la vuelta de Biarritz, Balet paró en el desvío señalado de la carretera semiabandonada del puerto de Velate, a 28 kilómetros de Pamplona, y esperó. Pero su espera fue en vano porque los asesinos no aparecieron con lo que tuvo que reemprender la vuelta a casa y dar explicaciones a su mujer. Pasados dos días fue a buscar a Pach y a Simeth al Hostal Oroel, donde se hospedaban, y les echó en cara no haber cumplido su parte del plan. Fue entonces cuando Pach le comunicó que no pensaba seguir adelante. Este personaje de ideología nazi, devoto de Hitler, participante en actos de exaltación de la memoria del dictador, dio muestras de un extraño brote de humanidad volviéndose atrás impresionado por aquella mirada de víctima aterrada que le había dirigido Pilar Cano en el restaurante. Pero pese a esa imprevista renuncia, Balet no desistió y consiguió convencer a Peter Simeth para que lo hiciera él solo. Efectivamente, de aquella conversación quedó fijado un nuevo plazo para la muerte: sería el 29 de abril. Y esta vez el ejecutor no detendría su brazo.

No era casualidad que el concejal hubiera elegido asesinos a sueldo de nacionalidad alemana. Balet tenía una larga relación con Alemania. Allí, a Munich, había trasladado a su querida, Ana Álava, mientras se resolvía el espinoso asunto de su esposa. Para que no le faltara de nada le abrió cuentas bancarias y realizaba frecuentes viajes para pasar con ella unas horas. Mientras llevaba esta vida oculta, Jaime mantenía la apariencia de hombre ordenado y muy religioso como correspondía a un personaje sobresaliente de la burguesía franquista mejor situada, engañando a sus amistades con su asistencia a misa diaria en Santa Engracia.

En el juicio celebrado en 1977 en Pamplona, se puso de relieve que Balet se casó únicamente por intereses, sin estar enamorado, y que descubrió una pasión incontrolable al conocer a la secretaria Ana Álava que se proponía ser algo más en la vida que la amante de un concejal. Quería ocupar el papel de la esposa. Cosa que no era posible mientras Pilar Cano estuviera viva. En una de las cartas dirigidas por el criminal enamorado a su amante, meses antes del crimen, Balet con cierta cursilería plasma gráficamente lo que ambos pretendían: «Ahora me doy cuenta de que lo que yo quería de ti no es la cama. Lo que quiero es que vivas conmigo en Zaragoza y con mis hijos y con mis padres en mi casa. Quiero cogerte en mis brazos, subirte la escalera, sentarte en un sillón, traerte las zapatillas y el cenicero, un vaso de leche caliente y encender para ti la televisión.» Las tórridas cartas quizá eran una respuesta a los celos que le daba ella con un estudiante de medicina alemán y con otro yugoslavo. Balet planeó el crimen como si se tratara de uno de sus negocios y pecó de exceso de confianza y de un gran desprecio por su esposa —«Pili no tiene más culpa que la de su limitado cerebro»—. «No temo mi ruptura con ella —le escribe a Ana—, siento por ella únicamente compasión y odio y pienso que nuestros hijos sienten lo mismo que yo.»

Los investigadores empezaron a tirar del hilo de las sospechas y se encontraron con la declaración de Pach que fue detenido en Alemania y que culpaba a Balet. También se encontró con la espontánea colaboración de Ana Álava con la justicia a la que envió cartas y documentos entre otras cosas con la noticia del aborto que se tuvo que practicar en Offenbach. En una de las cartas, Balet remitía a Ana un recorte de periódico con el anuncio de una película en la que un hombre mataba de un hachazo a su mujer. Para terminar de desmontar la versión de Balet apareció una pareja de novios que había visto el coche de Midón conducido por Simeth en los alrededores de la escena del crimen. Jaime Balet y Juan Midón fueron condenados a muerte el 2 de octubre de 1977, pero sus penas fueron conmutadas por las de cadena perpetua. Simeth cumple condena en Alemania por haber violado y asesinado a una joven. El crimen de Velate fue el asesinato por encargo más chapucero de la historia criminal española.

El asesino de Pedralbes

Asesinato en un barrio excelente. De servil a criminal. Una biografía deplorable. No pudo resistir el sentimiento de culpa. Pidió ser ejecutado. Amenaza con volver a matar si no le ejecutan. La abolición de la pena de muerte le obligó a vivir. Queda libre.

Día 4 de mayo de 1974. Barrio de Pedralbes. Barcelona. Aprovechando la oscuridad, un frío y misterioso personaje, vestido totalmente de negro, penetra en un chalet ubicado en la parte alta del barrio residencial. Se trata de una lujosa mansión. En su interior sólo están el matrimonio propietario y una parte del servicio: la cocinera, que duerme con su hija pequeña. El hombre, vestido totalmente de negro y con la cabeza cubierta por un pasamontañas del mismo color, lleva puestos unos zapatos de una talla más pequeña de la que usa para despistar a la policía. Tiene totalmente decidido lo que va a hacer, y por eso, tras recorrer salas y pasillos, como buen conocedor del terreno que pisa, se oculta junto a la alcoba principal en una pequeña estancia utilizada como vestidor.

Arropado en las sombras, el amenazador personaje permanece en silencio, atento a los ruidos de la habitación durante más de veinte minutos, hasta que se convence de que en la casa todos duermen. Por fin se decide a actuar. Con paso decidido y empuñando un cuchillo que ha comprado para la ocasión, va hacia la cama en la que reposa el matrimonio de mediana edad, formado por Juan Roig y María Rosa Recolons. Son dos personas de la alta sociedad catalana que gozan de un profundo y confiado sueño. El individuo que ha entrado silenciosamente en su cuarto, no les deja reaccionar. Con el cuchillo de grandes proporciones que lleva preparado se echa sobre marido y mujer y los apuñala sin piedad. Inmediatamente después va hacia la caja fuerte. Sabe de sobra dónde está empotrada. La abre sin vacilación. En un maletín que tiene dispuesto mete joyas y dinero que extrae rápidamente de la caja. Consigue un buen botín: quince millones de pesetas. Hecho esto, con una tranquilidad pasmosa, abandona la vivienda y sube a bordo de un coche de alquiler. Da varias vueltas con el automóvil hasta que toma la determinación de encaminarse a la estación de Francia. Allí oculta el maletín con las joyas y el dinero en un departamento de la consigna automática. Guarda despaciosamente la llave en el bolsillo del pantalón y se dispone a disfrutar de lo robado. Es prácticamente la primera vez que cree tener suerte en la vida.

El hombre vestido de negro es José Luis Cerveto Puig, de treinta y tres años. Es pequeño y enjuto, con un rostro de formas acusadas rematado por una amplia calva. Acaba de asesinar a la pareja para la que muy servilmente trabajaba de chófer y mayordomo. A sus espaldas, una triste biografía que le ha provocado un carácter inestable y le ha convertido en un pervertido sexual. La mañana anterior al crimen estuvo cometiendo actos deshonestos con dos niños. Luego, para hacer tiempo hasta que llegara el momento de actuar, se fue al cine a ver una película que siempre le pareció interesante: *Jack, el Destripador.* Las tensiones acumuladas durante toda su vida le habían estallado como un castillo de fuegos artificiales.

Su padre había muerto de una tisis muy penosa cuando él tenía sólo tres años. Fue recluido en un orfelinato. Conoció lo que era vestirse con tela de saco y vivir a salto de mata. Su infancia fue corta e infeliz. Se vio obligado a robar. Quizá una de las etapas más prometedoras de su juventud fue el tiempo en que se unió a la «troupe» de un circo. Trabajó como mozo de pista en el Circo Americano, con los Vieneses y los hermanos Tonetti. Fue voluntario a la «mili». Allí tuvo un encontronazo con un superior por lo que fue destinado al castillo de Galeras. Luego pasó al reformatorio de Espinardo (Murcia). Fue paracaidista en Valencia y, según propia confesión, efectuó setenta y cuatro saltos desde los aviones. Fue una experiencia que le marcó profundamente. Andando el tiempo diría que presenció hasta diecisiete accidentes mortales.

Se licenció del servicio militar en Alcalá de Henares. Decidió su futuro parado en la carretera lanzando una moneda al aire. Cara, Madrid; cruz, Barcelona. Salió cruz. En la Ciudad Condal encontró trabajo en la construcción y como carecía absolutamente de recursos, durante las dos primeras semanas se vio obligado a dormir en un solar arropado con una sábana.

Cerveto es un buen observador. Por eso no le pasa desapercibido que quien mejor vive en las obras es el conductor del camión de los escombros, que suele estar repantigado en la cabina, fumando y leyendo el periódico, mientras los demás cargan los sacos. Concluye que vivirá mucho mejor si consigue el carnet de conducir. Se pone a ello y lo logra en poco tiempo. Es por entonces un tipo despierto y esforzado al que le gustan las cosas bien hechas. Gracias al permiso de conducir entra a trabajar en una agencia de transportes. Su obligación es llevar un enorme camión Volvo de cuatro ejes con el que hace numerosos viajes a Europa. Se abre una época en la que se siente un triunfador. Trata de aprovechar la buena racha para ganar dinero. Trabaja tanto que apenas duerme. Fuerza su sistema nervioso tomando simpatina en grandes cantidades y mucho café para mantenerse al volante el mayor tiempo posible. Cree que de ello depende su fortuna. Una fortuna que piensa levantar a cincuenta céntimos por kilómetro recorrido. Pronto acusa el grave deterioro de su sistema nervioso. Continuamente se siente excitado e irritable. Cerveto se da cuenta de que no puede seguir así. Busca un empleo que le permita estar más descansado. Es entonces cuando entra a formar parte del servicio del matrimonio formado por Juan Roig y María Rosa Recolons en el domicilio familiar que éstos tenían en la zona más noble de Pedralbes. Su trabajo fue al principio de chófer —otra vez gracias a haber sacado el carnet de conducir—, pero como se fue ganando la confianza de la familia, acabó de mayordomo. En los primeros tiempos todo iba a pedir de boca. Pero el dueño de la casa acabó descubriendo lo peor del carácter de su mayordomo y le despidió. El resentimiento y la posibilidad de hacerse con un botín que le permitiera vivir sin agobio le hizo fraguar la idea del asesinato.

Cerveto conocía perfectamente la disposición de la casa y cuál era el momento más vulnerable. Sabía que el perro de la familia no le descubriría porque durante mucho tiempo fue el encargado de darle de comer. Aprovechándose cobardemente de todas estas ventajas penetró en la casa y no le dio a sus pacíficos ocupantes ninguna oportunidad. Luego fue a la cocina, abrió el gas y dejó una vela encendida con la intención de provocar una explosión que borrara las huellas. Pero en el último momento se arrepintió y cerró el gas. Él diría que lo hizo porque tiene un gran amor a los niños y no quería que muriera la hija de la cocinera que dormía allí aquella noche. Es posible que fuera verdad. No hay asesino, por repugnante que sea, que no haya tenido algún sentimiento hermoso alguna vez. Luego se marchó en coche a Tarragona. El viaje por la autopista serviría para que le dieran un ticket con una hora que con suerte podría coincidir con la estimada por los forenses en la comisión del crimen. Lo tenía todo previsto. Probablemente estaba cerca de lo que creía el crimen perfecto. Sin embargo, le traicionaron los nervios.

Cerveto no pudo con el peso de la culpa. Apenas treinta horas después del crimen, angustiado y derrumbado por dentro, se entregaba en la comisaría de la Vía Layetana. Necesitaba ser castigado por lo que había hecho. A cambio de contarlo todo pidió un sacerdote para que le confesara. Era un asesino muy religioso.

Fue juzgado en Barcelona en octubre de 1977. Le fue impuesta una pena de muerte por cada uno de los dos delitos de robo con homicidio por los que fue condenado. El Supremo confirmó la sentencia. Se benefició del indulto del 25 de noviembre de 1975 y las dos penas de muerte fueron conmutadas por dos condenas de treinta años. Entonces se produjo una gran sorpresa: Cerveto pidió ser ejecutado como había hecho poco antes un preso norteamericano, Gary Gilmore, sobre el que Norman Mailer escribió *La canción del verdugo.* Gilmore fue complacido en su petición, pero a Cerveto no le hicieron caso. Más tarde, abolida la pena de muerte, sólo le quedó la cárcel. Su paso por ella estuvo lleno de incidentes. Se bebió un litro de lejía, por lo que estuvo a punto de perder el estómago, y se cortó las venas. Cuando se hacía una herida la manchaba con sus excrementos para producirse una infección, o mejor, una gangrena. Hizo huelga de hambre. Fue calificado como «peligroso con rasgos psicóticos». Tuvo un largo peregrinaje por varias prisiones. A pesar de todo eso, cursó estudios de graduado escolar e intervino en la película de Gonzalo Herralde sobre su crimen: *El asesino de Pedralbes*. En el momento en que escribo de él, Cerveto está en paradero desconocido. Además de por sus crímenes, fue juzgado por abusos deshonestos a un niño de once años, pero en total sólo pasó trece años en prisión, al cabo de los cuales rehizo su vida en libertad. Cuando salió, estableció en Madrid un tenderete de venta de objetos artesanales en el desaparecido mercadillo de la plaza de Santa Ana, donde vendía lo que fabricaba en un taller del madrileño barrio de Vallecas. Un año después de su salida, en 1988, saltó a la prensa la noticia: le habían vuelto a denunciar por abusos sexuales a menores. Durante el juicio por su crimen, lo había anunciado: sufría una pulsión incontenible desde que fue pervertido sexualmente por el educador de un correccional. Así que sólo había hecho lo que dijo: «Si no me matan, ustedes serán los responsables de lo que pase.» También advirtió en el juicio que si no le ejecutaban como pedía, volvería a matar. Se ignora si ha cumplido también esta segunda advertencia.

La descuartizadora de León

La mitad inferior del cuerpo de un hombre apareció en la cuneta de una carretera dentro de una saca de plástico. Días más tarde fue hallada la cabeza. En el cráneo descarnado podían contarse siete hachazos. Era el final de una complicada historia de amor y odio.

Una de las mujeres más frías de la historia del crimen, auténtico parangón de mujer-témpano, es la llamada «descuartizadora de León», Covadonga Sobrino, que mató de siete hachazos al hombre con el que mantenía relaciones troceando su cadáver para deshacerse de él.

Primero apareció la parte inferior —de la cintura para abajo—. La encontró un vecino de La Pinilla, León, en el interior de una bolsa de plástico. Francisco Villar Rubio, jubilado de la construcción, entonces de sesenta y cinco años, estaba buscando caracoles en la cuneta de la carretera de León a Caboalles cuando se topó con el saco de plástico. Lo levantó porque en este tipo de desperdicios suelen agarrarse los caracoles. El peso de la bolsa y su peculiar forma le llamaron la atención. Al abrirla un denso olor le golpeó el rostro. Al principio pensó que había encontrado un animal muerto, pero en seguida se dio cuenta de que se trataba de la mitad de un hombre. Francisco había hecho la guerra, donde vio muchos cadáveres, pero aquello era muy distinto. Se trataba de las caderas y extremidades inferiores de un cuerpo limpiamente seccionado por la cintura. El descubrimiento le estremeció.

Los restos humanos encontrados daban la impresión de haber estado mucho tiempo en agua y haberse desangrado en ella. Las ropas que los acompañaban estaban húmedas. Los restos no tenían marca o defecto físico que pudiera ofrecer una pista para su identificación. A la altura de las rodillas podían observarse profundos cortes —seguramente hachazos— inferidos con la intención de acomodar los huesos en las bolsas que de otra manera no habrían cabido. Envolviendo las caderas y las extremidades inferiores fue hallado un pantalón color gris perla, de tergal, con los bajos vueltos, así como unos calzoncillos de algodón sin otro particular y unos calcetines con dibujo. La relación de objetos que sirvieron de base a las primeras investigaciones se cerraba con un cinturón de cuero marrón con una hebilla grande, seccionado de dentro afuera en un punto de su longitud.

La inspección forense indicó que los restos pertenecían a un hombre entre los veinte y los veinticinco años, de una estatura aproximada de 1,70, de 80 a 90 kilos de peso —lo que significa que estaba algo grueso—. Los forenses fijan el momento del fallecimiento entre siete o diez días antes del hallazgo. Desde el momento en que se descubrió la macabra bolsa de plástico, se realizaron diversas acciones de rastreo por fuerzas de la Guardia Civil a las que se unieron voluntariamente numerosos vecinos de los pueblos cercanos al lugar del hallazgo, en busca de la parte superior del cadáver. Pero tardaría en aparecer. Sin ella era prácticamente imposible identificar el cuerpo, a no ser que alguien pudiera reconocer la ropa o el cinturón. El trabajo de indagación fue muy intenso: se investigó en hoteles y pensiones tratando de dar con un equipaje abandonado o una maleta sin dueño. Fueron revisados los archivos de desaparecidos y las fichas de ingreso de los psiquiátricos. Sobre los datos recogidos, los encargados de las investigaciones trazaron todo tipo de conjeturas. Según algunas de ellas el crimen se cometió en una casa o lugar cerrado, con vecindad o algún peligro de ser descubierto. Fue esto lo que llevó a trocear a la víctima.

Cinco días después de haber sido hallada la parte inferior del extraño desconocido fue encontrada la parte superior. Apareció en otra carretera de León, la de Vegacervera o la Vid, en el kilómetro 5,500 del término municipal de Villamanín, también en una cuneta y también envuelta en sacas de plástico. Estos nuevos restos humanos correspondían a la cabeza, tórax y brazos. La cabeza que se encontró junto al tórax, del que se apreciaban los huesos con muy pocas tiras de carne, estaba desfigurada por el proceso de descomposición. Presentaba las facciones momificadas en parte, aunque bastante irreconocibles. Los brazos no aparecían enteros: el izquierdo estaba descarnado, con las puntas de los dedos de la mano cortadas, y el derecho sólo se conservaba hasta el codo. La desaparición de parte de los restos se atribuyó a las alimañas que descubrieron el cadáver antes que el vecino del pueblecito de Valle de Vegacervera que dio aviso a la Guardia Civil.

En el cráneo del cadáver podían contarse siete hachazos, todos ellos mortales de necesidad, porque todos habían causado profundas heridas que provocaron fractura de los huesos craneales con salida de masa encefálica. En el lugar donde apareció esta parte del cuerpo no había anillos, ni papeles, ni reloj. Ningún objeto que pudiera ayudar a saber quién era aquel hombre, a excepción de un jersey de color gris con un caballo de ajedrez sobre la parte izquierda del bolsillo. Pero se trataba de una prenda corriente que no tenía ninguna señal especial.

La boca del cadáver estaba abierta y sus rasgos momificados presentaban una expresión indescriptible, de terror, como si se hubiera quedado acartonado el último gesto de la cara de este hombre que posiblemente vio cómo le llegaba la muerte. A pesar de los escasos indicios y del rostro deformado, la Guardia Civil consiguió en muy poco tiempo saber quién era aquel ser atormentado. Se trataba de un joven de veintiocho años, Carlos Fernández Guisuraga, soltero, soldador, de carácter violento y vida irregular, que carecía de domicilio conocido y que tenía un tatuaje con sus iniciales en el brazo derecho, precisamente el brazo que le faltaba al cadáver. El conocimiento de su identidad llevó a la inmediata detención de la presunta asesina, una mujer con la que la víctima tenía una estrecha relación: Covadonga Sobrino Álvarez, de cuarenta y dos años, propietaria del bar Ayi, situado en la localidad de El Portillo. La reconstrucción policial de los hechos estableció que el crimen sucedió la noche del día 3 de mayo de 1975 y que durante el trágico suceso estuvo presente un sobrino de Covadonga, de quince años. Aquella tarde Covadonga y Carlos comenzaron una larga discusión que habría de acabar en pelea y después en el terrible golpe de hacha que arrojó a la víctima al suelo. Todo sucedió en las dependencias del bar dedicadas a vivienda. Las palabras crispadas que cruzaron la presunta culpable y la víctima se refirieron en un momento dado al sobrino de Covadonga quien, con su presencia, interfería en las relaciones que mantenía la pareja, por lo que Carlos, muy exaltado, fuera de sí, se dirigió hacia él amenazante. Cuando la mujer pensó que su sobrino podía sufrir daño empuñó un hacha pequeña, muy afilada, que utilizaba normalmente para las tareas del bar, con la que golpeó a Carlos ciega de ira. El hombre cayó al suelo de la cocina ensangrentado y con estertores de muerte. Aunque estaba muy mal herido llegó a murmurar: «Te mato», pero ella le continuó golpeando seguramente ya sin ver, sin poder parar, imprimiendo a su brazo una fuerza tremenda que abrió siete brechas en la cabeza del fallecido que aparecían brutales, profundas, en los restos encontrados.

Cuando la dueña del bar Ayi se dio cuenta de lo que había hecho, se le planteó el problema de deshacerse de los restos de Carlos Fernández. Mientras estaba ocurriendo todo, un cliente había entrado en el bar, y Covadonga entonces, recuperando la frialdad que le haría famosa, mandó a su sobrino para que le atendiera. Ella, entre tanto, limpiaba las terribles huellas del crimen y trasladaba el cuerpo hasta la bodega. También se deshizo de los documentos de la víctima, así como de los pantalones que se había manchado de salpicones de sangre. Acto seguido ordenó a su sobrino que fuera a acostarse y alternó con los clientes hasta pasadas las tres de la mañana. Nadie la notó diferente aquella noche con el cuerpo aún caliente de su víctima en la bodega. Cuando cerró el bar, bajó al lugar donde tenía depositado el cadáver, procediendo durante la madrugada a su descuartizamiento.

La mañana del domingo día 4, Covadonga llevó a su sobrino a jugar un partido de fútbol en su automóvil, un Renault-Gordini. Cuando le dejó en el campo de juego se marchó a terminar su tarea:

colocó, ayudada con el arma homicida y un cuchillo de ancha hoja, las dos partes del cadáver en los sacos de plástico, donde sería encontrado, y los ató. Cuando el muchacho terminó su compromiso deportivo, Covadonga fue a recogerlo y le dijo: «Vamos a dar un paseo.» En la parte de atrás del vehículo, encima del asiento y no en el portamaletas, iba el cuerpo de Carlos en las dos sacas. La mujer llevó a su sobrino a dar varias vueltas, siempre por caminos vecinales, buscando el momento propicio para desprenderse de los restos. Estos quedarían en las cunetas de dos caminos poco transitados. Pero el reparto no fue de forma continuada ni rápida, sino que entre el momento en que fue arrojado el primer bulto, conteniendo la parte superior del cuerpo, y el instante en el que fue abandonada la otra saca, transcurrieron varias horas y en el intervalo se produjo un pinchazo en una de las ruedas del Gordini. Covadonga fue ayudada por un taxista a cambiar el neumático, taxista que no se apercibió de la macabra bolsa.

Covadonga Sobrino confesó su crimen con desconcertante frialdad demostrando que estaba hecha de una «pasta» especial. Fría y calculadora. Cuando los agentes le enseñaron las fotos de la cabeza del cadáver, ella sin demostrar emociones, ni soltar una lágrima, se limitó a señalar el parietal derecho de la calavera descarnada y decir: «Sí, este fue el primer hachazo.» Al hacerle reparar los agentes que aquellos golpes necesitaban de mucha fuerza, ella les habló de su musculoso bíceps y les invitó a comprobarlo: «Toquen, toquen, verán qué fuerte es mi brazo», dijo.

El crimen de «Dulce Neus»

Un matrimonio convertido en un infierno. Su vocecita pausada bautizó a Nieves Soldevilla como la «Dulce Neus». Los hijos eran objeto de constantes insultos y amenazas. Marisol, la hija de 14 años, confesó haber matado a su padre. Neus disfrutó la herencia sólo unos meses.

¿Hasta dónde puede aguantar una mujer la tiranía del marido? ¿Puede una familia conspirar para eliminar al padre? ¿Era Juan Vila Carbonell un «padre-patrón» despiadado? ¿Fue Nieves Soldevilla una mujer caprichosa y despilfarradora que indujo a sus hijos a acabar con su marido? ¿Fue el dinero de la víctima y el seguro de veinticinco millones el móvil del crimen?

La criada, Inés Carazo Hervás, de cincuenta y nueve años, que conocía a la familia Vila Soldevilla desde hacía doce y había vuelto a su servicio un año atrás, acabó descubriendo la trama de mentiras que encubrían el parricidio. El ambiente familiar en la casa de Juan Vila Carbonell, nacido en Vic, de cuarenta y siete años, y Neus Soldevilla Bartrina, de treinta y ocho, nacida en Torelló, padres de seis hijos, vecinos de Montmeló (Barcelona), era de peleas continuas. Broncas constantes del matrimonio y enfrentamientos del padre con los hijos, a los que siempre estaba dando órdenes a gritos, imponiendo su voluntad sin importarle ninguna otra cosa. Eso produjo que los hijos: María Nieves, de dieciocho años, los gemelos Juan y

Luis, de diecisiete, Marisol de catorce, María Dolores, de once, y Ana María, de nueve, volcaran su cariño en la madre y desarrollaran un sentimiento de hostilidad hacia el padre.

Afirma la doméstica Inés Carazo en su declaración, que llevaría a toda la familia frente a un tribunal, que a nivel de gastos familiares, el marido apenas daba a la señora lo suficiente para manutención y vestido. Aunque añade que también es verdad que la señora gastaba todo el dinero que caía en sus manos, «muchas veces en cosas superfluas». Por ello, Neus Soldevilla, a la que por su voz cremosa y pausada llaman «la Dulce Neus», se metió en asuntos de negocios y financieros a espaldas de su marido.

Juan Vila, constructor y contratista de obras, al que se le calcula una fortuna de unos cuatrocientos millones de pesetas entre sus propiedades de la finca de Binéfar, la casa de Montmeló y algunos inmuebles en Granollers, era de un carácter brusco y autoritario, y a muy temprana edad —los ocho años—, obligó a sus hijos a trabajar en sus obras. Hombre sin otra preparación que su experiencia en el trabajo pensaba que si él pudo hacerse rico sin estudios, sus hijos no tenían por qué perder el tiempo en el colegio.

Tal vez el desamor, la crueldad con los hijos y el mal ambiente de la casa, empujaron a Neus Soldevilla a buscar fuera del hogar lo que no tenía dentro. La criada afirma en su declaración que «ha llegado a sus oídos, aunque no puede asegurarlo, que podía tener relaciones extramatrimoniales con algún otro hombre». En el Sumario 5/81, seguido en Fraga por esta causa, se acredita fehacientemente que tuvo al menos tres amantes, mediante declaración firmada de los mismos. Un par de meses antes del asesinato, Inés Carazo comenzó a oír comentarios entre la madre y los hijos de que no se podía vivir con el padre y que de una u otra forma se lo tenían que quitar de en medio. Poco antes del último viaje de Juan Vila a la finca Mas Vila, a 9 kilómetros de Esplús por el camino Rafales, partido de Fraga (Huesca) en la que sería asesinado, la hija de catorce años, Marisol, dijo en presencia de la criada: «Por cojones lo tengo que eliminar.» Las reuniones de la madre con los cuatro hijos mayores eran cada vez más frecuentes y en todas se trataba el hecho de cómo eliminar al padre. En una ocasión, la criada supo que uno de los gemelos, Luis, durante los días previos al asesinato, cuando su padre estaba durmiendo la siesta en el sofá del comedor, donde lo hacía habitualmente, intentó darle un tiro con una pistola que poseía el señor Vila que por palabras de Neus supo que la había perdido y que posteriormente se sabría que hacía mucho tiempo que la guardaba la señora, pero el gemelo Luis no se atrevió a disparar.

En los últimos tiempos, Juan Vila, que tenía muchas depresiones, tomaba tranquilizantes sin ningún control y bebía whisky en exceso, lo que acrecentaba su mal carácter. Todo lo cual daba como resultado malos tratos continuos a toda la familia a cuyos miembros reprimía constantemente, llegando en ocasiones a la agresión física. No era una situación nueva, pero sí más grave, para la mujer, Neus Soldevilla, que se había casado muy joven con Juan Vila que la llevaba nueve años, el 17 de septiembre de 1962. Que desde el primer momento tuvo que trabajar duramente para él, con pocas libertades, en un bar-restaurante que tuvieron al principio y en el que Neus se empleaba hasta la extenuación, incluso estando embarazada de su hija mayor. Con el tiempo y la buena fortuna del marido, que logró algunos éxitos como constructor, el nivel de la familia mejoró. Pero poco tiempo antes del crimen, Juan Vila, que sufría fuertes contradicciones, como eran su hostilidad declarada a los castellano-hablantes y sin embargo su pertenencia al partido nacional-ultraderechista Fuerza Nueva, tuvo un contratiempo en sus negocios debido a una resolución del ayuntamiento socialista de Granollers, lo que provocó que tuviera que deshacer su empresa e indemnizar a los obreros. Esto estuvo a punto de arruinarle y le agrió definitivamente. Como consecuencia de la suspensión de las obras permaneció más de un año encerrado en su casa sumido en el consumo de alcohol y tranquilizantes. Durante ese tiempo Neus se dedicó a la venta de cosméticos, según ella para ayudar a los gastos de la casa, pero, según el fiscal, su propósito era otro: puesto que «sabía conllevar a su esposo al que esporádicamente era infiel con otros hombres y que, al objeto de alcanzar caprichos que no conseguía con el dinero que obtenía del marido, se dedicó a la venta de cosméticos y posteriormente a solicitar préstamos de dinero a conocidos prometiéndoles grandes intereses a corto plazo que reintegraba con nuevos préstamos en las mismas condiciones que, en lugar de invertir rentablemente, destinaba a otros menesteres, entre ellos, a la compra de dos apartamentos en Calella, todo a espaldas del marido, temiendo su reacción si era descubierta».

En junio de 1981, Neus estaba fuertemente endeudada y algunos de sus acreedores la amenazaban con decírselo a su marido. En esas circunstancias transmitió a sus hijos su angustiosa situación poniéndoles de relieve lo bien que vivirían sin el padre, hablándoles de una posible separación matrimonial, o «si el padre no lo consentía —relata el fiscal—, deshacerse de él por otro procedimiento, llegando a indicarles que en otro caso se suicidaría». En este clima general en el que se había extendido entre la familia la idea de que lo único posible para acabar con el problema Juan Vila sería matarlo, un nuevo episodio vino a exasperar la situación. Dado que el padre unas veces la tomaba con uno de los hijos y otras con otro, llevaba meses que hacía blanco de sus iras a Luis, uno de los gemelos al que el fin de semana anterior, el 11 ó 12 de junio, había obligado a quedarse solo en la finca encargado del trabajo que normalmente debían hacer varios hombres. No contento con eso lo había encerrado y golpeado con el cinturón. El «consejo de familia» se vio empujado a tomar una determinación. El 18 de junio, Neus compró en una farmacia de Granollers un frasco de éter con el que pensaban dormir a Juan Vila para deshacerse de él, también valoraron provocar un accidente de automóvil, matarlo a golpes y envenenarlo con cerillas machacadas en el café. Sólo llegaron a poner en marcha el procedimiento de los fósforos disueltos en el café que no dio ningún resultado.

A mediodía del 28 de junio de 1981, el día del crimen, Neus presa de un gran estado de desesperación, ante la inminencia de la vuelta a Montmeló donde la acuciaban sus problemas, según las conclusiones del fiscal, dijo encontrarse mal y se acostó. Sobre las 14,30 llegó a casa el marido que, al ver el estado de su esposa, trató de tranquilizarla y se acostó con ella quedando profundamente dormido tras hacer uso del matrimonio. Fue la ocasión en que Neus cogió la pistola Star de 9 mm corto, modelo 1922, que su marido tenía sin legalizar y se la dio a sus hijos diciendo que era el momento adecuado. Como había ocurrido otras veces, los hijos dudaron entre quién efectuaría el disparo, dado que la madre no quería hacerlo, decidiéndose Marisol, de catorce años, que nunca antes había disparado un arma. Por eso sus hermanos varones la llevaron con el coche a un lugar próximo en el que le enseñaron el manejo haciendo algunos disparos. Como la pistola se levantaba con el retroceso, aconsejaron a Marisol que la cogiera fuertemente con las dos manos. De vuelta a la casa, la criada Inés Carazo sacó a las dos niñas menores para que no presenciaran lo que iba a pasar y el resto de la familia se dirigió a la alcoba donde dormía profundamente Juan Vila. Allí, Marisol, en presencia de los demás, efectuó un disparo a la nuca de su padre a corta distancia —25 cm—, que causó su muerte.

Neus logró engañar al principio, afirmando que unos encapuchados habían entrado en la casa y asesinado a su marido, con lo que disfrutó de la herencia unos pocos meses, hasta que en octubre del mismo año, Inés Carazo se derrumbó ante la policía y contó toda la verdad. Durante el juicio la niña Marisol, que no resultó imputada por ser menor de edad, negó ser la autora del disparo lanzando sospechas sobre sus hermanos María Nieves y Luis, pese a haberse reconocido anteriormente culpable en sus declaraciones a la policía y al juez instructor, pero como dijo el fiscal lo de menos fue quién disparó. La «Dulce Neus» fue condenada por parricidio con alevosía y premeditación a veintiocho años de cárcel, y sus hijos: Nieves, a doce años; y los gemelos, Juan y Luis, a diez años y un día de prisión. La criada Inés Carazo fue absuelta del delito de cómplice de asesinato y condenada por el de omisión del deber de denuncia a seis meses de arresto y multa de cien mil pesetas.

La parricida de Ondara

El marido ejercía un poder tiránico sobre su mujer y sus cinco hijos. Las amenazas de muerte eran constantes. La noche del crimen llegó de madrugada anunciando que cuando dieran las cinco iba a repartir puñaladas. A pesar de todo su esposa le seguía queriendo.

María Ascensión Martínez Cabrera, de treinta y seis años, madre de cinco hijos, que a la sazón tenían entre los dieciocho y los cinco años, vivía constantemente amenazada de muerte por su marido en la situación más increíble que pueda darse. El marido, Alejandro Herrera Romera, de treinta y ocho años, apenas se ocupaba del hogar. Dedicado al mundo de la prostitución se ganaba la vida como proxeneta en una docena de clubes nocturnos desparramados por la carretera N-332, entre Denia y Vergel. Las relaciones entre la pareja estaban completamente deterioradas y degradadas. El marido, según su capricho, aparecía por casa a deshoras, reclamaba cuidados y atenciones, no aportaba dinero suficiente para el sustento de la casa y exigía completa sumisión y entrega por parte de la esposa. Además, con desplantes chulescos prohibía a la mujer trabajar fuera del hogar —«si me entero, te mato»—, argumentando que él era suficientemente hombre para alimentar a sus hijos, pero al mismo tiempo sólo entregaba mil pesetas semanales para la manutención de todos y los gastos de la casa. En el trato con su mujer había llegado a un descaro insufrible dedicándole toda clase de afrentas. Por ejemplo, le decía: «¿Van bien estas botas con esta chaqueta y este pantalón? Es que salgo de ligue.» O todavía con mayor escarnio: «Haz la cama en seguida, que me voy a acostar con esta amiga...» María Ascensión —a la que todos llaman Mary—, se había resignado a aguantar las violencias físicas y psíquicas. Con frecuencia era objeto de malos tratos y tenía que ocultar una herida o un ojo morado porque su marido se volvía irascible e incontrolable bajo los efectos del alcohol.

El matrimonio vivía en Ondara, un pequeño pueblo alicantino de menos de 5.000 habitantes, a 8 kilómetros de Denia, donde prácticamente todo el mundo conocía a lo que se dedicaba Alejandro, sus costumbres y carácter, así como el trato que daba a su mujer quien gozaba de general simpatía y comprensión. A pesar del gradual empeoramiento de las relaciones, Mary se esforzaba para mantener una apariencia de normalidad, trabajando a escondidas, logrando sacar a sus hijos adelante, sobrellevando las penalidades impuestas por su matrimonio. Nadie la escuchó nunca lamentarse de su situación ni criticar a su marido. Todo lo sufría en silencio acostumbrada a un largo martirio que duraba casi veinte años.

Mary, natural de Beas de Segura (Jaén), llegó a Ondara con su familia en 1962, siendo todavía una niña. Al poco comenzó a trabajar como chica de servicio interna en casa de María Luisa Soler que habría de ser la estanquera del pueblo y su gran amiga. Allí, debido a su buena disposición y trato afable, se convirtió en un miembro más de la familia, llegando a un grado de confianza tal que hasta compartían la misma cama. Con el tiempo María Luisa habría de convertirse en su madrina de boda y en su «hada madrina», porque adelantaría las quinientas mil pesetas de fianza necesarias para que Mary saliera de la cárcel y pudiera abrazar a sus hijos en el peor mal trago de su existencia. En aquella casa en la que había entrado a servir era tratada como una hija y como tal proporcionó un disgusto tremendo a la familia cuando se quedó embarazada, con sólo dieciséis años, de Alejandro, un chico que había llegado con sus padres de Argamasilla, Ciudad Real, en el que todos descubrían ademanes y actitudes violentas. Pero Mary estaba ciegamente enamorada.

Inmediatamente después de casados, ella se puso a trabajar por horas en cualquier cosa que le saliera hasta que su marido le prohibió que siguiera haciéndolo. Si en un principio Alejandro encontró empleo en la Ford, donde incluso le ofrecieron pagarle una estancia en Estados Unidos o Gran Bretaña para mejorar su preparación porque tenía muy buenas manos, al poco decidieron echarlo porque decía que no podía ir a trabajar los lunes alegando estar muy cansado. Pronto se apartó del trabajo honrado para iniciar su vida en los bajos fondos reclutando prostitutas para explotarlas. Esta actividad cada vez la ejercía con mayor descaro apareciendo por el pueblo con nuevas amiguitas en coches deslumbrantes. Cuando nació el primer hijo mostró el rasgo más brutal de su carácter. Fue al volver Mary de la clínica. Alejandro con muy malos modos le dijo que ojalá no hubieran vuelto ni el niño ni ella. A pesar de aquello, con el transcurso de los años fueron naciendo los demás hijos. La pareja se juntó con cinco. Los esfuerzos para vestir y alimentar a todos eran agotadores. Por los días del crimen, Mary hacía bolsos y lámparas de mimbre para cubrir todos los gastos. Eso sí, siempre andaba corta de dinero. No obstante, la economía familiar había mejorado en los últimos tiempos gracias a los ingresos de los chicos mayores que trabajaban deshuesando aceitunas. Eso era así aunque el marido, en sus frecuentes desplantes alcohólicos, no sólo no aportaba nada al hogar, sino que se llevaba el dinero que encontraba procedente del trabajo de sus hijos. Unos días antes del crimen hizo pedazos un billete de cinco mil pesetas para demostrar que le sobraba el dinero. La fanfarronería y despropósito del marido llegaron a su cenit la madrugada del 27 de octubre de 1986.

Alejandro Herrera, que era enjuto y no muy alto, se presentó en el domicilio familiar, situado en la calle Bajada de San Antonio, 1, sobre las tres de la mañana, iniciando una violenta discusión con su mujer, borracho y ruidoso, anunciando que al día siguiente pensaba cargarse a su vecino, Marquet, nadie sabe bien por qué —«y luego vas tú»— amenazó a la esposa. Le dio un golpe en la boca únicamente por esas raras manías que se apoderan de los alcohólicos. Alborotó con gritos e insultos, se desnudó y se metió en la cama. Alejandro siempre se iba a dormir con algún arma u objeto contundente porque en sus delirios pensaba que podría ser atacado durante el sueño. Aquella noche no fue una excepción. Se hizo acompañar por un garrote y un puñal. Pero ni siquiera aquello le calmó lo suficiente para dormir. Escuchaba cada una de las campanadas del cercano reloj de la torre parroquial. Al rato, dijo: «Cuando suenen las cinco, cinco puñaladas te voy a dar.» Mary no dudó ni por un momento que lo decía en serio. Por eso le suplicó que si quería matarla, que por favor la envenenara y no lo hiciera de forma dolorosa. También le imploró: «No me mates delante de tus hijos.» Al oír aquello, él la tomó con los niños y amenazó reiteradamente con matarlos. La borrachera de aquella noche era especialmente pesada y sanguinaria. Mary se sintió aterrorizada. Cuando su marido se ponía violento se le representaban las veces que la había maltratado. En una ocasión le había tirado un hacha de cortar carne produciéndole un profundo corte en un hombro. No la mató de milagro. Tampoco podía olvidar cuando la apuntó con una escopeta cargada. De modo que no le era difícil imaginárselo emprendiéndola con ella a golpes y puñaladas. Mary se había puesto la bata y quiso dejarlo solo para que se calmase. Pero él no le permitió abrir la puerta. Se lanzó hacia ella y quiso golpearla. Falló el golpe, que se estrelló contra una lámpara. Entonces Mary fue a la cocina a por un cuchillo, según queda probado en la sentencia. Vio la cara de la muerte y se asustó, sobre todo por sus hijos que dormían en las habitaciones vecinas, aunque con la pelea seguramente se despertarían. Tenía que volver a la habitación porque allí seguía la amenaza. Mary empuñó el cuchillo y por primera vez en su vida le levantó la mano a su marido: le apuñaló con fuerza. Alejandro la agarró por el cuello, pero Mary le acuchillaba una y otra vez. El hombre cayó al suelo. Cuando el hijo mayor quiso mediar en la pelea ya había mucha sangre. El juez instructor valoró la posibilidad de que el hijo hubiera golpeado al padre con el garrote para defender a la madre, pero acabaría por exculparlo. Mary no podría decir cuántas fueron las cuchilladas. Entraban en el cuerpo de su marido por todas partes. Una y otra vez hundió el arma. Fueron no menos de once veces, pero ella no sabe decir cuántas. El caso es que Alejandro estaba caído, sin fuerzas, entregado a la duermevela de la muerte. Mary logró echar a los hijos de la habitación y cerrar la puerta. Se quedó a solas con su marido que ya no respondía, ni respiraba, pensando lo que había hecho. Sintió temor. Temió por sus hijos: «¿Qué iba a ser de ellos?» Pero también sintió de una forma incontenible la sensación de que las llamas del infierno se habían apagado.

Era para no olvidarlo nunca la dureza de corazón que a veces mostraba el muerto. Hablaba de su familia y le decía: «Cuando vengan mis padres les echaré el pan a trozos al suelo para que lo recojan como los perros.» Su marido se había convertido en una persona insoportable. Mary había soportado una vida dura, llena de insultos, agrias discusiones y escenas violentas. No quiso pensarlo más. Fue a buscar a su padre y juntos decidieron contar lo ocurrido a la Guardia Civil de Vergel, a 3 kilómetros de Ondara. En los ojos de los agentes que escuchaban su relato, Mary pudo distinguir comprensión y consideración, seguramente porque ellos también sabían que en el fondo el muerto era el único culpable. En cuanto el pueblo se enteró se dispuso a apoyar a la mujer que había vivido semienterrada en vida, humillada y golpeada hasta la desesperación. Todo el pueblo de Ondara batalló para que la ley fuera clemente. Salió a la calle para manifestarse dos veces en tres días. En un primer momento, Mary y su hijo mayor fueron acusados de parricidio. Luego, el hijo fue puesto en libertad sin cargos. Ella recibió una condena suave de seis años y medio de prisión. Transcurridos dos años y dos meses fue puesta en libertad condicional. Durante todo el tiempo que estuvo en prisión e incluso después, la célebre parrricida de Ondara sostuvo que siempre había querido a su marido y que, a pesar de lo que había pasado, lo seguía queriendo.

LOS CRÍMENES DEL LOBO FEROZ

Nunca consiguió una relación normal con una mujer. Su primer crimen lo cometió en la persona de una prostituta que acababa de arrearse un «chute». Su arma era un cuchillo jamonero y siempre actuaba cuando se quitaban la ropa. Convirtió su mesón en un cementerio.

Santiago San José Pardo a sus treinta y un años era un hombre solitario, con rostro ceñudo y cara de pocos amigos, reconcentrado sobre sí mismo, con una larga experiencia de fracasos laborales y personales que le habían apartado de los demás. Era como un animal solitario y peligroso. Abusaba de la bebida, apenas tenía amistades y su relación con las mujeres resultaba muy difícil. Había pasado unos meses en la Legión en la que se alistó para huir de los problemas de su vida, pero no pudo resistirlo. La Legión se reveló demasiado dura para su forma de ser. Por eso fingió una enfermedad mental que le licenció de forma anticipada. A la luz de lo que protagonizó después, no debió de costarle demasiado fingir problemas mentales para obtener la baja, porque su forma de actuar estaba al borde de la locura. De su paso de catorce meses por el Ejército le quedó el apodo de «el Legionario».

En el verano de 1987 se daba la casualidad de que tenía arrendado el mesón del Lobo Feroz en el centro de Madrid, cerca de la Plaza de Oriente, en la calle Lucientes, pero además él mismo era un auténtico lobo feroz.

Había arrendado el negocio de hostelería gracias a la insistencia de su madre que tenía una buena relación con el propietario, el subcomisario de policía Cándido Morales. Desde el 1 de junio de 1986 junto con su hermano Fernando se había hecho cargo del negocio como un intento más de enderezar su vida. Pero ya hacía meses que Santiago San José llevaba el mesón solo. Era poco negocio, la verdad, pero daba para ir tirando. Lo peor era que Santiago, que se había transformado en un bebedor habitual, pasaba prácticamente todo el día entre botellas. Con la angustia de la escasez de clientes y las largas horas tras la barra se sucedían los «cubatas» que Santiago bebía con ansiedad. El alcohol exacerbaba sus problemas. El peor de todos, con ser grave no haber encontrado un oficio que le sirviera para independizarse de su madre, con la que compartía la vivienda, era su complejo con las mujeres. Probablemente nunca tuvo una relación sentimental satisfactoria. Ni siquiera con su madre.

Santiago nació escaso de afecto. Vino al mundo el 25 de julio de 1956 en un parto dificultoso por el que necesitó asistencia para oxigenar su cerebro. El padre no le acogió con cariño porque esperaba una niña. Su situación en la familia, en la que sufría el agravio comparativo con su hermano mayor, el preferido de los padres, se agravó con el tiempo. Fue en su segundo empleo, tras haber sido botones, cuando tuvo un poco de suerte en la vida y encontró un trabajo con porvenir: de mozo en una tienda de reproducción de planos. Sus jefes le tomaron afecto y gracias a su buena disposición para aprender las tareas de delineación se ganó un destino en Asturias, donde la casa matriz de reprografía abrió una sucursal. En Oviedo pasó la etapa más estable de su existencia, se echó novia y todo parecía ir viento en popa. Pero le llegó la edad de hacer la «mili» y aquello le partió por la mitad. A su regreso, lo que parecía un negocio con porvenir se había transformado en una empresa al borde de la quiebra. Al poco tiempo cerró y Santiago se quedó sin saber qué hacer. Hasta se embarcó ensayando el oficio de marino. Pero finalmente dejó el mar, se olvidó de su novia asturiana y regresó a Madrid con su madre. Desde ese momento nada volvería a salirle bien.

Sin trabajo, creciendo en su interior el enorme complejo que siente por las mujeres y cada vez más tirantes las relaciones con su madre,

Santiago se da a la bebida. Consecuencia de su aislamiento, de la mala situación familiar y su nula fuerza de voluntad para salir del pozo en el que se está hundiendo, se alista desesperado a la Legión. Lo que tampoco soluciona nada. Al enfrentarse con las duras tareas y la disciplina se las ingenia para volver a Madrid, donde, otra vez con la madre, emprende su antigua vida sin rumbo empedrada de borracheras. Cumple algunos trabajos ocasionales: es camarero y bodeguero. Quizá este último empleo le pone en el camino del arriendo del mesón del Lobo Feroz, que será el final de su carrera y la tumba de sus víctimas.

A finales de agosto de 1987, Santiago San José culmina su triste historia con las mujeres. Dado que es incapaz de mantener una relación normal se ha aficionado a las prostitutas y los burdeles. Con un problema añadido: además de su deficiente predisposición al contacto sexual por sus desarreglos emocionales, la bebida le ha convertido casi en impotente. Así que Santiago contrata a las prostitutas y llegado el momento de satisfacer su deseo, como no le es posible consumarlo, se niega a pagar, con lo que protagoniza constantes incidentes y broncas en los lugares de prostitución hasta que terminan por negarle la entrada en muchos de ellos.

Aquel 22 de agosto, Santiago había empezado la mañana con algunas copas de coñac, a la hora del aperitivo ingirió más alcohol y prosiguió durante la comida, como era habitual en él, con abundante vino. Al terminar bebió más coñac. En el mesón, desde las siete de la tarde, estuvo «dándole» al «cubalibre». Entre los vapores del abundante alcohol, cerró temprano el negocio porque sufría una ansiedad particular que le empujaba. Sentía la necesidad de buscar a una mujer entre el miedo antiguo de quedarse como siempre frustrado y la esperanza de obtener al fin una satisfacción completa. Se animó con el enésimo «cubata» y después de echar el cierre se dirigió andando, Lucientes a la derecha, a la calle de la Cruz, una de las vías madrileñas tradicionalmente ocupadas por prostitutas. El «lobo» estaba al acecho.

Se acercó a una de las mujeres, Mari Luz Varela, que trataba de mantenerse tiesa en un portal tras arrimarse un «chute» de heroína. El «lobo» le pidió un trabajito fino y la ingenua «lumi» le acompañó a su guarida, al mesón de las muertes. Allí hubo una larga escena mientras Santiago trataba de abrir en medio de la enorme «tajada» que llevaba esa noche. Por fin entró y consiguió dar la luz cerrando la puerta a sus espaldas. Ya en el interior, Mari Luz, que tenía prisa por volver a la faena, puesto que veía que se le iba la noche con un solo cliente, empezó rápida a quitarse la ropa. Santiago, que se había preparado otra copa, bebió con ansia antes de acercarse. De creer su versión del crimen, al principio todo se desarrolló como otras veces: incapaz de conseguir una respuesta sexual adecuada. Por eso empezó a pegar e insultar a Mari Luz. La mujer apenas se defendía, incluso parecía aceptar de una forma masoquista y resignada los golpes. El furor del «lobo» fue en aumento, y excitado por la violencia, mientras sentía una punta de morboso placer, echó mano del cuchillo jamonero que hundió una y otra vez en el cuerpo de su víctima sin que sus quejidos alertaran a los vecinos hartos de los ruidos del mesón. En un momento de su crimen, cuando ya la prostituta ni siquiera se estremecía al entrar el cuchillo, Santiago, ebrio y loco de excitación, perdió la consciencia.

Al despertar se encontró bañado en sangre. Sin querer darse cuenta de lo que había pasado, se quitó como pudo las manchas, se bebió un último «cubata» y se marchó a dormir a su casa. Al día siguiente regresó y mantuvo el local cerrado al público mientras limpiaba y se deshacía del cuerpo. Había sangre en abundancia y un hedor a muerte casi insoportable. Santiago bajó el cuerpo al sótano y lo enterró envuelto en plástico bajo una capa de yeso. Para disimular el enterramiento colocó encima una tela de arpillera y unas cajas de cerveza vacías. Su cabeza estaba abotargada y sus sentimientos embotados, pero aun así se sintió incapaz de ponerse a trabajar como si no hubiera sucedido nada. Se sentía aturdido, asqueado, pero en el fondo alentaba una oscura excitación. En ese estado confuso, adelantó su marcha a la boda de su hermano que se casaba en Elche y no volvió hasta el 5 de septiembre.

El 12 de octubre, fiesta de El Pilar, Santiago volvió a sacar al «lobo» a pasear. Cometió un nuevo crimen. Volvió a la calle de la Cruz y volvió a contratar a una prostituta. Esta vez a una morena cuarentona que gastaba el nombre de guerra de «Teresa». El procedimiento fue el mismo: en cuanto empezó a desvestirse, el cuchillo jamonero se hundió en la carne de aquella «lumi» desconocida, a la que transcurrido el tiempo no se le encontraría identidad ni familia. Nadie reclamaría su cadáver. Ese cadáver que Santiago emparedó con unas losetas debajo del hueco de la escalera, dejándolo herméticamente cerrado. Llevaba camino de convertirse en un excelente enterrador. Pero el 23 de diciembre, en su ronda como «lobo» por la calle de la Cruz, contrató los servicios de una tercera prostituta, Araceli Fernández, que una vez en el mesón se resistió a morir y consiguió desviar el cuchillo jamonero. La chica armó tal trifulca que apareció la policía. Sin embargo, la actuación de los agentes no estuvo acertada y acabaron creyendo la versión de Santiago que les convenció de que la chica había entrado a robar.

Con el final del año, Santiago le devolvió el negocio a su dueño que lo mantuvo cerrado hasta que lo vendió, a finales de 1988. Fue durante las obras de reforma cuando un albañil que trabajaba debajo de la escalera del sótano descubrió el cadáver momificado de «Teresa». Poco después apareció el de Mari Luz. La policía rastreó a los inquilinos del local hasta dar con Santiago, «el Legionario». No tardaron mucho en hacerle confesar. Sus sangrientos recuerdos no le dejaban en paz. En el juicio que se siguió contra él fue condenado a setenta y dos años de cárcel por tres asesinatos, uno de ellos, en grado de frustración.

Hemerografía

Abc
Blanco y Negro
Caso, El
Correo Español-El Pueblo Vasco
Correspondencia de España, La
Diario 16
España Nueva
Heraldo de Madrid
Imparcial, El
Liberal, El
Mundo Gráfico
País, El (1887-1920)
País, El (1976)
Pueblo
Sucesos, Los
Tribuna, La
Vanguardia, La
Voz de Galicia, La

BIBLIOGRAFÍA

AGUADO BLEYE, Pedro y ALCÁZAR MOLINA, Cayetano: *Manual de Historia de España,* tomo III. Casa de Borbón. España contemporánea, Espasa Calpe, Madrid, 1969.

ANTOLÍN, Matías: *Yo maté a los marqueses de Urquijo. Con un crimen al hombro,* Antares, Madrid, 1994.

AVILÉS FERNÁNDEZ, Miguel, MADRAZO MADRAZO, Santos y otros: *Nueva Historia de España,* tomo 15. Liberalismo y absolutismo, Edaf, Madrid, 1994.

BAROJA, Pío: *Desde la última vuelta del camino,* Memorias, I-II, Ed. Caro Raggio, Madrid, 1951.

BRAVO MORATA, Federico: *Los nombres de las calles de Madrid,* Fenicia, Murcia, 1984.

CLARKE, James W.: *American Assassins. The Darker Side of Politics,* Princenton University Press, Nueva Jersey, 1982.

DE QUINCEY, Tomás: *El asesinato, considerado como una de las bellas artes,* Espasa Calpe, Madrid, 1966.

ESLAVA GALÁN, Juan: *Verdugos y torturadores,* Temas de Hoy, Madrid, 1991.

HEALEY, Tim: *The world's greatest crimes of passion,* Octopus Books, London, 1985.

HERAS, Jesús de las: *El caso Mestre,* Plaza y Janés, Barcelona, 1985.

HERNÁNDEZ CASTANEDO, Francisco: *El Madrid tremebundo. Crímenes célebres,* Avapiés, Madrid, 1983.

LANDI, Margarita: «Una mujer junto al crimen», *El Caso,* Madrid, 1969.

LARA, Antonio: *El crimen de la calle de Fuencarral,* Albia, Madrid, 1984.

MENA, José María de: *Leyendas y misterios de Madrid,* Plaza y Janés, Barcelona, 1990.

MONESTIER, Alain: *Los grandes casos criminales,* Ediciones del Prado, Madrid, 1992.

PEARSON, Edmund: *Obras maestras del asesinato,* Bruguera, Barcelona, 1965.

PÉREZ ABELLÁN, Francisco: *Orgía de sangre,* Sedmay, Madrid, 1976.

— *El crimen de los Urquijo. Toda la verdad,* Argos Vergara, Barcelona, 1983.

— *Jarabo 1958. Vida, amor y muerte de un famoso criminal español,* Plaza y Janés, Barcelona, 1985.

— *La banda del Expreso de Andalucía. 1924, el crimen del directorio militar,* Arnao, Madrid, 1986.

PORTO, Juan Antonio: *Los crímenes del capitán Sánchez,* Albia, Madrid, 1983.

REOUVEN, René: *Diccionario de los asesinos,* Dopesa, Barcelona, 1976.

SERRANO ANGUITA, Francisco: *El entrés y la rueda. Los crímenes del Huerto del Francés,* «La novela del sábado», Madrid, 1940.

THOMAS, Hugh: *La guerra civil española,* Ruedo Ibérico, París, 1967.

TIJERAS, Eduardo: *El estupor del suicidio,* Latina, Madrid, 1980.

TUÑÓN DE LARA, Manuel: *La España del siglo XX,* Laia, Barcelona, 1978.

MENÉNDEZ PIDAL, Ramón: *Historia de España,* Espasa Calpe, Madrid, 1973.

VILABELLA, José Manuel: *El crimen de Don Benito,* Albia, 1983.

VIQUEIRA HINOJOSA, Antonio: *Historia y anecdotario de la policía española 1833-1931,* San Martín, Madrid, 1989.

WILSON, Colin: *Los asesinos. Historia y psicología del homicidio,* Luis de Caralt Editor, Barcelona, 1976.

WILSON, Colin y PITMAN, Patricia: *Enciclopedia del crimen,* Luis de Caralt Editor, Barcelona, 1966.

Índice onomástico

TÍTULOS PUBLICADOS

1. ANA M.ª MATUTE: *OLVIDADO REY GUDÚ*
2. ROSA MONTERO: *LA HIJA DEL CANÍBAL* (PREMIO PRIMAVERA DE NOVELA)
3. FERNANDO FERNÁN-GÓMEZ: *LA PUERTA DEL SOL*
4. MANUEL LEGUINECHE: *LOS ÁNGELES PERDIDOS*
5. RODDY DOYLE: *PADDY CLARKE, JA, JA, JA*
6. CARDENAL SUENENS: *BALDUINO*
7. LUIS ROJAS MARCOS: *LAS SEMILLAS DE LA VIOLENCIA* (PREMIO ESPASA DE ENSAYO)
8. JAIME DE ARMIÑÁN: *LOS AMANTES ENCUADERNADOS*
9. J. IGNACIO DE ARANA: *MÁS HISTORIAS CURIOSAS DE LA MEDICINA*
10. CRISTINA GARCÍA: *SOÑAR EN CUBANO*
11. ALFONSO USSÍA: *LOS VERSOS PROHIBIDOS*
12. F. PÉREZ ABELLÁN: *CRÓNICA DE LA ESPAÑA NEGRA. LOS 50 CRÍMENES MÁS FAMOSOS*
13. LUIS CARANDELL: *LAS HABAS CONTADAS*
14. GRAHAM GREENE: *EL REVÉS DE LA TRAMA*

DE PRÓXIMA APARICIÓN

FERNANDO FERNÁN-GÓMEZ: *¡STOP! NOVELA DE AMOR*
MARTÍN PRIETO: *CARTAS A MUJERES*
AMANDO DE MIGUEL: *LA ESPAÑA DE NUESTROS ABUELOS*
MARGARITA RIVIÈRE: *LO CURSI Y EL PODER DE LA MODA* (PREMIO ESPASA DE ENSAYO)
JON JUARISTI: *EL BUCLE MELANCÓLICO* (PREMIO ESPASA DE ENSAYO)
EVELYNE WAUGH: *UN PUÑADO DE POLVO*
ROBERTO PELTA: *EL VENENO EN LA HISTORIA*